2020年乐山师范学院学术著作出版基金资助

中间品进口、自主创新与制造业全球价值链升级研究

郑磊　刘军荣　宋跃刚　著

西南交通大学出版社
·成都·

图书在版编目（CIP）数据

中间品进口、自主创新与制造业全球价值链升级研究 / 郑磊，刘军荣，宋跃刚著. —成都：西南交通大学出版社，2021.6
 ISBN 978-7-5643-8060-1

Ⅰ. ①中… Ⅱ. ①郑… ②刘… ③宋… Ⅲ. ①制造工业 – 产业结构升级 – 研究 – 中国 Ⅳ. ①F426.403.2

中国版本图书馆 CIP 数据核字（2020）第 115102 号

Zhongjianpin Jinkou、Zizhu Chuangxin yu Zhizaoye Quanqiu Jiazhilian Shengji Yanjiu
中间品进口、自主创新与制造业全球价值链升级研究
郑 磊 刘军荣 宋跃刚 著

责 任 编 辑	罗爱林
封 面 设 计	GT 工作室
出 版 发 行	西南交通大学出版社 （四川省成都市金牛区二环路北一段 111 号 西南交通大学创新大厦 21 楼）
发行部电话	028-87600564　028-87600533
邮 政 编 码	610031
网　　　址	http://www.xnjdcbs.com
印　　　刷	成都蜀通印务有限责任公司
成 品 尺 寸	170 mm×230 mm
印　　　张	17.5
字　　　数	305 千
版　　　次	2021 年 6 月第 1 版
印　　　次	2021 年 6 月第 1 次
书　　　号	ISBN 978-7-5643-8060-1
定　　　价	98.00 元

图书如有印装质量问题　本社负责退换
版权所有　盗版必究　举报电话：028-87600562

前言 PREFACE

全球价值链是国际分工深化的表现。从生产过程来看,一种产品的生产从原材料、中间品到制成品,从产品的设计、研发到组织生产,从生产过程、交易过程到最终消费,越发表现为价值增值和价值实现的各个环节在全球各个国家和地区分布。跨国公司为主导的全球价值链伴随着中间品贸易的扩大。跨国公司的内部贸易中中间品交易占有极大的比重。中间品贸易的数量、质量、贸易地理方向反映一国在贸易中的收益,反映了该国产业在全球价值链中的地位。技术创新是一国经济长期发展的根本动力。发展经济学告诉我们,一国短期内依靠自然资源禀赋或者是依靠劳动力低成本发挥比较优势,但是长期来看极有可能会面对"贫困的增长"或者陷入"比较优势陷阱"。

本书主要研究中间品进口、自主创新对中国制造业全球价值链升级的影响机制,借助中介效应模型对中间品进口影响自主创新进而实现中国制造业全球价值链升级的效果进行实证检验,并在分析实证结果的基础上提出相应的政策建议。本书研究内容主要包括以下 8 个部分:第一章绪论部分介绍了选题背景和研究意义,整体的研究思路、内容和方法,主要创新点及相关概念界定;第二章阐述了国内外研究现状并进行了理论综述;第三章从外源动力和内源动力视角分析了中间品进口、自主创新对中国制造业价值链升级的作用机制分析;第四章从企业层面和行业层面测定了中国制造业全球价值链分工地位与升级模式；第五章和第六章从企业层面实证分析了中间品进口、自主创新对中国制造业工艺升级、产品升级、功能升级和链条升级的影响；第七章从行业层面实证分析了中间品进口、自主创新对中国制造业全球价值链升级的影响；第八章在上述七章的分析基础上进行总结，并给出对策建议和展望。

本书的写作开始于 2017 年，写作中得到了乐山师范学院跨喜马拉雅研究中心执行主任刘军荣教授和河南师范大学商学院宋跃刚博士的鼎力支持。刘军荣教授参与了第一章和最后一章的写作，并对本书的框架给出重要的建议。宋跃刚博士参与了本书第六章的写作，并且对本书的数据和模型进行了校对。

最后还要感谢西南交通大学出版社编辑罗爱林，跨喜马拉雅研究中心学生助理彭珊、李程、何凤娟、马婷、徐梦琪、何馨，感谢大家对本书校稿工作所做出的辛勤努力，谢谢大家！

著 者
2021 年 1 月

目录 CONTENTS

第一章 绪论 ··· 001
 第一节 研究背景 ·· 002
 第二节 研究意义 ·· 009
 第三节 研究的主要内容、方法与创新点 ······································ 012
 第四节 相关概念的界定 ··· 016

第二章 国内外研究现状与理论综述 ·· 023
 第一节 国内外研究现状 ··· 024
 第二节 文献综述 ·· 032
 第三节 文献述评 ·· 050

第三章 中间品进口、自主创新与制造业 GVC 升级的机制 ············· 053
 第一节 中间品进口对制造业 GVC 升级的影响机制 ····················· 054
 第二节 自主创新对制造业 GVC 升级的影响机制 ························· 062
 第三节 中介效应对制造业 GVC 升级的影响机制 ························· 067
 第四节 中间品进口影响制造业 GVC 升级的异质性 ····················· 072

第四章 中国制造业 GVC 升级测度 ·· 077
 第一节 数据来源、处理与计算 ··· 078
 第二节 企业 GVC 升级模式测度 ·· 081
 第三节 制造业行业 GVC 测度 ·· 106

第五章　中间品进口、自主创新对工艺升级和产品升级的影响……117
第一节　模型构建与变量选取……………………………………118
第二节　中间品进口、自主创新对工艺升级的实证分析…………125
第三节　中间品进口、自主创新对产品升级的实证分析（质量）…140
第四节　中间品进口、自主创新对产品升级的实证分析（技术）…159

第六章　中间品进口、自主创新对功能升级和链条升级的影响……179
第一节　模型构建与变量选取……………………………………181
第二节　中间品进口、自主创新对功能升级的实证分析…………184
第三节　中间品进口、自主创新对链条升级的实证研究…………198

第七章　中间品进口对制造业行业GVC升级的实证分析…………217
第一节　模型设定…………………………………………………218
第二节　变量选取与数据说明……………………………………219
第三节　基准回归分析……………………………………………224
第四节　中介效应检验……………………………………………227
第五节　异质性检验………………………………………………229
第六节　稳健性检验………………………………………………233

第八章　结论与展望……………………………………………………239
第一节　主要结论…………………………………………………240
第二节　政策建议…………………………………………………242
第三节　未来展望…………………………………………………246

参考文献………………………………………………………………249

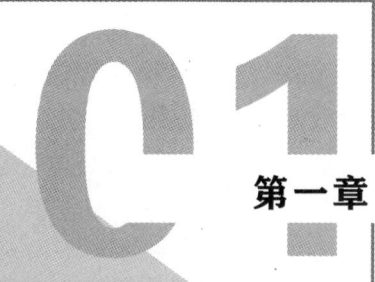

第一章

绪 论

第一节 研究背景

一、现实背景

党的十九大报告中提出了"加快建设制造强国,加快发展先进制造业"的指导理念。要推进中国制造产品向中国创造产品转变、中国发展速度向中国发展质量转变、制造大国向制造强国转变,关键是推动我国制造业融入并提升至全球价值链中高端[①]。改革开放以来,我国在劳动力要素上具有丰裕度,主要通过发展劳动密集型制造业加入全球贸易和生产体系之中,但这也导致了相关制造业长期从事"三来一补"的贸易和生产模式,加工组装环节附加值低,生产模式难以变动。欧美等发达国家的跨国公司掌握着制造业全球价值链的核心技术,制定了全球价值链的规则体系,这些都使高附加值的生产阶段掌握在他们的手中。相比较而言,我国制造业虽然为全球生产,但是总体处于全球价值链低端,整体呈现"大而不强"的态势。随着我国劳动力成本不断提高,提升我国制造业全球价值链的地位迫在眉睫。

2018年,中国制造业增加值达到26.5万亿元人民币,占国内生产总值(GDP)的30%和全球制造业增加值的28%,远远超过美国(17%)和日本(9%)。作为全球最大的制造业国家,中国的22个制造业在增加值方面位居世界前列,占世界工业增加值的30%以上,具体产业包括纺织品、服装、皮革等。[②]在联合国的19个主要制造业中,中国有18个主要行业排名世界第一。自2001年加入世界贸易组织(WTO)以来,中国经济与世界经济的关系发生了深刻的变化,国际制造业高端市场也在加速发展,中国国际贸易地位正在向全球价值链的中高端方向不断攀

[①] 中国社会科学院工业经济研究所工业经济形势分析课题组. 中国工业经济运行夏季报告2018[M]. 北京:中国社会科学出版社,2018.
[②] 数据来源于联合国工业发展组织,2019年。

升和深化。海关统计数据显示，2010 年中国的进口贸易额约为 13 948 亿美元，2018 年达到了 21 357.3 亿美元，已经成为世界上第二大进口国，中间品进口金额也从 2010 年的 1 600 亿美元增加到 2018 年的 17 085.6 亿美元（见图 1-1），2018 年中国中间品进口在同时期总进口的份额高达 79.62%[①]。中间品进口在中国整体经济的发展过程中发挥了举足轻重的促进作用，通过引进外国先进技术、核心零部件，我国从此类中间品进口中获得了国际技术。这种技术溢出提高了我国制造业的技术进步和创新能力，使我国制造业进一步参与国际分工，进而使我国在国际分工中的地位逐步提高。可见，中间品进口影响中国制造业未来的国内生产、消费以及产品国际竞争力。如此大的中间品进口规模必然对中国制造业价值链升级产生巨大的影响。

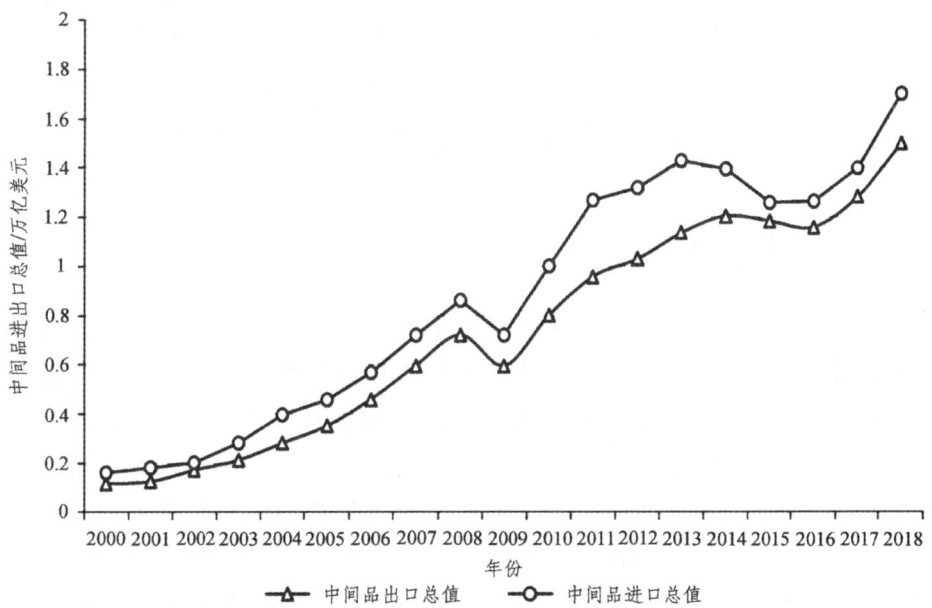

图 1-1 2000—2018 年中间品进口总值和中间品出口总值

资料来源：作者根据相关资料计算得出。

---

① 根据 BEC（Broad Economic Catalogue）分类标准将 2018 年中国海关数据库区分为有中间品进口和无中间品进口的企业，分别进行加总，计算得出中间品进口占总出口的比重。

我国制造业既面临着激烈的国际竞争压力，又面临着严格的环保生产约束，而其自身的资源禀赋和低价劳动力优势也在日渐减小。在此背景下，"中国制造"的要素禀赋优势向技术创新优势转变具有一定的必要性和迫切性。在此过程中，出口产品的附加值会得到相应提高，进而增强制造业在产品市场中的竞争力。长期而言，自主创新就成为提升中国制造业在全球价值链分工地位及参与度的根本途径。

综上所述，中间品进口和自主创新均能对制造业全球价值链升级产生影响。另外，在分析中间品进口对制造业价值链升级产生影响的过程中，还需要考虑自主创新可能产生的中介效应。中间品进口对制造业全球价值链升级产生直接影响的同时，还能通过自主创新对制造业全球价值链升级产生间接影响。结合中国企业全面深入地嵌入全球价值链的客观现实和中国制造业亟待实现全球价值链升级的背景，分析和研究中间品进口、自主创新与我国制造业全球价值链提升，以期在国际国内双循环的背景下提出提升我国制造业全球价值链地位切实可行的政策建议。

二、理论背景

在全球价值链分工背景下，全球形成了复杂的生产网络。各国基于自身比较优势进行序贯生产，将每个生产环节的附加值串联起来形成全球价值链。其中，全球价值链串联的黏合剂是中间品贸易，中间品贸易促进了生产要素在全球范围内的合理流动，从而使全球贸易的范围不仅仅是最终产品，更多的是中间品贸易，2018 年全球中间品贸易额占全球进出口总额的 2/3[①]。2018 年，中国中间品进口占总进口的比例已经达到 79.62%。如此大规模的中间品进口能否有效提升中国制造业企业的技术创新能力，进而如何影响中国制造业全球价值链升级，亟须研究。

尽管中国制造业已经嵌入全球价值链，但中国制造业单位货物贸易出口的增加值总体偏低，其中出口到发达国家的产品国内附加值率不足

---

① 数据来源于联合国贸发会议，2019 年。

60%（诸竹君等，2018）①。因此，面对经济新常态，中国如何提升制造业在国际分工中的收益成为当前研究的重要理论命题。商务部联合七部门于2016年12月下发了《关于加强国际合作提高中国产业全球价值链地位的指导意见》。意见指出，应稳步提升我国单位出口增加值比重，逐渐缩小该项指标与发达国家的差距。由此可见，进口高质量投入品可能是新时期中国推动对外贸易转型升级、提升企业国际竞争优势的重要突破口②。

国内外学者的理论研究发现，进口高质量中间品可以获得国际技术溢出、改善出口产品质量，进而提升制造业全球价值链升级（Goldberg 等，2010；许家云等，2017；潘闽，2019）。③中间品进口能否显著提升我国制造业全球价值链地位，学者们的实证分析结果不同。主要的实证分结论包括三种：一是"促进作用论"，即中间品进口可以促进我国全球价值链地位提升。因为中间品进口会产生降低边际成本效应、国际技术溢出效应以及实现规模经济效应，从而提升我国制造业全球价值链地位。二是"抑制作用论"，即中间品进口的多样化可能通过"固定成本效应"增加企业的总成本，不利于促进企业创新，不利于制造业全球价值链升级。三是"不确定论"，即中间品进口与制造业全球价值链升级之间的关系存在不确定性。中间品进口是否提升企业全球价值链分工地位还受到自身"吸收能力"的限制。

新增长理论（Romer，1990；Grossman 和 Helpman，1991；Aghion 和 Howiit，1992）是中间品进口影响制造业全球价值链升级的宏观层面的理论基础。学者们从微观层面分析中间品进口与制造业全球价值链升级的关系，得出的研究结论却存在较大差异。有研究认为，中间品进口

---

① 诸竹君，黄先海，余骁. 进口中间品质量、自主创新与企业出口国内增加值率[J]. 中国工业经济，2018（8）：116-134.
② 卢进勇，蓝庆新，王辉耀. 中国跨国公司发展报告 2017[M]. 北京：对外经济贸易大学出版社，2017.
③ Goldberg P K, Khandelwal A K, Topalova P, et al.. Imported Intermediate Inputs and Domestic Product Growth: Evidence from India[J]. Quarterly Journal of Economics，2010，125（4）：1727-1767；许家云，毛其淋，胡鞍钢. 中间品进口与企业出口产品质量升级：基于中国证据的研究[J]. 世界经济，2017，40（3）：52-75；潘闽. 中间品进口与中国制造业全球价值链分工地位提升关系问题研究[D]. 北京：对外经济贸易大学，2019.

与全球价值链升级之间是正向相关关系（Kasahara 和 Rodrigue，2008；Coelli 等，2016；Bloom 等，2016）。部分学者的研究结果表明，中间品进口并没有显著提升制造业企业全要素生产率，甚至呈现负向关系，中间品进口会阻碍制造业企业生产率的提升和制造业全球价值链升级（Autor 等，2016；Acharya 和 Keller，2008）。因此，国外有关中间品进口对企业全球价值链升级的影响尚不明确[1]。

我国学者将《中国工业企业数据库》与《中国海关进出口数据库》的数据进行匹配，使用面板计量方法和空间计量分析方法，考察我国中间品进口对制造业全要素生产率和全球价值链升级的影响。许家云等（2017）研究发现，中间品进口对制造业全球价值链升级的内部机制表现为产品种类效应、质量效应以及学习效应，对制造业企业生产率有明显的促进效应，进而在产业层面有利于提升我国制造业全球价值链分工地位。有学者进行了进一步的研究，郑亚莉等（2017）发现在中间品进口对制造业企业生产率产生的效应中，学习效应起主导作用。魏浩等（2017）[2]、黄新飞等（2018）[3]、许统生等（2020）[4]、睢强等（2020）[5]均证实了中间品进口对企业生产率提高和制造业价值链升级具有积极的促进作用。也有部分学者的研究结果认为中间品进口与制造业价值链升级之间的关系不确定。陈梅和周申（2017）[6]通过对中国2000—2006年微观企业的数据进行研究指出，中间品进口质量与企业生产率之间存在U形关系。而陈维涛等（2018）[7]研究指出，中间品进口对我国制造业企

---

[1] 李超，张诚．中国对外直接投资与制造业全球价值链升级[J]．经济问题探索，2017（11）：114-126．
[2] 魏浩，李翀，赵春明．中间品进口的来源地结构与中国企业生产率[J]．世界经济，2017（6）：50-73．
[3] 黄新飞，高伊凡，柴晟霖．中间投入品进口与企业生产率：短期效应与长期影响[J]．国际贸易问题，2018，425（5）：58-71．
[4] 许统生，方玉霞．进口产品种类与企业生产率[J]．中南财经政法大学学报，2020（1）：136-146+160．
[5] 睢强，冯亚芳．进口中间品质量对企业生产率的影响——基于影响渠道的分析[J]．国际商务研究，2020（2）：55-64．
[6] 陈梅，周申．进口中间产品质量与企业生产率——基于广义倾向得分匹配的经验分析[J]．经济经纬，2017（4）：68-73．
[7] 陈维涛，严伟涛，庄尚文．进口贸易自由化、企业创新与全要素生产率[J]．世界经济研究，2018（8）：62-73．

业生产率的提高和价值链升级呈现负向作用。由此可见，虽然中间品进口对企业生产率提升和全球价值链升级的推动作用得到了大多学者的肯定，但结论尚不完全一致。

另外，理论层面分析表明，中间品进口对制造业全球价值链升级受到自主创新这一"中介效应"的影响（陈维涛等，2018）[①]。即中间品进口会通过技术溢出效应、模仿示范效应等来提升企业创新能力，同时由于门槛效应、挤压效应和依赖效应3种效应的存在，中间品进口抑制企业自主创新，进一步通过人力资本传导到产品生产过程、产品研发、企业管理理念中去，进而影响制造业全球价值链升级。由于缺乏相关实证分析，本书从自主创新的角度实证检验中间品进口对我国制造业全球价值链升级的作用机制和影响。

综上所述，作为生产任务跨国流动载体和全球价值链分工体系基本实现方式的中间品进口，在中国制造业全球价值链地位提升中起到了什么样的作用？应该从哪些方面去评价这种作用？其内在影响机制又是什么？企业自主创新在中间品进口和制造业全球价值链中的作用是什么？企业自主创新作为"中介变量"是否会影响中间品进口对制造业全球价值链升级的效果？为研究制造业全球价值链升级提供一个全新的视角，对中国这样的发展中大国而言，如何有效分析中间品进口、自主创新对制造业全球价值链升级的影响，进而实现中国制造业攀升至全球价值链的高端环节，无疑具有重大的理论价值。因此，正确评估中间品进口能否提升中国企业在参与全球价值链分工中的竞争力，以及自主创新在这一过程中发挥的"中介效应"，具有重大的理论价值与现实意义。

三、研究现状

中间品进口贸易不同于传统国际贸易理论所描述的最终产品的进口贸易。现有学者主要从4个方面对中间品进口贸易进行解释：比较优势

[①] 陈维涛，严伟涛，庄尚文. 进口贸易自由化、企业创新与全要素生产率[J]. 世界经济研究，2018（8）：62-73.

理论、垂直专业化理论、价值链理论以及市场内部化理论[①]。

1. 比较优势理论

比较优势理论的核心是"两优取其最优,两劣取其次劣",只要某一国在某种产品的生产上具有比较优势,就可以通过国际贸易获得利益。这一理论是传统国际贸易理论的基石。随着国际贸易的进一步推进,中间品贸易在国际贸易中的地位日益凸显,学者们从比较优势理论的视角对此加以理论阐述。在这方面比较突出的研究成果为 Lemoine 和 Kesenci（2002）[②],该文指出,可把当前的国际生产和分工方式分为两种类型:"水平型"和"垂直型"的专业化分工、生产。在前者的分工方式中,如果一个国家在产品从上游到下游的生产全过程中均存在比较优势,那么,该国家可通过把生产资源专注于生产成本相对较低的产品规模生产,以提高生产效率。在这种情况下,所有参加专业化分工和生产的国家均可获益。在后者的分工方式中,假设产品生产的某一阶段一国具有比较优势,在该产品的其他生产阶段则处于劣势,那么,对于该国而言,参与国际分工、融入全球价值链的最佳方式就在于专注于具有比较优势的生产阶段,提升生产规模,获得相应的利益。在全球"垂直型"的专业化分工和生产方式中,由于各国可以在整个产品跨国生产的某个阶段发挥作用,因而中间品进口贸易就成为这种生产分工的保障和结果。

2. 垂直专业化理论

随着专业化分工的逐步深入,各个国家具有不同的生产要素禀赋,全球化的产品生产过程中,每个国家专注于产品生产的特定阶段,全球贸易链垂直延伸,"垂直专业化"应运而生。由于垂直专业化涉及产品生产的跨国界行为,因而,Hummel 等（2001）[③]从 3 个方面对垂直专业化

---

① 陈钧浩. 外资型贸易模式的国民收益要素流入的结构效应和收入效应[M]. 北京：中国财政经济出版社, 2018.
② Lemoine F, Kesenci D. China in the International Segmentation of Production Processes[J]. CEPII WorkingPaper, 2002.
③ Hummels D L, Ishii J, Yi K. The Nature and Growth of Vertical Specialization in World Trade[J]. Social Science Electronic Publishing, 2001, 54（1）: 75-96.

进行了界定：第一，产品生产过程包含多个阶段；第二，多个国家（大于等于两个）参与产品的生产过程，并在其中实现价值增值；第三，至少有一个国家进口中间投入品用于产品生产，并把生产的产品绝大部分用于出口。根据该界定可知，垂直专业化包含出口和进口两个方面。从进口方面来说，由于中间品仅用于下游产品的生产，因而，中间品贸易符合前两个方面的要求。但是，用中间品进口生产的产品可能仅用于国内消费，出口较少或基本不出口，因而，中间品进口并不一定满足第3个方面的要求，从这个方面来看，中间品进口用于出口产品，属于垂直专业化的范畴。从出口方面来说，由于出口包括两个方面的出口，既包含中间品出口，又包含最终产品出口，因而垂直专业化包含中间品和最终产品两个方面。不过，即使如此，用于界定垂直专业的3个方面依然要满足。随着全球经济一体化的逐步推进，垂直专业化的生产和贸易方式已逐渐成为主导国际贸易的主要方式。同时，伴随全球价值链的延伸和细化，中间品进口贸易已成为国际分工中国家与国家、行业与企业之间的重要纽带。

第二节 研究意义

一、现实意义

第一，中间品进口投入通过参与产品生产，动态影响制造业技术水平、产品质量以及产出效率，深入影响制造业全球价值链分工地位与升级模式。全球价值链的兴起和发展，已经成为当今全球经济的主要特征，导致传统的以贸易总额来测度一国（地区）的获益方法存在较大偏差。使用 Koopman（2010）[1]提出的 KPWW 分解方法和 Wang（2013）[2]提出

---

[1] Koopman R, Powers W, Wang Z, Wei S J. Give Credit Where Credit is Due: Tracing Value-added in Global Production Chains[J]. NBER Working Paper, No. 16426, 2010.

[2] Wang S J, Wei K Zhu. Quantifying International Production Sharing at the Bilater and Sector Level[J]. NBER Working Papers, No19677, 2013.

的 WWYZ 方法，准确衡量中国制造业行业层面的全球价值链的参与程度与分工地位，有助于理清中国在全球经济再平衡中的真实利得，进而指导中国制造业正确制定贸易谈判策略与贸易政策。另外，中间品进口通过国际技术溢出集聚优质的物质和人力等生产要素促进制造业攀升至全球价值链中高端，实现制造业升级。因此，本书结合我国制造业现有的状况和存在的相关问题，探究中间品进口对我国制造业层面及细分行业全球价值链分工地位提升的作用，对于指导我国制造业迈向全球价值链中高端，实现由自主创新发展取代传统的依附发展方式具有特别重要的现实意义[①]。

第二，分析中间品进口对我国制造业全球价值链升级的影响，以期为我国制造业实现自主创新和迈向全球价值链中高端提供实践指导策略。随着全球经济进入新一轮的调整期，为了重振本国经济，实施"再工业化"，实现本国制造业的振兴，美国提出了"先进制造业战略"，英国规划了"高价值制造"战略，德国实施了"工业4.0战略"，法国也有"新工业法国战略"，还有许多国家也先后实施了融入提升全球价值链的各种战略。

所以，从目前看来，我国制造业同时面临发达国家制造业"高端回流"和发展中国家制造业"中低端分流"的双重压力。我国制造业要实现迈向全球价值链的中高端，就必须加强自主创新能力建设，替代和掌握欧美等国拥有的核心技术。《中国制造2025》提出了要提升制造业国家创新能力，这为中国制造业攀升至全球价值链中高端指明了方向。因此，创新驱动已经成为中国制造业转型升级的首要选择，深入分析自主创新对制造业价值链升级的直接影响以及中间品进口通过自主创新的"中介效应"对制造业全球价值链升级造成间接影响，有助于破解中国制造业转型升级中面临的各种困境，进而及时制定符合当前制造业实际情况的产业政策。这对推动中国制造业实现转型升级，实现经济高质量发展具有重要的实践价值和指导意义[②]。

---

① 郝凤霞，黄舍. 投入服务化对制造业全球价值链参与程度及分工地位的影响[J]. 产经评论, 2019, 10 (6): 58-69.
② 戴翔，张二震. 要素分工与国际贸易理论新发展[M]. 北京：人民出版社，2017.

二、理论意义

第一，在全球价值链治理的背景下，尝试构建中间品与全球价值链升级之间的分析框架，分析了中间品进口、自主创新影响制造业价值链升级的作用机制，打开其影响机制的"黑匣子"。通过梳理相关文献和理论分析，认为中国制造业要实现价值链升级，需要从外源和内源两条路径出发。首先，从影响价值链升级的外源动力之一的中间品进口出发，分析中间品进口如何通过竞争效应、质量效应、技术溢出效应直接促进企业价值链升级；其次，从内源动力自主创新能力出发，认为自主创新能力主要从横向、纵向、跃迁3个方向拉动制造业价值链升级；最后，中间品进口除直接助力价值链升级外，也会通过自主创新的"中介效应"影响制造业全球价值链升级，因此，不仅考察了中间品进口、自主创新对制造业价值链升级的影响，更是对研究机理进行了深入研究。这对新冠肺炎疫情全球范围蔓延、中美贸易持续背景下实现我国制造业迈向全球价值链中高端提供了新方向。

第二，提供一个基于发展中国家数据的微观实证检验，拓展了制造业全球价值链升级影响因素的研究边界。现有研究大都将发达国家作为考察对象，中国拥有最大发展中国家和最大对外贸易国的双重身份，然而将中国作为分析对象的实证研究则十分有限。相比已有研究利用中国2000—2007年的数据，本书则利用2000—2013年《中国海关进出口数据库》和《工业企业数据库》的合并数据库，基于经验事实的视角对中国加入WTO后的全球价值链分工地位进行测量，并利用固定效应模型考察了中间品进口、自主创新对中国制造业价值链升级的影响，将样本按照企业所有制、贸易方式、出口目的国、技术复杂度等特征进行异质性分析，同时为了解决中间品进口与中国制造业价值链升级之间存在的内生性问题，采用工具变量法和倾向匹配得分法（PSM）对回归结果的稳健性和可靠性进行检验，进一步扩展了"中间品进口-生产率"研究的框架。上述实证检验结果对于指导中国跨国公司在中间品进口过程中应当如何进行技术复杂度选择、进口目的国选择、贸易方式选择具有重要的理论意义。

第三，建立了从企业到行业多个层面的全球价值链升级模式与分工地位指标。在企业层面，用全要素生产率、出口产品质量、出口技术复杂度以及出口产品转换率4个指标，分别衡量了制造业企业全球价值链升级的工艺流程、产品、功能以及链条升级；在行业层面，从制造业后向联系 GVC[①]参与度、制造业前向联系 GVC 参与度以及全球价值链分工地位3个方面衡量中国制造业行业层面的全球价值链的参与程度与分工地位。上述指标与全球价值链升级的类型相对应，一方面丰富了全球价值链分工地位提升的表征和全球价值链升级的内涵，另一方面也可从不同视角相互验证实证分析结果。

第三节 研究的主要内容、方法与创新点

一、研究内容

本书不仅考察了中间品进口、自主创新对制造业价值链升级的影响机理，借助中介效应模型对中间品进口影响自主创新进而实现制造业全球价值链升级的效果进行实证检验，并在实证分析的基础上提出相应的政策建议。具体而言，本书的研究主要包括以下8个部分：

第一章为绪论。本章介绍了选题背景和研究意义，整体的研究思路、内容和方法、主要创新点以及对相关概念的界定。

第二章为国内外研究现状与理论综述。本章主要对相关理论进行介绍以及对相关文献加以评述。所涉及的理论主要包括全球价值链理论、自主创新理论以及中间品进口理论，在文献综述方面，主要从全球价值链分工地位测度研究、全球价值链升级的影响因素、中间品进口对企业生产率的影响、中间品进口对全球价值链升级的影响以及自主创新对全球价值链升级的影响几个方面展开分析。

---

① GVC 全称为 global value chain，即全球价值链。

第三章为中间品进口、自主创新与制造业 GVC 升级的机制。本章首先从影响价值链升级的外源动力之一的中间品进口出发，分析中间品进口如何通过竞争效应、质量效应、技术溢出效应直接促进企业价值链升级；之后分析内源动力自主创新能力主要从横向、纵向、跃迁 3 个方向拉动制造业价值链升级；并且认为中间品进口除直接助力价值链升级外，也会通过自主创新的"中介效应"影响制造业全球价值链升级；最后进行了影响机制的异质性分析。

第四章为中国制造业 GVC 升级测度。本章主要从企业层面和行业层面测度中国制造业全球价值链分工地位和升级。首先，企业层面的分析利用 2000—2013 年[①]的海关数据库与工业企业数据库的合并数据，通过采用全要素生产率、出口产品质量、出口技术复杂度以及出口产品转换等指标对中国制造业全球价值链的升级模式进行了多维度测度。在行业层面，主要利用世界投入产出数据内中国制造业 2000—2014 年的行业细分数据，利用 Wang 等（2017）[②]提出的 WWYZ 总贸易附加值分解法，对中国制造业整体全球价值链的分工地位和参与程度进行测度。

第五章为中间品进口、自主创新对工艺升级和产品升级的影响。本章主要进一步从所有制、贸易方式、进口目的国以及技术水平等异质性视角分析了中间品进口对企业工艺升级和产品升级的影响。考虑到模型可能存在的内生性问题，选用中间品进口国的实际汇率以及企业中间品进口的关税税率作为中间品进口的工具变量，从而有效解决中间品进口与制造业升级之间存在的反向因果关系问题，工具变量的估计结果进一步验证了中间品进口与工艺升级、产品升级间存在显著关系。另外，以自主创新为中介效应模型的回归结果表明，存在中间品进口通过自主创新进而影响工艺升级和产品升级的传导路径[③]。

---

① 受工业企业数据库和海关数据库的限制，本书微观层面研究所使用的数据仅涵盖 2000—2013 年，2014—2019 年的数据由于缺少无法使用，目前发表在中国社会科学、经济研究、管理世界、世界经济等顶级期刊上的学术论文也多采用此数据库，详见本书参考文献。
② Wang Z, Wei S J, Yu X. Measures of Participation in Global Value Chains and Global Business Cycles[J]. NBER Working Papers, No 23222, 2017.
③ 彭冬冬，杜运苏. 中间品贸易自由化、融资约束与贸易方式转型[J]. 国际贸易问题，2016（12）：52-63.

第六章为中间品进口、自主创新对功能升级和链条升级的影响，使用企业营业外收入表征功能升级；使用出口产品转换表征链条升级，并从企业的贸易方式、所有制形式和技术复杂度的角度分析了中间品进口对中国制造业企业功能升级、链条升级的影响，并进一步使用企业每年某一 HS-6 位编码产品的残差与所有企业当年该产品中残差的均值相减得到企业当年该产品的"质量距离"，用来表示链条升级，实证分析结果进一步验证了上述回归结果的稳健性；最后利用中介效应模型检验中间品进口通过自主创新影响功能升级和链条升级的传导机制及提升效果。

第七章为中间品进口对制造业行业 GVC 的实证分析，检验了自主创新是否起到中介效应。通过对 WIOD(2016)数据库提供的 2000—2014 年中国制造业细分行业上游度、下游度、分工地位以及新显性比较优势指数的测算结果，首先从自主创新视角实证检验中间品进口对中国制造业全球价值链参与程度与分工地位的影响，并区分制造业不同要素密集度和技术梯度进行异质性检验；然后运用新显性比较优势指数进行了稳健性检验[1]。

第八章为结论与展望。首先，根据前文的理论与实证分析结果，归纳总结本研究的主要研究结论；其次，基于理论分析和实证检验得到的研究结论，对于如何借助外源动力视角利用中间品进口、内源动力视角利用自主创新来促进中国制造业全球价值链升级，提出相关政策建议。

二、研究方法

采用以下分析方法进行研究：

第一，文献研究法。笔者搜集、整理和阅读国内外相关文献，发现前期研究的不足，提出研究问题和找到研究的出发点；筛选出与研究相关的文献资料，分析和总结这些文献的理论基础、研究方法。在文献整理的基础上，笔者构建中间品进口影响制造业全球价值链分工地位提升

---

[1] 欧阳嘉原，许美菊，何均琳. 中国制造业全球价值链参与地位解析——基于 KPWW 方法测算[J]. 福建农林大学学报（哲学社会科学版），2019，22（4）：60-67 + 77.

的理论框架，选择测算制造业全球价值链分工地位，中间品进口和出口产品质量、种类、出口技术复杂度和企业全要素生产率的方法，以及实证检验中介效应和内生性控制的方法。

第二，理论研究方法与经验研究方法相结合。对全球价值链和中间品进口、自主创新等相关理论进行分析，阐明了本书的理论基础；从中间品进口、自主创新对全球价值链分工地位与升级模式影响的作用机制及其提升效果进行分析。

第三，定性分析方法和定量分析方法相结合。在微观层面，使用两库匹配数据，准确测度中间品进口的质量和种类、企业全要素生产率、出口产品的质量和种类、出口产品的质量和种类、出口技术复杂度、出口产品转换率等各类指标；在行业层面，使用世界投入产出表（WIOD数据库）、联合国商品贸易数据库 UN Comtrade 的合并数据，对中国制造业各行业的全球价值链分工地位、中间品进口价值等指标进行测算，描述和定性分析了测算结果，使用计量模型实证检验中间品进口与上述变量的关系以及自主创新的中介效应。

三、主要创新点

第一，从增加值视角研究中间品贸易。研究中间品贸易的学者，常常会重点关注中间品贸易的模式和带来的贸易利得，却忽视了增加值；而研究增加值的学者，会将重点放在研究全球价值链的增加值测算、分工地位等问题上，往往忽略中间品贸易。中间品作为全球价值链中增加值的载体，是全球价值链串联起来的基本单位，而且全球价值链是中间品贸易的价值体现，将中间品贸易与全球价值链结合起来进行研究，可以更加全面地分析新型贸易模式带来的贸易利得。参与全球价值链，不仅表现在进口了大量的中间品，还表现在加工组装出口中间品，类似于传统的出口，是参与全球价值链分工的重要特征，需要展开深入研究和探讨。

第二，尝试构建中间品与全球价值链升级之间的分析框架，分析了中间品进口、自主创新影响制造业价值链升级的作用机制。梳理相关文献和理论分析后可知，中国制造业要实现价值链升级，需要从外源和内源两条路径出发，首先，从影响价值链升级的外源动力之一的中间品进口出发，分析中间品进口如何通过竞争效应、质量效应、技术溢出效应直接促进企业价值链升级；其次，从内源动力自主创新能力出发，认为自主创新能力主要从横向、纵向、跃迁3个方向拉动制造业价值链升级。另外，中间品进口除了直接助力价值链升级外，还会通过自主创新的"中介效应"影响制造业全球价值链升级。

第三，建立了与全球价值链升级类型相对应的企业与行业层面表征全球价值链升级的指标体系。为全面且准确地考察制造业企业全球价值链升级模式和行业全球价值链分工地位提供基础，将全球价值链分工地位提升、升级模式与企业产品端和生产端的表现联系起来。在企业层面，用全要素生产率、出口产品质量、出口技术复杂度以及出口产品转换率，分别衡量制造业企业全球价值链升级的工艺流程、产品、功能以及链条升级；在行业层面，从制造业后向联系 GVC 参与度、制造业前向联系 GVC 参与度以及全球价值链分工地位3个方面衡量中国制造业行业层面的全球价值链的参与程度与分工地位[1]。

第四，在实证分析方面，利用固定效应模型考察了中间品进口、自主创新对中国制造业价值链升级的影响，并将样本按照企业所有制、贸易方式、出口目的国、技术复杂度等特征进行异质性分析；同时，为了解决中间品进口与中国制造业价值链升级之间存在的内生性问题，采用工具变量法和倾向匹配得分法（PSM）对回归结果的稳健性和可靠性进行检验，并从自主创新的"中介效应"视角实证检验中间品进口对制造业全球价值链升级的影响。

第四节 相关概念的界定

本书中相关概念的界定主要包括全球价值链、制造业与制造业全球价值链升级、自主创新与中间品进口4个方面。

---

[1] 尹彦罡，李晓华. 中国制造业全球价值链地位研究[J]. 财经问题研究，2015（11）：18-26.

一、全球价值链（GVC）

价值链概念首先是由 Porter 在其著作《竞争优势》中提出的。Porter（1985）[①]指出，企业的经营活动就是价值创造的过程，而价值创造的过程可根据重要性的不同分为两类：基本活动和支持性活动。其中，基本活动是企业经营的一般性活动，主要包括生产、营销、运输以及后勤活动；而支持性活动可为提升企业的竞争优势提供重要支撑，主要包括原材料供应、人力资源管理以及技术引进与创新等活动。这两类活动共同维持企业的运营，两者之间紧密联系，共同构成了企业的价值创造链条，即价值链。Kougut（1985）[②]进一步把价值链的涵盖范围从企业层面提升到国家或区域层面，指出国家或地区间存在不同的比较优势，且企业间的竞争优势也存在差异，这使产品的价值增值链条可分布于不同国家的不同企业，产品的价值创造过程实现全球化。这一理论为全球价值链理论的形成提供了重要基础[③]。

伴随经济全球化的不断推进，商品生产过程逐渐分解为不同的环节，且生产环节通常跨国分布，这为价值链理论的进一步发展提供了丰富的现实土壤。基于此，Gereffi（1994）[④]提出了全球商品链的概念，指出商品生产是不同企业合作间的过程，企业在研发设计、生产制造、营销网络构建以及后勤保障服务中具有差异性的竞争优势。通过具有不同竞争优势企业的强强联合，可显著提升商品的竞争力。因此，商品生产的全球链条得以形成，即全球商品链。此外，Gereffi 和 Korzeniewicz（1994）[⑤]进

[①] Porter M E. Competitive Advantage: Creating and Sustaining Superior Performance[M]. New York: The Free Press, 1985.
[②] Kogut B. Designing Global Strategies: Comparative and Competitive Value-Added Chains[J]. Sloan Management Review, 1985, 26: 15-28.
[③] 李春艳. 东北地区依靠技术创新推动产业升级问题研究[M]. 北京:人民出版社, 2018.
[④] Gereffi G. The Organization of Buyer-Driven Global Commodity Chains: How U. S. Retailers Shape Overseas Production Networks[J]. Commodity Chains and Global Capitalism, 1994: 95-122.
[⑤] Gereffi G, Korzeniewicz M. Commodity Chains and Global Capitalism[M]. London: Praeger, 1994.

一步构建了全球商品链的分析框架。随着研究的深入,Gereffi(1999)[①]从产业组织的视角对全球商品链进行了系统性分析。研究指出,伴随全球贸易商的日益兴起,商品的生产和营销体系逐步分离,不同企业开始纳入同一产品的跨国组织生产体系,即商品生产和营销呈现网络化,不同企业成为生产组织网络的节点。这成为全球价值链理论进一步发展的重要基石[②]。

21世纪初,全球经济一体化趋势快速推进,企业跨国经营如火如荼,在企业经营活动是价值创造过程的共识下,全球价值链正在全面取代全球商品链,所以它的概念也在逐步丰富和完善。比较有影响力的为联合国工业发展组织、英国萨塞克斯Sussex大学的发展研究所以及Gereffi等(2005)[③]所给出的定义[④]。联合国工业发展组织和英国萨塞克斯大学发展研究所两者给出的概念意思相近。Gereffi等(2005)[⑤]进一步从地理分布、组织规模和生产性主体3个层面对全球价值链进行了定义:全球价值链需具备全球性,包含某种产品生产、营销以及消费的全过程,且产品参与主体包含供应、生产、营销等多级厂商[⑥]。

根据全球价值链定义的发展演变,以及不同国家或地区在全球价值链分工地位中的不同,把全球价值链定义为:全球价值链是产品价值增值的链条,包含了从产品设计研发到售后服务的全过程,是一种新型的

[①] Gereffi G. International Trade and Industrial Upgrading in the Apparel Commodity Chain[J]. Journal of International economics, 1999, 48(1): 37-70.

[②] 马海燕. 全球价值链理论研究述评[J]. 华中农业大学学报(社会科学版), 2007(5): 94-98.

[③] Gereffi G, Humphrey J, Sturgeon T. The Governance of Global Value Chains[J]. Review of International Political Economy, 2005, 12(1): 78-104.

[④] 联合国工业发展组织和英国Sussex大学的发展研究所对全球价值链的定义较为接近,其中英国Sussex大学的发展研究所把全球价值链定义为:"产品在全球范围内,从概念的设计到使用直到报废的全生命周期中所有创造价值的活动范围,包括产品的设计、生产、营销、分销以及对最终用户的支持与服务等;组成价值链的各种活动可以包含在一个企业之内,也可以分散于各个企业之间,可以聚集于某个特定的地理范围之内,也可以散布于全球各地。"

[⑤] Gereffi G, Humphrey J, Sturgeon T. The Governance of Global Value Chains[J]. Review of International Political Economy, 2005, 12(1): 78-104.

[⑥] 刘伟全. 中国OFDI逆向技术溢出与国内技术进步研究——基于全球价值链的视角[M]. 北京:经济科学出版社, 2011.

国际分工方式。在目前的全球价值链分工地位中，以美国、欧盟和日本为主的发达国家的企业处于全球价值链的高端环节，主导了产品价值链的发展，而发展中国家的企业通常处于全球价值链的低端环节，为全球价值链分工的参与者。

二、制造业与制造业全球价值链升级

传统的制造业是指在机械工业时代，使用某些资源，包括资金、技术、劳动力、物料、能源、设备、工具等，按照市场需求，在生产中转化为可供人们使用的消费品、工业品和生产工具等产品的行业。通常的分析中，主要把制造业企业和制造业行业作为分析对象。异质性已成为分析企业的重要方面，将利用中国微观数据测算企业层面的一系列指标：全要素生产率、出口产品质量、出口技术复杂度以及出口产品转换率，全球价值链升级的工艺流程升级、产品升级、功能升级以及链条升级，进一步实证验证中间品进口是否影响全球价值链升级以及自主创新是否存在中介效应。对于制造业行业，本书按照WIOD（2016）行业分类标准对我国制造业进行分类，借鉴Wang等（2013）提出的WWYZ计算方法，力争从我国制造业行业层面的视角，准确衡量行业层级的中国全球价值链的国际分工地位，并基于制造业行业层级数据进行实证检验。

制造业是国民经济的基本组成。制造业的发展保障了一个国家或者地区社会经济发展。全球价值链中每个国家或地区制造业分工，既决定该国家或地区经济发展的质量，又决定了该国家或地区全球竞争能力。因此，特别有必要在国际分工中提升全球价值链中制造业的地位。那么，何为制造业全球价值链升级呢？Gereffi 等（2005）[1]对此加以了界定，指出在全球的生产网络中，推动参与一国制造业发展的经济主体从低价值的创造活动迈向高价值的创造活动。参与一国制造业发展的主体不仅包含国家主体，而且包含企业主体，在向高创造价值的环节攀升时，使制造业全球价值链升级得以实现。

---

[1] Gereffi G, Humphrey J, Sturgeon T. The Governance of Global Value Chains[J]. Review of International Political Economy，2005，12（1）：78-104.

Hobbday（2001）[①]指出，提升企业在全球价值链中的地位，具体有 4 条主要路径：工艺流程地位升级、产品地位升级、功能地位升级和链条地位升级产品更新。其中，工艺流程升级是指引入新工艺、新技术以及新流程，使制造业由价值链的低端环节向高端环节升级；产品升级是指提高产品的技术复杂度，对产品进行更新换代，提升产品的附加值，促使制造业向价值链的高端环节爬升；功能升级是指向价值链的上下游延伸，拓展产品的生产环节，提高产品附加值；链条升级是指产品生产各环节的升级[②]。在对制造业全球价值链升级进行定义时，沿用上述表述，即工艺流程升级、产品升级、功能升级和链条升级 4 个方面。

三、自主创新

熊彼特在其著作《经济发展理论》中第一次提出"自主创新"。他认为："可以把自主创新视为一种生产活动。它与一般的生产活动的区别在于，自主创新的活动投入了新的生产要素。"他进一步将自主创新活动划分为 5 种形式：① 开发新产品或者发现现有产品的新功能；② 寻找或者发现新的市场；③ 发现新的生产方法；④ 创新企业管理；⑤ 寻找新的原材料。在此基础上，经济学家进行了大量研究，使自主创新理论获得了长足的发展和完善。

一般而言，自主创新理论源自技术创新理论，而技术创新理论大致分为以下 4 个主要流派：① 以索洛（Solow）和罗默（Romer）为代表的新古典技术创新流派；② 以曼斯菲尔德（Mansfield）、阿罗（Arrow）和施瓦兹（Schwartz）为代表的新熊彼特流派；③ 以戴维斯（Davis）和诺斯（North）为代表的制度创新流派；④ 以弗里曼（Freeman）、尼尔森（Nelson）和伦德瓦尔（Lundvall）为代表的国家创新体系流派。

---

① Hobday M. The Electronics Industries of the Asia-Pacific: Exploiting International Production Networks for Economic Development[J]. Asian-Pacific economic literature, 2001, 15（1）: 13-29.

② 刘志彪. 攀升全球价值链与培育世界级先进制造业集群?——学习十九大报告关于加快建设制造强国的体会[J]. 南京社会科学, 2018（1）: 13-20.

国内学者对自主创新概念的研究最早始于陈劲（1994）[①]，在对自主创新的初期研究中，通常从微观视角加以界定，即企业在面临技术难关时，通过自身的研发努力，实现技术突破，完成从专利到产品的过程，获得相应的利润[②]。从宏观视角来说，可把自主创新视为一种国家战略和发展方式，也可看作是一种科技创新方式[③]。虽然中国学者对自主创新进行了大量研究，获得了较为丰富的研究成果，但对自主创新概念的界定并不统一。不过，在对自主创新内涵和外延的研究中，陈至立（2005）[④]从原始创新、集成创新和引进消化吸收再创新3个方面对自主创新概念的界定获得了众多学者的认同。

创新是一国经济社会持久发展的不竭动力，是实现经济高质量发展的重要保障。在创新活动中，自主创新尤为关键。2018年习近平总书记在两院院士大会上表示："矢志不移自主创新，坚定创新信念，着力增自主创新能力。"那么如何定义自主创新呢？首先，2004年中国国家统计局对工业企业自主创新给出的解释是，所谓的企业层面的自主创新主要包括企业的研发活动，也就是通常所称的R&D活动。

目前，国内学者在对自主创新进行定义时基本一致，即自主创新包含狭义自主创新和广义自主创新两层含义。从广义方面看，自主创新包含创新主体的一切率先性原创的创新活动，这不仅包含科技创新，而且还包含文化创新、管理创新和制度创新，即广义的自主创新不仅包含具体的科学技术的创新，还包含抽象的制度、文化以及管理的创新等。从狭义方面看，自主创新仅指科技创新，即技术层面的创新，强调原创性以及自主性（周亚虹等，2012[⑤]；程文和张建华，2018[⑥]）。

---

① 陈劲. 从技术引进到自主创新的学习模式[J]. 科研管理，1994，15（2）：32-34，31.
② 杨德林，陈春宝. 模仿创新自主创新与高技术企业成长[J]. 中国软科学，1997（8）：107-112.
③ 张炜，杨选良. 自主创新概念的讨论和界定[J]. 科学学研究，2006，24（6）：956-961.
④ 陈至立. 加强自主创新 促进可持续发展[J]. 中国软科学，2005（9）：1-6.
⑤ 周亚虹，贺小丹，沈瑶. 中国工业企业自主创新的影响因素和产出绩效研究[J]. 经济研究，2012（5）：107-119.
⑥ 程文，张建华. 收入水平、收入差距与自主创新——兼论"中等收入陷阱"的形成与跨越[J]. 经济研究，2018（4）：49-64.

四、中间品进口

随着经济全球化的深入发展，各国通过要素禀赋以及技术优势参与全球价值链的分工中，某一特定产品的生产过程跨越地域限制，不同国家仅承担产品生产的部分环节，因而在经济全球化背景下，中间品贸易迅速发展起来。在对中间品的研究中，Sanyal 和 Jones（1982）[1]较早从投入阶段和产出阶段两个方面对中间品贸易的理论机制进行了初步描述。从投入阶段来说，伴随原材料以及劳动力等生产要素的投入，中间品得以生产出来，然后通过出口贸易使中间品涌入国际市场；从产出阶段来说，通过进口贸易获得中间品的国家，结合本国生产要素生产最终产品。从产品生产的两个过程来看，投入阶段的产品即为产出阶段的投入品，也就是中间品。国内学者戴臻（2010）[2]从 3 个方面对中间品进行了界定，即中间品是由生产部门利用生产要素生产出来的，能够在国际市场上进行贸易流通的，且用于最终消费品生产的产品。此外，吕敏（2016）[3]从广义层面上把生产中的中间品分为 4 类：一是初级产品，即生产过程中所用的原材料；二是半成品；三是零部件；四是产品生产过程中所用到的服务。

综上所述，顾名思义，所谓的中间品进口就是自国外买入中间品。目前，企业的跨国生产已成为一种常态，多种中间品投入产品的生产过程，且中间品的贸易跨越国界，即企业投入生产过程的中间品需要自国外进口，这也是目前最受关注的中间品贸易形态。便利的运输条件实现了企业对生产要素的全球配置，优化了企业资源配置效率，提升了企业经营效益。中间品贸易的发展速度快，已经成为国际贸易的重要组成部分。

---

[1] Sanyal K K, Jones R W. The Theory of Trade in Middle Products[J]. American Economic Review, 1982, 72（1）: 16-31.
[2] 戴臻. 中英中间品贸易要素构成分析[J]. 国际贸易问题, 2010（1）: 32-42.
[3] 吕敏. 知识产权保护、中间品进口与中国外贸竞争力[D]. 长沙：湖南大学, 2016.

第二章
国内外研究现状与理论综述

　　本章整理分析了国内外相关理论，对相关文献进行分析并加以综述。所涉及的理论主要包括全球价值链理论、中间品进口理论以及自主创新理论。在文献综述方面，本章主要包括 GVC 分工地位测度、GVC 升级影响因素、中间品进口对企业创新的影响、中间品进口对 GVC 升级的影响、自主创新对 GVC 升级的影响 5 个方面。

第一节 国内外研究现状

一、GVC 升级理论

随着经济一体化程度的不断加深,生产跨越国界,生产环节分布于不同国家,进而表现为全球价值链分工。目前,只有积极融入全球价值链,才不会被全球化的浪潮所抛弃;只有积极向全球价值链的高端环节攀升,才不会被全球化的趋势所裹挟。一国越是在全球价值链中的分工地位处于高端环节,越有可能在产品全球价值链条中获得较多的利益。基于此,需要对全球价值链进行深入研究。全球价值链的相关理论是研究的基础,因而,本节将对全球价值链的相关理论展开分析。

现有文献主要从 3 个方面阐述全球价值链理论,包括全球价值链的动力机制、治理理论及升级理论。本节遵循这一研究思路,分别进行论述。

1. 全球价值链动力机制

在对全球价值链动力机制的早期研究中,学者主要从全球商品链的视角对驱动力进行理论分析。在全球价值链动力模式的研究方面,Gereffi(1994)[①]提出了著名的二元驱动力理论,即从动力机制来看,全球价值链可分为"采购者"和"生产者"动力驱动两种。这种划分的意义在于,全球价值链在不同区域上的分离和重组均由采购者和生产者共同完成,可以认定该文献是对 GVC 动力机制进行研究的最早文献。

在二元驱动力理论的基础上,Henderson(1998)[②]对采购者和生产者驱动价值链进行了更为深入的研究。研究进一步指出,采购者驱动价值链是指"拥有强大营销手段和品牌能力的企业通过全球范围采购或贴

---

① Gereffi G. The Organization of Buyer-Driven Global Commodity Chains: How U. S. Retailers Shape Overseas Production Networks[M]. London: Commodity Chains and Global Capitalism, 1994.

② Henderson J. Danger and opportunity in the Asia-Paciffic[M]//Thmopson, G. Economic dynamism in the Asia-Pacific. London: Rou Tledge, 1998: 356-384.

牌加工生产（OEM）等运营方式组织起来的商品生产流通网络，带动发展中国家的工业化，形成强大的市场需求"。采购者驱动价值链多集中于劳动密集型的行业，采购者的价值链把拥有品牌、技术优势的经济体与拥有丰富劳动力、资源禀赋的发展中国家紧密联系起来，从而推动了商品在全球的分工和布局。然而，由于处于价值链两端的双方具有不同的分工优势，这使采购者全球价值链存在两个方面的失衡：其一，采购者在全球价值链中居于主导地位，而发展中经济体通常处于从属地位，前者掌握了产品的设计、品牌、营销渠道等高端环节，而后者仅在加工组装等低端环节发挥作用，从生产要素来说，高等生产要素在价值链中的分配不平衡；其二，采购者作为全球价值链的治理者，控制了全球价值链的高附加值部分，而发展中经济体的制造商仅获得了低附加值部分，从全球价值链产品增值来看，附加值在两者间的分配不平衡[1]。

另外，Henderson（1998）[2]把生产者驱动价值链定义为："生产者驱动型价值链是指由生产者资本拉动市场需求，形成垂直分工型的全球生产供应链体系。"在生产者驱动价值链模式下，生产者通常具有资本、技术优势，为了扩大生产规模，获得更多利润，生产者具有利用自身优势从全球层面对产品进行分工生产的动力。

此外，Gereffi（2005）[3]对全球价值链动力机制的研究更加深入，且贡献更大。依据其对全球商品链的划分，他把全球价值链划分为生产者驱动型和购买者驱动型两种。前者以企业组织为主导，通常建立从生产、销售到售后服务的一体化网络，生产产品推动市场需求增加；后者的全球价值链的动力机制在于产品采购商，采购商通常具有强劲的营销渠道，且自身品牌优势明显，借助全球采购以及 OEM 等方式构建全球性的商品流通网络，以此满足消费者的产品需求[4]。

---

[1] 陈军. 企业社会责任视角下的产业集群治理研究[D]. 金华：浙江师范大学，2009.
[2] Henderson J. Danger and opportunity in the Asia-Pacifficc[M]//Thmopson, G. Economic dynamism in the Asia-Pacific. London: Rou Tledge, 1998: 356-384.
[3] Gereffi G, Humphrey J, Sturgeon T. The Governance of Global Value Chains[J]. Review of International Political Economy, 2005, 12（1）: 78-104.
[4] 胡振雄. 基于交易费用视角的我国传统制造业集群发展机理研究[D]. 北京：中共中央党校，2018.

在全球价值链动力影响因素研究方面，张辉（2004）[①]的研究进一步指出，全球价值链动力因素的分类并不完全明确，全球价值链的特征显示不同行业之间存在异质性。此外，全球价值链的动力因素还兼具生产者和购买者的混合特点，且混合动力机制是一种常态，纯粹的生产者驱动型或者购买者驱动型的国家或行业较为罕见。

2. 全球价值链治理理论

全球价值链治理就是指如何实现处于不同全球价值链地位的各企业生产活动的协调。全球价值链治理模式的早期研究中，Powell（1990）[②]侧重于对单一公司和行业集群的研究，结合行为主体选择异质性、交易方式的差异以及冲突的不同解决方式等方面，将全球价值链治理模式划分为3种，分别是市场型、网络型和层级型。

Gereffi 等（2005）[③]按照行为主体协调能力的大小把全球价值链治理模式按照顺序划分为5种类型，分别是层级型、领导型、关系型、模块型以及市场型。其中，层级型参与主体协调能力表现最强，而市场型参与主体的协调能力表现最弱，其他3种类型的领导型、关系型和模块型参与主体的协调能力则介于层级制和市场型之间。在此基础上，他认为可从特殊关系型治理、模块分解化型治理、依附核心环节型治理、企业等级制治理以及市场契约主导型治理5个方面对全球价值链的治理模式进行划分。借助上述5种治理模式，无论是发达国家还是发展中国家的跨国企业通过"参与分散、空间重组、网络治理和其他价值链分工方法"[④]，努力提升其在全球价值链中的分工地位，以此提高其在国际市场上的核心竞争力[⑤]。

---

① 张辉. 全球价值链理论与我国产业发展研究[J]. 中国工业经济，2004（5）：38-46.
② Powell W W. Neither Market Nor Hierarchy: Network Forms of Organization[J]. Research in Organizational Behavior，1990（12）：295-336.
③ Gereffi G, Humphrey J, Sturgeon T. The Governance of Global Value Chains[J]. Review of International Political Economy，2005，12（1）：78-104.
④ 张亚斌. "一带一路"经贸合作促进全球价值链升级研究[D]. 西安：西北大学，2017.
⑤ 舒伟. 简论产业竞争力[J]. 当代经济，2009（16）：158-159.

3. 全价值链升级理论

通过嵌入全球价值链，获取先进技术以及市场规模，从而提升企业全球市场竞争能力，这是企业、行业乃至国家参与全球价值链的重要目的（屠年松和薛丹青，2018）[①]。在提升市场竞争力的因素中，提高其在全球价值链分工中的地位是关键，因而对全球价值链的升级理论加以研究就显得十分必要。

全球价值链升级是指企业从全球价值链的低端环节向高端环节迁移。那么，如何实现全球价值链的升级呢？Kaplinsky 和 Morris（2002）[②]，Humphrey 和 Schmitz（2002）[③]给出基本相同的路径选择。他们指出，根据全球价值链升级难度的差异，可以划分为 4 种升级路径，分别是流程、产品、功能以及价值链升级。其中，流程升级的核心在于改良生产方法，采用新的生产流程，提升产品的生产效率；产品升级的关键在于提高产品质量或生产更具价值的产品；功能升级则要求向更具价值创造的环节变迁；价值链升级则意味着跃进到新的产品价值链，跨产业实现升级。在价值链升级的难易差异程度上，流程升级最易实现，而价值链升级的难度较大。

全球价值链升级的核心在于由价值创造的低端环节转向价值创造的高端环节（杜大伟等，2018）[④]。除了上述 4 种升级模式之外，是否还存在其他提升全球价值链分工地位的路径呢？Ivarsson 和 Alvstam（2011）[⑤]研究指出，应按照行业资本密集度高低采用不同的升级战略，密集度高时，生产驱动型战略是首选，而当密集度较低时，购买者驱动型的升级战略路径效果更佳。Dijk 和 Trienekens（2012）[⑥]对发展中国家

[①] 屠年松，薛丹青. 中国—中南半岛经济走廊国家全球价值链升级研究[J]. 经济问题，2018（2）：123-129.

[②] Kaplinsky R, Morris M. A Handbook for Value Chain Research[J]. Institute of Development Studies, 2002.

[③] Humphrey J, Schmitz H. How does insertion in global value chains affect upgrading in industrial clusters?[J]. Regional Studies, 2002, 36（9）：1017-1027.

[④] 杜大伟，若泽. 吉勒尔梅. 莱斯，王直. 全球价值链发展报告（2017）——全球价值链对经济发展的影响：测度与分析[M]. 北京：社会科学文献出版社，2018.

[⑤] Ivarsson I, Claes G A. Upgrading in Global Value-Chains: A Case Study of Technology-Learning among IKEA-Suppliers in China and Southeast Asia[J]. Journal of Economic Geography, 2010, 11（4）：731-752.

[⑥] Dijk M P V, Trienekens J. Global Value Chains: Linking Local Producers from Developing Countries to International Markets[M]. Amsterdam: Amsterdam University Press, 2012.

的研究指出，可通过增加附加值、改善市场准入、提高治理结构以及提升伙伴关系实现全球价值链的升级。此外，关于中国在全球价值链分工地位中的路径，国内学者也进行了富有成效的研究，提出了相应的战略选择，如杜传忠和杜新建（2017）[①]强调打造以本土企业为"链主"的产业分工体系，刘宏曼和郎郸妮（2018）[②]提出培育高级生产要素、推动制造业转型升级、发展绿色制造业等。

二、自主创新理论

1. 自主创新理论研究脉络

熊彼特较早在其创新理论中强调了自主创新，但是在对自主创新的理论研究中，多数学者认为其理论渊源是技术创新理论，因而我们主要从技术创新理论发展脉络这一方面进行回顾。在20世纪50年代之前，技术创新对经济增长的重要性并未取得学者们的认可。随着传统的生产要素无法对经济增长给出充分解释之后，学者们逐步把技术作为一种生产要素纳入生产函数中。在这方面，Solow（1957）[③]将技术进步引入索洛模型，强调了其作为经济增长源泉的重要性。Schmookler（1966）[④]首次借助专利数据对技术进步进行了测度。此后，Mansfield（1968）[⑤]、Utterback（1974）[⑥]、Romer（1990）[⑦]以及Nelson（1993）[⑧]均从不同视

[①] 杜传忠，杜新建. 第四次工业革命背景下全球价值链重构对我国的影响及对策[J]. 经济纵横，2017（4）：110-115.
[②] 刘宏曼，郎郸妮. 对我国制造业全球价值链分工地位的政治经济学分析[J]. 毛泽东邓小平理论研究，2018（1）：94-100+108.
[③] Solow R M. Technical Change And The Aggregate Production Function[J]. Review of Economics and Statistics，1957，39（3）：312-320.
[④] Schmookler J. Invention and economic growth[M]. Cambridge MA：Harvard University Press，1966.
[⑤] Mansfield E. Industrial Research and Technological Innovation：An Econometric Analysis[M]. New York：Norton，1968.
[⑥] Utterback J M. Innovation in Industry and the Diffusion of Technology[J]. Science，1974，183（4125）：620-626.
[⑦] Romer P M. Endogenous Technological Change[J]. Journal of Political Economy，1990，98（5-2）：S71-S102.
[⑧] Nelson R. National Innovation Systems A Comparative Analysis[M]. Oxford：Oxford University Press，1993.

角对技术创新对经济发展的影响加以理论分析。

目前,技术创新理论的研究与发展已经形成了4大理论学派,按照理论发展顺序分别是新古典学派、新熊彼特学派、制度创新学派、国家创新系统学派。

2. 技术创新的新古典学派

索洛(Solow)和罗默(Romer)是该学派的代表性人物,该理论学派以"市场失灵"作为研究基础,研究内容为技术创新在经济增长中的作用以及把技术创新纳入生产函数中。该理论学派的观点主要包括:① 强调技术创新是经济增长的源泉;② 技术创新作为生产要素,具有公共品的属性,因而难免存在"市场失灵"的现象,政府干预可提升技术进步速度,提高技术创新对经济增长的影响,提升全要素生产率;③ 建立经济增长的索洛剩余模型,测度了技术创新对经济增长的贡献。在实证测度技术创新对经济增长的影响方面,Solow(1957)[①]的研究指出,在1909—1949年美国非农业行业的增长中,技术创新的贡献率超过85%。

3. 技术创新的新熊彼特学派

Mansfield、Arrow和Schwartz是该理论学派的主要代表性人物。该学派以熊彼特的技术创新观点作为研究基础,研究内容包括两方面:第一,技术创新在经济发展中的作用,既包括技术创新对宏观经济增长的影响,又包括技术创新对微观经济主体企业的影响。第二,该理论学派的主要学术观点包括:① 技术创新是多种要素共同作用的结果;② 企业是技术创新的主体;③ 技术创新能够为经济增长提供持久的推动力。

4. 技术创新的制度创新学派

Davis和North是该理论学派的主要代表性人物。该理论学派主要从制度层面深入分析了制度创新与技术创新的关系。两者的关系大致经历

---

① Solow R M. Technical Change and the Aggregate Production Function[J]. Review of Economics and Statistics, 1957, 39(3): 312-320.

了3个阶段：技术创新决定论、制度创新决定论以及制度创新与技术创新互动论。"技术创新决定论"强调技术创新的作用在前，由技术创新的发展进而推动制度改变；"制度创新决定论"特别强调制度创新，通过制度变革为技术创新提供良好的制度环境，注重对技术创新的知识产权进行保护，因而，可在一定程度上确保技术创新所带来的收益为创新者所有，实现技术创新收益的最大化，对技术创新起到较大的推动作用；"制度创新与技术创新互动论"则同时强调技术创新与制度创新之间的相互影响。

5. 技术创新的国家创新系统学派

Freema、Nelson和Lundvall是国际创新系统理论学派的主要代表人物。该理论学派强调国家创新系统是推动技术创新的决定因素，即技术创新的源泉是国家创新系统，而不是单个企业或个人。国家创新系统是行为主体、关系网络以及运行机制共同作用的综合体，各种行为主体在对技术的消化、吸收和再创新中相互作用，形成合力，使国家创新系统的整体创新能力得以提升。

国家创新系统最早由Freema提出。Freema通过对战后日本的分析指出，日本之所以能在短短几十年内实现工业强国梦，国家创新系统发挥了关键作用。正是由于日本把政府职能和技术创新结合起来，通过构建国家创新体系系统，实现技术创新中的国家主导作用，使日本的技术创新能力获得飞跃式发展。在技术创新的带动下，日本制造业水平得到快速提升，在全球价值链中处于高端环节，这也极大地推动了日本经济的腾飞。

通过对技术创新理论的综述可知，技术创新理论经历了新古典学派、新熊彼特学派、制度创新学派以及国家创新系统学派，各学派的技术创新理论都是建立在一定的假设之上的，因而，其使用范围受到一定的限制，技术创新理论存在一定的局限性。此外，技术创新能够提升企业生产的技术水平，因而通过提高产品的科技含量或降低产品的生产成本，有助于企业积极参与并提升其在全球价值链中的分工地位。不过，技术创新理论尚未对此加以分析，本书将尝试对此加以补充。

三、自主创新中介效应下中间品进口影响 GVC 升级的理论分析

中间品进口是企业参与国际分工的重要途径，对提升企业乃至一国在全球价值链中的地位具有重要意义。中间品进口对推动价值链升级具有两种影响效应：直接影响效应和间接影响效应。在直接影响效应方面，中间品进口主要通过影响出口产品质量、产品生产效率以及出口技术复杂度等指标加以实现。出口产品质量高，生产效率好，出口技术复杂度高，促使产品在国际市场的竞争力增强，在产品价值链上取得较高增加值，推动企业向价值链的高端环节攀升。在间接影响效应方面，中间品进口主要通过影响企业以及一国的自主创新能力加以实现。

一国中间品进口的原因主要在于以下几点：第一，国内缺少相关产品；第二，中间品进口的成本更低；第三，中间品进口的质量更高；第四，中间品进口包含了更高的技术水平。一般来讲，现阶段，中国在中间品的进口方面更注重于高技术产品，因为这类产品包含了更多的先进技术和知识要素。因而，为了充分利用中间品进口获得更多的利益，加大研发投入，提高自身的自主创新水平，实现自身产品的技术升级，这些措施将是企业的首选。

中间品进口如何提升企业乃至一国的自主创新能力呢？从理论上来说，中间品进口主要从 3 个方面发挥作用，即质量效应、种类效应以及技术溢出效应。从质量效应方面来说，中间品进口通常包含了国外更高水平的技术和知识要素，相对国内同类产品，中间品进口产品质量往往更高，企业在把这些高质量中间品投入生产过程中时，能够对企业自主创新能力的提升起到显著的推动作用（Blalock 和 Veloso，2007[①]；刘海洋等，2017[②]）。特别是对于发展中国家而言，自身技术水平欠缺，特别

[①] Blalock G, Veloso F. Imports, Productivity Growth, and Supply Chain Learning[J]. World Development, 2007, 35（7）: 1134-1151.

[②] 刘海洋，林令涛，高璐. 进口中间品与出口产品质量升级：来自微观企业的证据[J]. 国际贸易问题，2017（2）: 41-51.

是制造业的生产技术处于较低水平，国内无法生产高质量的中间产品，通过进口可以极大地缓解中间品不足的瓶颈，可以借助中间品进口实现技术进步。从种类效应方面来说，中间品进口增加了中间品的种类，扩大了企业的选择权，通过中间品进口加大了国内同类产品的竞争，中间品进口种类越丰富，企业生产的新产品类型越多，从而降低中间品进口的价格指数。因而，企业的生产成本将下降，企业可用于研发投入的资金将更加充裕，随着研发资金支持力度的提升，企业的自主创新水平将提高（Goldberg 等，2010）[1]。从技术溢出效应来说，由于中间品进口包含的专利技术水平更高，因而，中间品进口通常能够产生显著的技术外溢，能够被进口企业加以模仿、消化、吸收并加以创新（Eaton 和 Kortum，2002[2]；田巍和余淼杰，2014[3]）。一般而言，"中间品进口中有更高技术含量，加以模仿学习，继而选择研发决策和加大研发投入，获得技术外溢，是企业自身技术进步的重要渠道"[4]。

第二节 文献综述

一、GVC 分工地位测度研究

研究中间品进口对制造业全球价值链升级的影响，首先要判断该国、行业或者企业的全球价值链分工地位。目前，对全球价值链分工地位测

---

[1] Goldberg P K, Khandelwal A K, Topalova P, et al.. Imported Intermediate Inputs and Domestic Product Growth: Evidence from India[J]. Quarterly Journal of Economics, 2010, 125（4）: 1727-1767.

[2] Eaton J, Kortum S. Technology, Geography, and Trade[J]. Econometrica, 2002, 70（5）: 1741-1779.

[3] 田巍, 余淼杰. 中间品贸易自由化和企业研发：基于中国数据的经验分析[J]. 世界经济, 2014（6）: 90-112.

[4] 姚博, 汪红驹. 中间品进口与企业技术进步：影响机制及其检验[J]. 世界经济与政治论坛, 2019（3）: 44-69.

度的方法主要包括：增加值视角、国际投入产出视角以及上游度指标。Hummels 等（2001）[1]提出应把一国出口增加值分为直接出口部分和间接出口部分，通过 HIY 法分别对两部分加以测度，然后通过建构"垂直专业化指数（VSS）"测量一国在全球价值链分工中的地位；Koopman 等（2010）[2]提出的测度方法是构建"GVC 参与度指数"和"GVC 地位指数"。此后，Koopman 等（2012）[3]和 Koopman 等（2014）[4]进一步对测度方法进行了完善；Antràs 和 Chor（2013）[5]提出的测度方法为构建"上游度指标"；Johnson 和 Noguera（2012a，2012b）[6]则指出应通过投入-产出表计算双边贸易的价值增加值，然后计算价值增加值与总出口的比来测算"生产分享密集度指标"；Timmer 等（2013，2014）[7]以及 Los 等（2016）[8]提出的方法在于对最终产品进行分解，以此分别测算一国在全球价值链不同位置上获得的价值增加值和参与程度。Dietzenbacher

---

[1] Hummels D L, Ishii J, Yi K M. The Nature and Growth of Vertical Specialization in World Trade[J]. Social Science Electronic Publishing, 2001, 54（1）: 75-96.

[2] Koopman R, Powers W, Wang Z, Wei S J. Give Credit Where Credit is Due: Tracing Value Added in Global Production Chains[J]. NBER Working Paper, No. 16426, 2010.

[3] Koopman R, Wang Z, Wei S J. Estimating Domestic Content in Exports when Processing Trade is Pervasive[J]. Journal of Development Economics, 2012, 99（1）: 178-189.

[4] Koopman R, Wang Z, Wei S J. Tracing Value-Added and Double Counting in Gross Exports[J]. American Economic Review, 2014, 104（2）: 459-494.

[5] Antràs P, Chor D. Organizing the Global Value Chain[J]. Econometrica, 2013, 81（6）: 2127-2204.

[6] Johnson R C, Noguera G. Accounting for Intermediates: Production Sharing and Trade in Value Added[J]. Journal of International Economics, 2012, 86（2）: 224-236; Johnson R C, Noguera G. Proximity and Production Fragmentation[J]. American Economic Review, 2012, 102（3）: 407-411.

[7] Timmer M P, Los B, Stehrer R, et al.. Fragmentation, Incomes and Jobs: An Analysis of Eurpean Competitiveness[J]. Economic policy, 2013, 28（76）: 613-661; Timmer M P, Erumban A A, Los B, et al.. Slicing Up Global Values Chains[J]. The Journal of Econimic Perspectives, 2014, 28（2）: 99-118.

[8] Los B, Timmer M P, De Vries G J. Tracing Value-Added and Double Counting in Gross Exports: Comment?[J]. American Economic Review, 2016, 106（7）: 1958-1966.

等（2013）①基于投入产出表，通过区域分解方法，对具体国家在全球价值链中的地位进行了测算。②

随着中国日益融入全球化分工中，目前，中国在全球化价值链分工中占据何种地位？对此加以研究，不仅有助于掌握中国在全球化分工中的竞争地位（阚放，2016）③，而且能够为全球化价值链升级提供详细的数据论据。运用全球价值链分工地位的测度方法，众多国内学者对中国全球价值链地位进行研究，取得了较为丰硕的成果。一般而言，现有学者所使用的测度指标主要包括：垂直专业化指数、GVC地位指数、GVC参与率指数、出口国内增值率、技术梯度以及上游度指数。垂直专业化指数测度的是一单位产品出口中垂直专业化贸易所占的份额，该指标数值越大越能表明出口国融入全球价值链的程度。李跟强和潘文卿（2016）④、谭人友等（2016）⑤、程惠芳和刘睿倪（2018）⑥以及刘兆国（2019）⑦运用此方法测度了中国在全球价值链分工地位。使用GVC地位指数和GVC参与率指数的学者更多，如田毕飞和陈紫若（2017）⑧、黄灿和林桂军（2017）⑨、赖伟娟和钟姿华（2017）⑩以

---

① Dietzenbacher E, Guilhoto, Joaquim J M, Imori D. The Role of Brazilian Regions in the Global Value Chain[J]. MPRA Paper, 2013.
② 孙慧莹. 中国装备制造业参与全球价值链分工的低端锁定问题研究[D]. 大连：大连海事大学，2018.
③ 阚放. 推进中国在全球价值链分工地位升级的路径研究[D]. 沈阳：辽宁大学，2016.
④ 李跟强，潘文卿. 国内价值链如何嵌入全球价值链：增加值的视角[J]. 管理世界，2016（7）：10-22.
⑤ 谭人友，葛顺奇，刘晨. 全球价值链重构与国际竞争格局——基于40个经济体35个行业面板数据的检验[J]. 世界经济研究，2016（5）：87-98.
⑥ 程惠芳，刘睿倪. 全球价值链视角下中美参与国际分工分析[J]. 华东经济管理，2018（1）：92-101.
⑦ 刘兆国. 全球价值链视角下中日制造业双边贸易增加值分解分析[J]. 现代日本经济，2019（4）：34-44.
⑧ 田毕飞，陈紫若. 创业与全球价值链分工地位：效应与机理[J]. 中国工业经济，2017（6）：136-154.
⑨ 黄灿，林桂军. 全球价值链分工地位的影响因素研究：基于发展中国家的视角[J]. 国际商务（对外经济贸易大学学报），2017（2）：7-17.
⑩ 赖伟娟，钟姿华. 中国与欧、美、日制造业全球价值链分工地位的比较研究[J]. 世界经济研究，2017（1）：126-135.

郑玉等（2017）①对 GVC 地位指数的测度，邵朝对和苏丹妮（2017）②、屠年松和薛丹青（2018）③以及王英和陈佳茜（2018）④对 GVC 参与率指数的测度。此外，GVC 地位指数和 GVC 参与率指数指标解释为数值越高表示该国在全球价值链分工中地位越高。出口国内增值率和技术梯度在测度全球价值链分工地位时也得到了一定的应用，如容金霞和顾浩（2016）⑤的技术梯度，以及马述忠等（2016）⑥指出出口国内增值率越大，出口产品技术越复杂，在全球价值链中的分工地位越高。上游度指数越大，表明越靠近全球价值链的高端环节；指数越小，离全球价值链的低端环节越近。刘洪铎和曹瑜强（2016）⑦以及陈晓珊（2017）⑧均使用了上游度指数对全球价值链分工地位进行分析。此外，尹伟华（2017）⑨比较研究了中美服务业在全球价值链中的地位，韩剑等（2018）⑩对中国互联网发展在全球价值链中的参与程度中运用 GVC 指数进行了实证研究。⑪

---

① 郑玉，王高凤，姜青克. 服务价值嵌入对中国制造业全球价值链分工地位的影响研究[J]. 国际商务（对外经济贸易大学学报），2017（6）：45-56.
② 邵朝对，苏丹妮. 全球价值链生产率效应的空间溢出[J]. 中国工业经济，2017（4）：96-116.
③ 屠年松，薛丹青. 中国—中南半岛经济走廊国家全球价值链升级研究[J]. 经济问题，2018（2）：123-129.
④ 王英，陈佳茜. 中国装备制造业及细分行业的全球价值链地位测度[J]. 产经评论，2018，9（1）：118-131.
⑤ 容金霞，顾浩. 全球价值链分工地位影响因素分析——基于各国贸易附加值比较的视角[J]. 国际经济合作，2016（5）：39-46.
⑥ 马述忠，吴国杰. 中间品进口、贸易类型与企业出口产品质量——基于中国企业微观数据的研究[J]. 数量经济技术经济研究，2016（11）：77-93.
⑦ 刘洪铎，曹瑜强. 中美两国在全球价值链上的分工地位比较研究——基于行业上游度测算视角[J]. 上海经济研究，2016（12）：11-19.
⑧ 陈晓珊. 中日两国在全球价值链上分工地位的演进特征及差异比较——基于行业上游度测算的视角[J]. 当代财经，2017（7）：105-115.
⑨ 尹伟华. 中美服务业参与全球价值链分工程度与地位分析：基于最新世界投入产出数据库[J]. 世界经济研究，2017（9）：120-131+137.
⑩ 韩剑，冯帆，姜晓运. 互联网发展与全球价值链嵌入——基于 GVC 指数的跨国经验研究[J]. 南开经济研究，2018，202（4）：23-37+54.
⑪ 吕晨星. 中美制造业全球价值链分工地位比较研究[D]. 蚌埠：安徽财经大学，2018.

二、GVC 升级影响因素研究

制造业全球价值链升级的影响因素研究，学术界主要从以下 3 个方面进行测度：① 出口技术复杂度或者出口产品质量（Bas 和 Strauss-Kahn，2015[①]；Humphrey 和 Schmitz，2002[②]；沈能和周晶晶，2016[③]；倪红福，2017[④]；刘斌等，2016[⑤]）；② 最终品出口的国内外附加值（Johnson 和 Noguera，2012[⑥]；Kee 等，2016[⑦]；诸竹君等，2018[⑧]）；③ 计算中间品出口的国内增加值或者出口的国外附加值（Koopman 等，2010[⑨]；吕越等，2016[⑩]；魏悦羚和张洪胜，2019[⑪]）。部分学者对制造业价值链分工地位变化的问题进行了相关研究，倪红福（2017）[⑫]通过构建相关理论模型实现了世界各国各部门出口技术含量间的比较，并得出结论：尽管中国出口技术含量在逐年提升，但仍处于全球价值链低端位置；Kee 等

---

① Bas M, Strauss-Kahn V. Input-Trade Liberalization, Export Prices and Quality Upgrading[J]. Journal of International Economics, 2015, 95（2）: 250-262.
② Humphrey J, Schmitz H. How does Insertion in Global Value Chains Affect Upgrading in Industrial Clusters?[J]. Regional Studies, 2002, 36（9）: 1017-1027.
③ 沈能，周晶晶. 参与全球生产网络能提高中国企业价值链地位吗："网络馅饼"——抑或"网络陷阱"[J]. 管理工程学报，2016（4）: 11-17.
④ 倪红福. 中国出口技术含量动态变迁及国际比较[J]. 经济研究，2017（1）: 46-59.
⑤ 刘斌，魏倩，吕越. 制造业服务化与价值链升级[J]. 经济研究，2016（3）: 151-162.
⑥ Johnson R C, Noguera G R C, Noguera G. Accounting for Intermediates: Production Sharing and Trade in Value Added[J]. Journal of International Economics, 2012, 86（2）: 224-236.
⑦ Kee H L, Tang H. Domestic Value added in Exports: Theory and Firm Evidence from China[J]. American Economic Review, 2016, 106（6）: 1402-1436.
⑧ 诸竹君，黄先海，余骁. 进口中间品质量、自主创新与企业出口国内增加值率[J]. 中国工业经济，2018（8）: 118-136.
⑨ Koopman R, Powers W M, Wang Z. Give Credit Where Credit is Due: Tracing Value Added in Global Production Chains[J]. NBER Working Paper, No. 16426, 2010.
⑩ 吕越，罗伟，刘斌. 融资约束与制造业的全球价值链跃升[J]. 金融研究，2016（6）: 81-96.
⑪ 魏悦羚，张洪胜. 进口自由化会提升中国出口国内增加值率吗——基于总出口核算框架的重新估计[J]. 中国工业经济，2019（3）: 24-42.
⑫ 倪红福. 全球价值链测度理论及应用研究新进展[J]. 中南财经政法大学学报，2018（3）: 116-127+161.

（2016）[1]则通过实证研究发现，中国企业中间投入品对进口中间投入品所产生的替代效应对中国制造业在价值链中所处位置的提升具有显著的促进作用。一些学者进一步对制造业价值链分工地位变化的影响因素进行了研究，吕越等（2015）[2]利用中国微观层面数据进行实证分析，研究表明全要素生产率（TFP）较高且面临较小融资约束的企业，其价值链地位提升越快，马述忠等（2017）[3]也得到了相同的结论。刘斌等（2016）[4]则聚焦于制造业服务化对价值链地位的影响，其理论分析和实证结果均表明制造业服务化将显著促进价值链分工地位的提升，并对企业产品升级具有积极的正向影响。除此之外，一些学者还分别将视角聚焦于生产服务业开放（马弘和李小帆，2018[5]；顾雪芹，2020[6]）、政府补贴（许家云和徐莹莹，2019[7]）、外商直接投资（张杰等，2013[8]；唐宜红和张鹏杨，2017[9]）、汇率因素（余淼杰和崔晓敏，2018[10]）、中间品进口质量因素（诸竹君等，2018[11]）等方面对制造业价值链分工地位变化及其影响因素进行全面系统的研究。

---

[1] Kee H L, Tang H. Domestic Value added in Exports: Theory and Firm Evidence from China[J]. American Economic Review, 2016, 106（6）：1402-1436.
[2] 吕越，罗伟，刘斌. 异质性企业与全球价值链嵌入：基于效率和融资的视角[J]. 世界经济，2015（8）：29-55.
[3] 马述忠，张洪胜，王笑笑. 融资约束与全球价值链地位提升——来自中国加工贸易企业的理论与证据[J]. 中国社会科学，2017（1）：83-107.
[4] 刘斌，魏倩，吕越，祝坤福. 制造业服务化与价值链升级[J]. 经济研究，2016（51）：151-162.
[5] 马弘，李小帆. 服务贸易开放与出口附加值[J]. 国际经济评论，2018（2）：82-92.
[6] 顾雪芹. 中国生产性服务业开放与制造业价值链升级[J]. 世界经济研究，2020（3）：121-134+137.
[7] 许家云，徐莹莹. 政府补贴是否影响了企业全球价值链升级？——基于出口国内附加值的视角[J]. 财贸研究，2019（9）：17-29.
[8] 张杰，刘元春，郑文平. 为什么出口会抑制中国企业增加值率？——基于政府行为的考察[J]. 管理世界，2013（6）：12-27+187.
[9] 唐宜红，张鹏杨. 中国企业嵌入全球生产链的位置及变动机制研究[J]. 管理世界，2018（5）：28-46.
[10] 余淼杰，崔晓敏. 人民币汇率和加工出口的国内附加值：理论及实证研究[J]. 经济学（季刊），2018（3）：340-367.
[11] 诸竹君，黄先海，余骁. 进口中间品质量、自主创新与企业出口国内增加值率[J]. 中国工业经济，2018（8）：118-136.

尽管上述研究从不同视角对全球价值链分工地位及其影响因素进行了相关分析，但可以发现鲜有文献来探讨中间品进口、自主创新对制造业价值链地位升级产生的影响，特别是从微观层面研究中间品进口、自主创新对制造业全球价值链升级影响的文献相对少之又少。大部分文献将视角单一定位于中间品进口，对企业全球价值链升级进行相关理论及实证刻画。但该问题在异质性理论框架下可以进行更为全面、广泛、深刻的研究。尽管部分学者探讨了中间品进口对企业出口产品质量、出口技术复杂度和生产技术进步的影响，但并未深入揭示其内在作用机制。

三、中间品进口与企业创新研究

在中间品进口对企业创新的影响方面，现有研究主要从两个视角展开分析：一是企业通过中间品进口降低生产成本，进而使企业可用于创新的资源更多；二是通过中间品进口可获得技术溢出效应，进而促进企业技术创新水平的提高。在成本降低方面，Amiti 等（2007）[1]以及 Bas 和 Strauss-Kahn（2015）[2]研究指出，在产品生产过程中，企业可使用国内中间品或者中间品进口。相对国内中间品，企业能够从全球范围内获得成本更低的中间投入品，因而，降低了企业在产品生产中的投入。产品成本下降，企业用于 R&D 活动的资金更有保障，R&D 投入增加将提升企业的技术创新水平。不过，企业在进口中间品时，成本通常不是其唯一的衡量因素，中间品的质量和技术含量更被进口企业所青睐，通过中间品进口，企业不仅可以提高自身产品质量，而且可对中间品进口所含先进技术进行消化、吸收再创新，从而提升企业创新能力，这也是技术溢出的内涵要义。在技术溢出方面，Goldberg 等（2010）[3]、Loecker 和 Goldberg

---

[1] Amiti M, Konings J. Trade Liberalization, Intermediate Inputs, and Productivity: Evidence from Indonesia[J]. American Economic Review, 2007, 97（5）: 1611-1638.

[2] Bas M, Strauss-Kahn V. Input-trade liberalization, export prices and quality upgrading[J]. Journal of International Economics, 2015, 95（2）: 250-262.

[3] Goldberg P K, Khandelwal A K, Topalova P, et al.. Imported Intermediate Inputs and Domestic Product Growth: Evidence from India[J]. Quarterly Journal of Economics, 2010, 125（4）: 1727-1767.

（2014）[①]、Collard-Wexler 和 Loecker（2015）[②]、Bøler 等（2015）[③]以及 Blaum 等（2015）[④]均证实了中间品进口有助于企业技术创新水平的提高。此外，Perla 等（2015）[⑤]还从市场规模的视角验证了中间品进口对企业创新的促进作用。不过，也有学者指出，中间品进口可能使企业对要素投入过度依赖进口，进而不利于企业创新水平发展，如 Gereffi 等（2005）[⑥]和 Liu 和 Qiu（2016）[⑦]的研究。

国内学者也从多方面对中间品进口与企业创新之间的关系进行了论证。田巍和余淼杰（2014）[⑧]从成本降低和技术溢出两方面证实了中间品进口有利于企业提高技术创新能力。不过，通过成本降低和技术溢出两种途径，中间品进口对企业创新的影响存在异质性。魏浩和林薛栋（2017）[⑨]研究发现，成本降低路径未能显著提升企业的创新水平。但技术溢出方式下，中间品进口对企业技术创新水平提高具有明显的促进作用，而且提升中间品质量也有助于企业创新水平提高。杨晶晶等（2018）[⑩]研究指出，中间品

[①] Loecker J D, Goldberg P K. Firm Performance in a Global Market[J]. Annual Review of Economics, 2014, 6（1）: 201-227.

[②] Collard-Wexler A, Loecker J D. Reallocation and Technology: Evidence from the U. S. Steel Industry[J]. American Economic Review, 2015, 105（1）: 131-171.

[③] Bøler E A, Moxnes A, Ulltveit-Moe K H. R&D, International Sourcing, and the Joint Impact on Firm Performance[J]. American Economic Review, 2015, 105（12）: 3704-3739.

[④] Blaum J, Lelarge C, Peters M. The Gains from Input Trade in Firm-Based Models of Importing[J]. NBER working paper, No. 21504, 2015.

[⑤] Perla J, Tonetti C, Waugh M E. Equilibrium Technology Diffusion, Trade, and Growth[J]. NBER workingpaper, No. 20881, 2015.

[⑥] Gereffi G, Humphrey J, Sturgeon T. The Governance of Global Value Chains[J]. Review of International Political Economy, 2005, 12（1）: 78-104.

[⑦] Liu Q, Qiu L D. Intermediate Input Imports and Innovations: Evidence from Chinese Firms' Patent Filings[J]. Journal of International Economics, 2016（103）: 166-183.

[⑧] 田巍, 余淼杰. 中间品贸易自由化和企业研发：基于中国数据的经验分析[J]. 世界经济, 2014（6）: 90-112.

[⑨] 魏浩, 林薛栋. 进口产品质量与中国企业创新[J]. 统计研究, 2017（6）: 18-28.

[⑩] 杨晶晶, 胡佳刚, 周定根. 中间品贸易自由化如何影响企业研发投入：来自我国微观企业层面的证据[J]. 湖南大学学报（社会科学版）, 2018, 32（4）: 71-78.

贸易自由化可显著增强企业研发投入。此外,耿晔强和郑超群(2018)[①]通过研究进口品多样化对企业创新的影响指出,中间品进口多样化水平越高,其对企业创新促进作用越显著。刘晅之和李晓娟(2018)[②]研究指出,中间品进口对中国企业创新的促进作用存在显著的区域异质性,对东部地区企业创新的影响程度更显著。不过,还有其他学者从更细化的层面进行了研究。张杰(2015)[③]从中间品进口对企业专利生产活动影响的视角展开分析。结果表明,中间品进口对发明、实用新型和外观设计3种专利的影响存在贸易方式异质性。对于一般贸易,中间品进口起到显著的促进作用,而对于加工贸易,中间品进口就会起到不同程度的抑制效应。沈国兵和张勋(2018)把研究视角进一步细化,结果显示,"中间品进口的中国企业创新受到行业内水平渗透率和行业间前向联系的抑制效应会减小,同期的中间品进口从行业间后向联系中获得的知识溢出对中国企业创新的促进作用会增强"[④]。姚博和汪红驹(2019)[⑤]研究发现,"中间品进口通过技术外溢显著提高了中国企业的技术进步和竞争力"[⑥]。

四、中间品进口与 GVC 升级研究

1. 中间品进口与企业生产率

中间品进口影响企业生产率的途径有四种:进口学习效应、种类效

---

① 耿晔强,郑超群. 中间品贸易自由化、进口多样性与企业创新[J]. 产业经济研究,2018(2):39-52.
② 刘晅之,李晓娟. 中间品进口对制造业创新的影响研究[J]. 科学决策,2018,257(12):61-78.
③ 张杰. 进口对中国制造业企业专利活动的抑制效应研究[J]. 中国工业经济,2015(7):68-83.
④ 沈国兵,张勋. 行业生产网络下进口中间品对中国企业创新的影响[J]. 广东社会科学,2018(3):25-36+256.
⑤ 姚博,汪红驹. 中间品进口与企业技术进步:影响机制及其检验[J]. 世界经济与政治论坛,2019(3):44-69.
⑥ 沈国兵,张勋. 行业生产网络下进口中间品对中国企业创新的影响[J]. 广东社会科学,2018(3):23-34+254.

应、价格效应以及质量效应。所谓的学习效应是指,企业通过中间品进口可获得相关的技术溢出,通过对与中间品相关的新技术进行引进、消化、吸收以及再创新,企业的技术水平得以提高,产品的生产效率得以提升。这方面的研究主要包括 Keller(1998,2001)[1]、Mendoza(2010)[2]以及 Bas 和 Strauss-Kahn(2015)[3]。对于产品种类效应,Ethier(1982)[4]指出,企业通过进口可以获得更多的产品种类,不同类产品生产所需的技术不同,因而,企业生产产品投入的中间品种类大幅增加,企业生产率得以提升。这方面的研究还包括 Coe 和 Helpman(1995)[5]、Holmes 和 Schmitz(2010)[6]以及 Halpern 等(2015)[7]。对于价格效应而言,中间品的大量进口会对国内同类产品产生较强的挤压效应,国内中间品生产商为了提升竞争力,将改善生产设备,提高中间品的生产技术,提高企业生产率,同时,中间品生产商生产率的提高也会推动最终品生产商生产率的提高。这方面的研究主要包括 Melitz 和 Ottaviano(2008)[8]、Goldberg 等(2010)[9]以及

---

[1] Keller W. Are international R&D spillovers trade-related?: Analyzing spillovers among randomly matched trade partners[J]. European Economic Review, 1998, 42(8): 1469-1481; Keller W. International Technology Diffusion[J]. NBER Working Paper, No. 8573, 2001.

[2] Mendoza R U. Trade-induced Learning and Industrial Catch-up[J]. Economic Journal, 2010, 120(546): 313-350.

[3] Bas M, Strauss-Kahn V. Input-trade liberalization, export prices and quality upgrading[J]. Journal of International Economics, 2015, 95(2): 250-262.

[4] Ethier W J. National and International Returns to Scale in the Modern Theory of International Trade[J]. American Economic Review, 1982, 72(3): 389-405.

[5] Coe D T, Helpman E. International R&D spillovers[J]. European Economic Review, 1995, 39(5): 859-887.

[6] Holmes T J, Schmitz J Z. Competition and Productivity: A Review of Evidence[J]. Annual Review of Economics, 2010, 2(439): 619-642.

[7] Halpern L, M Koren, A Szeidl. Imported Inputs and Productivity[J]. American Economic Review, 2015, 105(8): 3660-3703.

[8] Melitz M J, Ottaviano G I P. Market Size, Trade, and Productivity[J]. Review of Economic Studies, 2008, 75(1): 295-316.

[9] Goldberg P K, Khandelwal A K, Topalova P, et al.. Imported Intermediate Inputs and Domestic Product Growth: Evidence from India[J]. Quarterly Journal of Economics, 2010, 125(4): 1727-1767.

Ramanarayanan（2017）[1]。对于质量效应而言，企业通过进口可获得更高质量的中间品，中间品质量越高，企业产品生产越有效率，进而使企业生产率得以提高。这方面的研究主要包括 Amiti 和 Konings（2007）[2]。此外，Augier 等（2013）[3]、Yu 和 Li（2014）[4]、Feng 等（2016）[5]、Okafor 等（2017）[6]和 Fan 等（2017）[7]也证实了中间品进口对企业生产率的提升作用。

在中间品进口对企业生产率的影响方面，国内学者也进行了大量研究。陈勇兵等（2012）[8]对中国 2000—2005 年出口企业的行为进行研究指出，相对非进口企业，进口企业的生产率更高，这主要得益于进口企业通过"干中学"，对与进口品有关的技术进行学习，使自身的技术水平得以提升，进而使企业的生产率得以提高。钱学锋和李赛赛（2013）[9]证实了中间品进口种类增加有助于企业生产率提升。此后，张杰等（2015）[10]、

---

[1] Ramanarayanan A. Imported inputs, irreversibility, and international trade dynamics[J]. Journal of International Economics，2017（104）：1-18.

[2] Amiti M，Konings J. Trade Liberalization，Intermediate Inputs，and Productivity：Evidence from Indonesia[J]. American Economic Review，2007，97（5）：1611-1638.

[3] Augier P，Cadot O，Dovis M. Imports and TFP at the firm level：the role of absorptive capacity[J]. Canadian Journal of Economics，2013，46（3）：956-981.

[4] Yu M，Li J. Imported Intermediate Inputs，Firm Productivity and Product Complexity[J]. Japanese Economic Review，2014，65（2）：178-192.

[5] Feng L，Li Z，Swenson D L. The connection between imported intermediate inputs and exports：Evidence from Chinese firms[J]. Journal of International Economics，2016，101：86-101.

[6] Okafor L E，Bhattacharya M，Bloch H. Imported Intermediates，Absorptive Capacity and Productivity：Evidence from Ghanaian Manufacturing Firms[J]. World economy，2017，40（2）：369-392.

[7] Fan H，Li Y A，Yeaple S R. On the Relationship Between Quality and Productivity：Evidence from China's Accession to the WTO[J]. Journal of International Economics，2017，2（1）：152-165.

[8] 陈勇兵，陈宇媚，周世民. 贸易成本、企业出口动态与出口增长的二元边际——基于中国出口企业微观数据：2000—2005[J]. 经济学（季刊），2012，11（4）：1477-1502.

[9] 钱学锋，李赛赛. 进口的工资溢出：边际分解与作用渠道[J]. 中南财经政法大学学报，2013（3）：42-50.

[10] 张杰，郑文平，陈志远. 进口与企业生产率——中国的经验证据[J]. 经济学（季刊），2015，14（3）：1029-1052.

康志勇（2015）①以及魏浩等（2017）②也对此加以证实。林薛栋等（2017）③研究指出，中间品进口自由化提高了企业生产效率，这主要在于中间品的大量进口，不仅对国内同类产品形成了较大的竞争压力，促使企业提升自身的技术水平，而且使进口企业对中间品的选择空间更大，进而使国内企业的生产率得以提高。许家云等（2017）④通过研究指出，中间品进口可通过产品种类效应、质量效应以及学习效应对企业生产率产生显著影响。李淑云和慕绣如（2017）⑤进一步研究指出，在产品种类效应、质量效应以及学习效应3种渠道中，质量效应起核心作用。然而，郑亚莉等（2017）⑥认为，在中间品进口对企业生产率产生影响的渠道中，学习效应起主导作用。此外，魏浩（2017）⑦、林正静和左连村（2018）⑧、黄新飞等（2018）⑨、李波和杨先明（2018）⑩、许统生和方玉霞（2020）⑪以及眭强和冯亚芳（2020）⑫均证实了中间品进口对

---

① 康志勇. 中间品进口与中国企业出口行为研究："扩展边际"抑或"集约边际"[J]. 国际贸易问题，2015（9）：122-132.
② 魏浩，李翀，赵春明. 中间品进口的来源地结构与中国企业生产率[J]. 世界经济，2017（6）：50-73.
③ 林薛栋，魏浩，李飚. 进口贸易自由化与中国的企业创新——来自中国制造业企业的证据[J]. 国际贸易问题，2017（2）：99-108.
④ 许家云，毛其淋，胡鞍钢. 中间品进口与企业出口产品质量升级：基于中国证据的研究[J]. 世界经济，2017，40（3）：52-75.
⑤ 李淑云，慕绣如. 中间品进口与企业生产率——基于进口产品异质性的新检验[J]. 国际经贸探索，2017（11）：78-93.
⑥ 郑亚莉，王毅，郭晶. 进口中间品质量对企业生产率的影响：不同层面的实证[J]. 国际贸易问题，2017（6）：52-62.
⑦ 魏浩，李翀，赵春明. 中间品进口的来源地结构与中国企业生产率[J]. 世界经济，2017（6）：50-73.
⑧ 林正静，左连村. 进口中间品质量与企业生产率：基于中国制造业企业的研究[J]. 南方经济，2018，350（11）：30-49.
⑨ 黄新飞，高伊凡，柴晟霖. 中间投入品进口与企业生产率：短期效应与长期影响[J]. 国际贸易问题，2018，425（5）：58-71.
⑩ 李波，杨先明. 贸易便利化与企业生产率：基于产业集聚的视角[J]. 世界经济，2018（3）：54-79.
⑪ 许统生，方玉霞. 进口产品种类与企业生产率[J]. 中南财经政法大学学报，2020（1）：136-146+160.
⑫ 眭强，冯亚芳. 进口中间品质量对企业生产率的影响——基于影响渠道的分析[J]. 国际商务研究，2020（2）：55-64.

企业生产效率具有促进作用。不过,陈梅和周申(2017)[①]通过对中国2000—2006年微观企业的数据研究指出,中间品进口质量与企业生产率之间存在 U 形关系。而陈维涛等(2018)[②]通过研究指出,中间品进口自由化不利于企业生产效率的提高。由此可见,虽然中间品进口对企业生产效率的促进作用得到了大多学者的肯定,但结论并不完全一致。

2. 中间品进口与企业出口产品质量

出口产品质量高低不仅事关出口企业的全球竞争力,而且与一国经济发展水平紧密相关(余淼杰和张睿,2017)[③]。在研究出口产品质量时,对出口产品质量进行测算和度量是第一需要解决的问题,如何对产品质量进行精确测度,一直以来备受学者关注(Khandelwal 等,2013[④];Feenstra 和 Romalis,2014[⑤])。通过学者的不断努力,产品质量的测度方法不断丰富,度量精度日益提高。初期的测度方法以产品价格作为产品质量的替代指标(Schott,2004[⑥];李坤望等,2014[⑦]),产品价格越高,质量越好。虽然该方法有其内在合理性,但没有把企业异质性和生产成本等关键因素考虑在内,这使依据产品价格测度的产品质量与实际质量可能存在较大的偏差,特别是企业间存在显著异质性的情况下,这种偏差可能更大。为了提高产品质量的测度精度,Goldberg 和 Verboven

---

① 陈梅,周申. 进口中间产品质量与企业生产率——基于广义倾向得分匹配的经验分析[J]. 经济经纬,2017(4):68-73.
② 陈维涛,严伟涛,庄尚文. 进口贸易自由化、企业创新与全要素生产率[J]. 世界经济研究,2018(8):62-73.
③ 余淼杰,张睿. 中国制造业出口质量的准确衡量:挑战与解决方法[J]. 经济学:季刊,2017(1):463-484.
④ Khandelwal A K, Schott P K, Wei S J. Trade Liberalization and Embedded Institutional Reform: Evidence from Chinese Exporters[J]. American Economic Review, 2013, 103(6): 2169-2195.
⑤ Feenstra R C, Romalis J. Editor's Choice: International Prices and Endogenous Quality[J]. Quarterly Journal of Economics, 2014, 129(2): 477-527.
⑥ Schott P K. Across-product versus within-product specialization in international trade[J]. Quarterly Journal of Economics, 2004, 119(2), 647-678.
⑦ 李坤望,蒋为,宋立刚. 中国出口产品品质变动之谜:基于市场进入的微观解释[J]. 中国社会科学,2014(3):80-103.

（2001）①以及 Chen 和 Juvenal（2016）②把产品异质性纳入测度框架。Khandewal 等（2013）③以及 Fan 等（2017）④运用需求信息回归推断法，通过剔除与质量无关的因素，实现了对产品质量较为准确的测度。

中间品进口对企业产品质量的作用路径主要通过"竞争效应""知识溢出效应""中间品质量效应"以及"中间品多元化效应"加以实现（邓国营等，2018）⑤。在"竞争效应"方面，Holmes 和 Schmitz（2010）⑥研究指出，通过中间品进口可加剧国内同类产品的竞争。为了维持以及扩大收益，国内企业将引进先进生产设备、技术以及管理经验，这必然推动企业出口产品质量提高。然而，Krugman（1987）⑦和 Young（1991）⑧认为，中间品进口由于挤占了国内企业的市场规模，因而不利于企业产品质量的提升。在"知识溢出效应"方面，Grossman 和 Helpman（1990）⑨指出，中间品贸易自由化增加了企业对投入要素的种类和质量选择，通过对中间品所含新技术的消化、吸收以及再创新，有助于提升企业产品的科技含量，从而提高产品质量。Levchenko（2004）⑩、Kasahara 和 Rodrigue

---

① Goldberg P K, Verboven F. The Evolution of Price Dispersion in the European Car Market[J]. The Review of Economic Studies, 2001, 68(4): 811-848.
② Chen N, Juvenal L. Quality, Trade, and Exchange Rate Pass-Through[J]. Journal of International Economics, 2016(100): 61-80.
③ Khandelwal A K, Schott P K, Wei S J. Trade Liberalization and Embedded Institutional Reform: Evidence from Chinese Exporters[J]. American Economic Review, 2013, 103(6): 2169-2195.
④ Fan H, Li Y A, Yeaple S R. On the Relationship Between Quality and Productivity: Evidence from China's Accession to the WTO[J]. Journal of International Economics, 2017, 2(1): 152-165.
⑤ 邓国营, 宋跃刚, 吴耀国. 中间品进口、制度环境与出口产品质量升级[J]. 南方经济, 2018, 347(8): 88-110.
⑥ Holmes T J, Schmitz J Z.. Competition and Productivity: A Review of Evidence[J]. Annual Review of Economics, 2010, 2(439): 619-642.
⑦ Krugman P. The Narrow Moving Band, the Dutch Disease, and the Competitive Consquence of Mrs. Thatcher: Notes on Trade in the Presence of Dynamic Scale Economies[J]. Journal of Development Economics, 1987, 27(2): 41-55.
⑧ Young A. Learning by Doing and the Dynamic Effects of International Trade[J]. The Quarterly Journal of Economics, 1991, 106(2): 369-405.
⑨ Grossman G M, Helpman E. Trade, Knowledge Spillovers, and Growth[J]. European Economic Review, 1990, 35(2-3): 517-526.
⑩ Levchenko A. A.. Institutional Quality and International Trade[J]. The Review of Economic Studies, 2007, 74(3): 791-819.

（2008）[1]、Shepherd 和 Stone（2012）[2]以及 Nunn 和 Trefler（2014）[3]也对此加以证实。在"中间品质量效应"方面，Hallak 等（2011）[4]以及 Ludema 和 Yu（2016）[5]研究指出，进口高质量的中间品可改善企业产品质量。在"中间品多元化效应"方面，Goldberg 等（2010）[6]指出，中间品进口多元化使进口企业有更多的选择权，这将在一定程度上降低企业的进口价格，从而推动企业产品质量升级，Bas 等（2014，2015）[7]对此加以证实。

在中间品进口对出口产品质量影响的研究方面，在分析中国企业层级微观数据的基础上，国内学者从多个视角进行了研究，取得了较为丰富的研究成果，其结果较为支持中间品进口对国内企业产品质量升级的促进效应。李秀芳和施炳展（2016）[8]从中间品进口多元化的角度研究指出，中间品进口多元化提升了企业出口产品质量。不过，这一提升效应还受到企业所有制、中间品来源地以及研究期间的影响。马述忠和吴国杰（2016）[9]从贸易方式研究角度发现，中间品进口对企业出口产品

---

[1] Kasahara H, Rodrigue J. Does the use of imported intermediates increase productivity? Plant-level evidence[J]. Journal of Development Economics, 2008, 87 (1): 106-118.

[2] Shepherd B, Stone S. Imported intermediates, innovation, and product scope: Firm-level evidence from developing countries[J]. MPRA Paper, 2012.

[3] Nunn N, Trefler D. Domestic Institutions as a Source of Comparative Advantage[J]. NBER Working Paper, 2014: 263-315.

[4] Hallak J C, Schott P K. Estimating Cross-Country Differences in Product Quality[J]. The Quarterly Journal of Economics, 2011, 126 (1): 417-474.

[5] Ludema R D, Yu Z. Tariff Pass-through, Firm Heterogeneity and Product Quality[J]. Journal of International Economics, 2016 (103): 234-249.

[6] Goldberg P K, Khandelwal A K, Topalova P, et al.. Imported Intermediate Inputs and Domestic Product Growth: Evidence from India[J]. Quarterly Journal of Economics, 2010, 125 (4): 1727-1767.

[7] Bas M, Strauss-Kahn V. Does importing more inputs raise exports? Firm level evidence from France[J]. Review of World Economics, 2014, 150 (2): 241-275; Bas M, Strauss-Kahn V. Input-trade liberalization, export prices and quality upgrading[J]. Journal of International Economics, 2015, 95 (2): 250-262.

[8] 李秀芳, 施炳展. 中间品进口多元化与中国企业出口产品质量[J]. 国际贸易问题, 2016 (3): 106-116.

[9] 马述忠, 吴国杰. 中间品进口、贸易类型与企业出口产品质量——基于中国企业微观数据的研究[J]. 数量经济技术经济研究, 2016 (11): 77-93.

质量具有显著的提升作用。但这一积极效应受到贸易方式的影响，一般贸易中，促进作用不显著，而在加工贸易中，促进作用较为显著。不过，刘海洋等（2017）[1]的研究却表明，剔除加工贸易后，中间品进口对出口产品质量的促进作用变得更加明显。李方静（2016）[2]基于中间品来源地视角，研究指出，从发达国家和发展中国家的中间品进口均能推动中国企业的出口产品质量升级。不过，从发展中国家进口的中间品对出口产品质量升级的促进效应更加明显，然而，吴艳芳和王明益（2018）[3]的研究却指出，从欧美发达地区进口的中间品对产品质量升级的推动作用更大。此外，中间品进口对企业出口产品质量的促进作用还得到了汪建新等（2015）[4]、余淼杰和李乐融（2016）[5]、邓国营等（2018）[6]、王雅琦等（2018）[7]、石小霞和刘东（2019）[8]、林正静（2019）[9]、沈国兵和于欢（2019）[10]、刘啟仁和铁瑛（2020）[11]等研究成果的肯定。[12]

---

[1] 刘海洋，林令涛，高璐.进口中间品与出口产品质量升级：来自微观企业的证据[J].国际贸易问题，2017（2）：41-51.

[2] 李方静.中间产品进口与企业出口质量[J].世界经济研究，2016（10）：76-88.

[3] 吴艳芳，王明益.我国出口产品质量升级：基于中间品价格扭曲的视角[J].南开经济研究，2018（1）：124-139.

[4] 汪建新，贾圆圆，黄鹏.国际生产分割、中间投入品进口和出口产品质量[J].财经研究，2015，41（4）：54-65.

[5] 余淼杰，李乐融.贸易自由化与进口中间品质量升级——来自中国海关产品层面的证据[J].经济学（季刊），2016（2）：1011-1028.

[6] 邓国营，宋跃刚，吴耀国.中间品进口、制度环境与出口产品质量升级[J].南方经济，2018，347（8）：88-110.

[7] 王雅琦，张文魁，洪圣杰.出口产品质量与中间品供给[J].管理世界，2018（8）：30-40.

[8] 石小霞，刘东.中间品贸易自由化、技能结构与出口产品质量升级[J].世界经济研究，2019（6）：82-94+135-136.

[9] 林正静.中间品贸易自由化与中国制造业企业出口产品质量升级[J].国际经贸探索，2019，35（2）：33-54.

[10] 沈国兵，于欢.中国企业出口产品质量的提升：中间品进口抑或资本品进口[J].世界经济研究，2019（12）：31-46+131-132.

[11] 刘啟仁，铁瑛.企业雇佣结构、中间投入与出口产品质量变动之谜[J].管理世界，2020（3）：1-23.

[12] 许家云.中间品进口贸易与中国制造业企业竞争力[M].北京：经济科学出版社，2018.

五、自主创新与 GVC 升级研究

国外学者多从创新系统视角和全球价值链视角对创新与价值链之间的关系进行研究。Lundvall（2016）[1]基于创新视角的研究指出，对于价值链的 4 种升级模式，即新产品、新流程、新部门以及新功能，创新均在其中发挥了重要作用，对于创新系统而言，不仅包括技术、产品、工艺流程创新，而且还包括功能、管理创新等内容，要对生产者驱动型和购买者驱动型价值链的异同进行有针对性的创新才能使创新最大限度地推动一国在全球价值链分工地位中的提升。Zhang 和 Gallagher（2016）[2]基于全球价值链视角，针对中国光伏产业在全球价值链中的地位、创新与全球价值链升级的关系进行了研究。结果表明，中国在光伏产业全球价值链中地位的不断提升有赖于该行业创新系统向中国的转移。此外，Ali-Yrkkö 和 Rouvinen（2015）[3]从增加值视角肯定了创新对价值链升级的重要作用，Rasiah 等（2011）[4]、Ivarsson 和 Alvstam（2011）[5]以及 Prete 和 Armando（2015）[6]对技术创新对价值链升级的推动作用给予了肯定。

国内学者在研究创新与价值链升级的关系时，多基于创新在全球价值链升级中的重要性给出对策建议。凌丹等（2017）[7]提出要加大自主

---

[1] Lundvall B. The Learning Economy and the Economics of Hope[M]. London: Anthem Press, 2016.
[2] Zhang F, Gallagher K S. Innovation and technology transfer through global value chains: Evidence from China's PV industry[J]. Energy Policy, 2016, 94: 191-203.
[3] Ali-Yrkkö J, Rouvinen P. Slicing Up Global Value Chains: a Micro View[J]. Journal of Industry, Competition and Trade, 2015, 15(1): 69-85.
[4] Rasiah R, Kong X X, Vinanchiarachi J. Moving up in the global value chain in button manufacturing in China[J]. Asia Pacific Business Review, 2011, 17(2): 161-174.
[5] Ivarsson I, Claes Göran Alvstam. Upgrading in global value-chains: A case study of technology-learning among IKEA-suppliers in China and Southeast Asia[J]. Journal of Economic Geography, 2010, 11(4): 731-752.
[6] Prete D D, Rungi A. Organizing the Global Value Chain: a firm-level test[J]. IMT Lucca EIC Working Paper, 2015: 1-29.
[7] 凌丹, 张小云. 技术创新与全球价值链升级[J]. 中国科技论坛, 2018(10): 59-67+106.

创新投入力度，从而提升技术创新水平，摆脱对国外技术的依赖，借助先进技术与其他高端生产要素努力提升中国在全球价值链分工中的地位，推动中国从价值链的中下游环节向高端环节迁移。在此方面，黄灿和林桂军（2017）[1]提出加大研发力度，强化对战略性行业的核心技术开发；杜传忠和杜新建（2017）[2]提出加强对创新成果的转化、应用；戴翔和李洲（2017）[3]提出通过创新提升劳动生产率，进而提升中国在全球价值链中的地位。曲泽静和张慧君（2016）[4]、王涛等（2017）[5]、温怀玉和霍伟东（2018）[6]、李新宁（2018）[7]以及李若辉和关惠元（2019）[8]均从政策层面提出了加强创新推动价值链升级的建议。此外，凌丹和张小云（2018）[9]借助2005—2014年中国制造业的数据，实证分析了技术创新对价值链升级的影响。结果表明，技术创新在价值链升级中发挥了重要作用，不过，对于非技术密集型行业激发创新动力更为重要，而对于技术密集型行业提升创新绩效尤为关键。耿晔强和常德鸿（2020）[10]证实了企业创新有助于出口产品质量提升，从而提高全球价值链地位的提升。

---

[1] 黄灿，林桂军.全球价值链分工地位的影响因素研究：基于发展中国家的视角[J].国际商务（对外经济贸易大学学报），2017（2）：7-17.

[2] 杜传忠，杜新建.第四次工业革命背景下全球价值链重构对我国的影响及对策[J].经济纵横，2017（4）：110-115.

[3] 戴翔，李洲.全球价值链下中国制造业国际竞争力再评估——基于Koopman分工地位指数的研究[J].上海经济研究，2017（8）：90-101.

[4] 曲泽静，张慧君.新常态下价值链升级的创新驱动系统研究[J].技术经济与管理研究，2016（1）：45-49.

[5] 王涛，赵晶，姜伟.中国制造业在全球价值链分工中的地位研究[J].科技管理研究，2017（19）：129-138.

[6] 温怀玉，霍伟东.中国制造业全球价值链分工国际比较与提升[J].河南社会科学，2018（1）：85-90.

[7] 李新宁.创新价值链构建的战略路径与发展逻辑[J].技术经济与管理研究，2018（1）：24-30.

[8] 李若辉，关惠元.设计创新驱动下制造型企业转型升级机理研究[J].科技进步与对策，2019，36（3）：89-95.

[9] 凌丹，张小云.技术创新与全球价值链升级[J].中国科技论坛，2018（10）：59-67+106.

[10] 耿晔强，常德鸿.企业创新与出口产品质量提升——基于中国制造业企业的实证研究[J].云南财经大学学报，2020（1）：89-101.

第三节 文献述评

中间品进口、自主创新和制造业全球价值链是国内外学者普遍关注的问题,研究成果相当丰富。国内外学者对全球价值链升级的影响因素进行了详细的理论和实证研究。不过,通过对现有文献的回顾发现,仍可在以下几个方面对现有研究加以拓展。

一、深入探究自主创新、中间品进口影响价值链升级的传导机制

已有研究探讨了中间品进口对企业出口产品质量、出口技术复杂度和生产技术进步的影响,但并未深入揭示其内在作用机制。中间品进口、自主创新与制造业全球价值链的提升,既可能是中间品进口提升自主研发能力进而促进全球价值链地位的提升,也可能是通过挤出效应形成对中间品进口的技术依赖抑制全球价值链地位的攀升。到底是抑制还是提升,有待于使用中国企业层级的微观数据进行计量分析。所以本书在相关理论机制的基础上,试图利用 2000—2013 年中国工业企业数据和海关进出口数据进行匹配[1],运用微观企业数据测算了中国企业的全要素生产率、产品质量、产品出口技术复杂度、营业外收入以及出口产品转换率等一系列指标,进而衡量中国企业的工艺升级、产品升级、功能升级以及链条升级,最终给出中间品进口、自主创新与中国制造业全球价值量升级的对策建议[2]。

---

[1] 受工业企业数据库和海关数据库的限制,本书微观层面研究所使用的数据仅包含 2000—2013 年,2014—2019 年的数据由于缺少无法使用,目前发表在中国社会科学、经济研究、管理世界等顶级期刊上的学术论文也多采用此数据库。

[2] 韩亚峰,付芸嘉. 自主研发、中间品进口与制造业出口技术复杂度[J]. 经济经纬,2018,35(6):73-79.

二、结合企业异质性探讨中间品进口对价值链分工地位的影响

尽管上述相关研究从多个视角对中间品进口、自主创新、全球价值链分工地位和影响因素的相关性进行分析，但仍然可以发现鲜有文献探讨中间品进口、自主创新、制造业价值链地位升级三者之间的关系，特别是从微观层面研究中间品进口、自主创新与制造业全球价值链升级关系的文献少之又少。大部分文献将视角单一定位于中间品进口对企业全球价值链升级进行相关理论及实证刻画，但该问题在异质性理论框架下可进行更为全面、广泛、深刻的研究。

第三章

中间品进口、自主创新与制造业 GVC 升级的机制

本章从影响全球价值链升级的外源动力之一的中间品进口出发，分析中间品进口如何通过竞争效应、质量效应、技术溢出效应直接促进企业全球价值链升级；然后分析内源动力即自主创新主要从横向、纵向、跃迁3个方向拉动制造业全球价值链升级；并认为中间品进口除直接助力全球价值链升级外，也会通过自主创新的"中介效应"影响制造业全球价值链升级。

第一节　中间品进口对制造业 GVC 升级的影响机制

企业选择中间品进口而不是直接从国内采购中间品，存在以下3种原因：首先，中间品进口的价格较低，能够为企业节省成本；其次，国内缺少相关中间品，中间品进口可以丰富企业最终产品；最后，中间品进口的质量要远优于国内中间品，中间品进口能提升最终产品质量。具体效应表现为成本效应、种类效应和质量效应，其中成本效应主要通过节省成本获得市场竞争优势，种类效益和质量效应主要通过产品升级获得市场竞争优势。同时，中间品进口的技术溢出效应也将影响企业内、行业内、区域内的产品质量，改进生产工艺水平。潘闽（2019）[1]将这4类效应表示为价值链升级与生产端和产品端的变化，较为系统地阐述了中间品进口与制造业价值链升级的关系。

本章的理论分析认为中间品进口生产端可以通过工艺改善、技术溢出、产品质量提升企业全要素生产率，促进价值链工艺升级；产品端可以通过质量效应、种类效应提高出口产品质量和复杂度进而促进价值链中的产品升级；生产端及产品端的研发、运营、售后等服务要素会通过学习效应、干中学效应、技术溢出效应等提升企业产出服务化水平，促进价值链功能升级；同时进口多元化及技术创新带来的出口产品集合多元化会增加企业市场竞争力和资源配置效率，提升出口产品转换率，促进价值链链条升级[2]。

---

[1] 潘闽. 中间品进口与中国制造业全球价值链分工地位提升关系问题研究[D]. 北京：对外经济贸易大学，2019.
[2] 刘庆林，黄霁鳞. 中间品贸易自由化对我国就业结构影响及其应对策略[J]. 山东社会科学，2020（1）：98-103.

一、中间品进口对制造业全要素生产率的影响机制

Humphrey 和 Schimitz（2000，2002）在对全球价值链升级的研究中将工艺升级定义为"通过生产过程的重组加大投入产出转化效率"，将产品升级定义为"向更复杂、质量更好产品的转化"。Gereffi（2003）[①]将价值链升级概括为企业内部至地区范围升级和产品升级至部门升级，同时在对全球价值链进行分析时，将价值链的驱动类型分为依赖投资来激发和扩大市场需求的生产者驱动和依赖品牌优势、销售渠道构建跨国商品流通网络的购买者驱动。中国学者张辉基于这两种模式提出了混合式驱动[②]。

无论哪种驱动方式，对于制造业全球价值链升级而言，都依赖技术研究开发、工艺改进和产品升级等。而 Ethier（1982）提出了高质量中间品进口可以提升企业的全要素生产率，Grossman 等（1992）从理论上分析了此现象的合理性，国内外很多学者也从实证方面验证了两者的正相关关系（陈勇兵等，2012；Halpern，2015；张翊等，2015）。Halpern 等（2011）研究了中间品进口通过竞争效应、质量效应、种类效应 3 种渠道对贸易产生影响，由此可见中间品进口能够对全球价值链升级产生影响。

中间品进口影响制造业全要素生产率的渠道主要集中于种类效应（Romer，1989；Grossman 和 Helpman，1991；Amiti 和 Konings，2007；钱学锋，2011 等）、质量效应（Blalock 和 Veloso，2007）、技术溢出效应（Romer，1989；Connolly，1999；Acharya 和 Keller，2009）。本节主要从这 3 种效应出发分析中间品进口对制造业全要素生产率提升的影响。相关影响机制将在第五章第二节中予以验证[③]。

[①] Gereffi, G, Humphrey, J. Sturgeon, T. The Governance of Global Value Chain: An Analytic Framework[J]. Paper Presented at the Bellagio Conference on Global Value Chains, 2003（4）.

[②] 张辉. 全球价值链理论与我国产业发展研究[J]. 中国工业经济, 2004（5）: 34-42.

[③] 熊力治. 中间品进口与中国本土制造企业生产率——基于中国企业微观数据的实证研究[J]. 宏观经济研究, 2013（3）: 75-80.

1. 种类效应

Grossman 和 Helpman（1991）认为贸易的自由化可以使企业购买多种类的中间品，多品种中间品的投入提升了制造业全要素生产率；Halpern 等（2009）探讨了中间品进口种类对于生产效益的影响；Goldberg（2010）的研究也发现中间品进口的种类增加，且进口的中间品多来源于发达国家，质量相对较高，这些都能促进企业的创新活动；钱学锋等（2011）和张翊等（2015）的研究表明中间品进口的种类效用能够提升制造业全要素生产率，但提升效果在行业间存在异质性。[①]

多元化的中间品进口对企业全要素生产率的影响有3个方面：一是企业通过中间品进口可以弥补自身要素禀赋的缺陷，与国内中间品之间产生"互补"机制，从而增加最终产品种类，并能通过"整体大于局部"的效应，实现产品升级，获得比较优势；二是中间品进口的多元化可以通过边际成本降低效应降低消费品价格指数，增加消费者福利水平。同时，成本的降低使企业可以增加研发升级、质量升级等活动的投入，但中间品进口带来的固定成本效应，如信息收集成本、合同签订成本、引进新型设备成本等会增加企业总成本，降低其在研发创新、质量升级活动中的投入；三是由于企业自身条件有很大的不同，中间品进口多元化所带来的新产品、新工艺是否能发挥最大效用，受到企业自身吸收能力的影响。

2. 质量效应

高质量的中间品进口对制造业全要素生产率的影响主要通过内部传导效应和外部竞争效应来实现。

（1）内部传导效应。

高质量中间品进口，一方面能够促使企业生产较高质量的其他零配件与之匹配；另一方面更加契合企业所研发的核心部件，其能够带动企业内部良性循环，提高最终产品质量，带动企业实现产品升级。最终产

[①] 曹亮，直银苹，徐阳. 中国中间品贸易自由化与企业出口产品范围[J]. 广西财经学院学报，2019，32（5）：82-95.

品质量的提高,使企业市场竞争优势增加,而产品质量高使企业具有定价权,企业可以通过提高产品销售价格来增加企业利润,企业利润的增加进一步使企业投入更多的资本进行研发创新工作,最终提升制造业全要素生产率(Maurice Kugle 和 Eric Verhoogen,2009)。①

(2)外部竞争效应。

高质量中间品进口带来的外部竞争效应主要通过中间品市场竞争加剧和最终产品市场竞争加剧来体现。引入外国的高质量中间品,一方面能够对中间品进行替代进而形成替代效应,淘汰低质量的中间品和低效率的企业,促进中间品质量升级;另一方能够丰富进口国中间品种类,使同水平的中间品竞争加剧,刺激企业创新。内部传导机制能够提升最终产品的生产质量,对最终产品市场形成冲击。同时,其他生产同类最终品的企业为了保持市场份额,也会增加创新研发动力,提升区域内全要素生产率。

3. 技术溢出效应

Grossman(1994)研究发现中间品进口可以产生技术溢出效应,并在一定条件下提升东道国生产率;Falvey 和 Reed(2000)通过对贸易自由化的研究发现贸易会对生产商的技术选择造成重要影响;Keller(2000)研究结果也表明中间品进口能够产生技术溢出效应,且这种效应在技术相对落后的发展中国家表现得更为明显;Amighini(2005)研究发现中间品进口提升了中国工业技术水平;张会清等(2011)研究表明进口高技术含量的中间产品,会通过学习效应等提升进口国的技术水平;陈彬彬等(2015)研究结果显示进口高技术含量的中间品会通过技术溢出效应提高中国全要素生产率,但最终效果在行业间存在异质性;胡兵等(2006)认为东道国企业进口先进技术的中间品,能够通过模仿示范效应、"用中学"效应、关联效应获得技术溢出效应,提高东道国的全要素生产率。②

---

① 宋会颖. 临港产业集群创新系统研究[D]. 唐山:华北理工大学,2017.
② 胡兵,乔晶. 对外贸易、全要素生产率与中国经济增长——基于 LA-VAR 模型的实证分析[J]. 财经问题研究,2006(5):12-20.

（1）模仿示范效应。

通过进口高技术含量的中间品，随之进入企业的还有最终产品背后的技术、知识、服务以及管理理念。首先，国内企业通过对这些技术进行消化吸收，采用较低的成本进行技术复制，并结合地区产品相关特色进行模仿创新，使企业能够克服技术门槛，提高产品技术含量，提升企业创新能力。其次，高技术含量的中间品要有较高的生产工艺与之相配套，企业会通过模仿国外先进的生产工艺及管理理念来进行制造环节的升级与优化，制造环节的升级与优化也能够提高产品技术含量，提升企业创新能力。最后，新技术的引进会刺激相关人员的创新思维能力，加深技术人员对关键技术的认识与理解，能够提升人员创新思维能力。

（2）"用中学"效应。

"用中学"效应是模仿示范效应的进一步深化。由于国际理念、文化背景、生活习惯等差异，很多中间品不能够通过直接进口来获得，"门槛效应"存在于高技术含量产品的生产过程中，导致技术发展到一定程度后很难有进一步突破，如何通过对高技术含量的中间品进口进一步改进升级，突破或削弱"门槛效用"，就需要企业在实践中不断学习，带来新的突破。这种在实践中除了直接模仿学习中间品进口的高新技术之外，还通过不断学习来改善产品质量，提升企业创新能力，即为中间品进口发挥"用中学"效应。通过这种效应，企业能够更好地进行产品设计上的改进和升级，实现价值链升级，提升国际竞争优势。

（3）前后关联效应。

前后关联效应是模仿示范效应和"用中学"效用的纵向扩展。制造业具有很好的空间聚集特点，一个企业获得了先进的技术，其他企业能够通过对其考察学习、企业间人员流动、企业内管理培训等方式获得技术改进，而这些新技术在企业间又可通过模仿示范效用和"用中学"效应进一步学习并改进，最终能够在空间区域内提高产业创新能力。

从技术溢出效应中可以发现，通过中间品进口，企业除了可以获得中间品本身所具有的高新技术之外，还能够通过不断学习来提升企业及行业的创新能力，最终提升企业、行业内全要素生产率。

基于以上分析，提出 H_{A1}。

H_{A1}：中间品进口提升全要素生产率进而影响制造业全球价值链的工艺升级。

本假设将会在第五章第二节得到验证。

二、中间品进口对出口产品质量和出口技术复杂度的影响机制

企业出口产品质量是衡量全球价值链升级中产品升级的重要方面，企业产能生产率的提升与企业全要素生产率的提升密不可分，出口产品质量高低不仅事关出口企业的全球竞争力，而且与一国经济发展水平密切相关（余淼杰和张睿，2017）。出口技术复杂度能反应一国或地区的商品结构、技术含量及分工地位，因此他们使用出口产品质量和出口技术复杂度来衡量制造业全球价值链产品升级。Lee（1995）研究发现进口先进技术的中间品，可以提高最终产品的技术含量；Keller（1997）也认为进口发达国家的产品一方面可以通过"互补机制"直接提高最终产品质量，另一方面也可通过模仿效应、竞争效应等刺激进口国进行研发创新活动，提高产品技术含量；Johnson 和 Dayna（2009）均认为通过学习效应，中间品进口会提升东道国的出口技术复杂度；方希桦等（2004）研究发现高技术含量的中间品进口会促进中国技术进步；祝树金等（2013）认为大量的中间品进口会形成出口产品技术含量低端锁定状态；李秀芳和施炳展（2016）的研究结果表明，从平均程度来看中间品进口多元化确实提升了出口产品质量，但这种提升作用仅限于外资企业和源自 OECD 国家的中间品进口[①]；许家云等（2017）的研究结果表明，中间品进口可以通过质量、种类、技术溢出效应提高企业出口产品质量，但最终效果会因生产率水平、企业所有制、贸易方式的不同存在异质性[②]；张先锋等（2019）研究发现中间品进口的质量、数量和

---

① 李秀芳, 施炳展. 中间品进口多元化与中国企业出口产品质量[J]. 国际贸易问题, 2016（3）: 106-116.
② 许家云, 毛其淋, 胡鞍钢. 中间品进口与企业出口产品质量升级：基于中国证据的研究[J]. 世界经济, 2017, 40（3）: 52-75.

种类会对企业产能生产率产生正向影响,不同贸易方式的影响效果具有显著异质性[①]。

本书认为,中间品进口主要通过质量效应、种类效应、技术溢出效应影响企业出口产品质量,其中质量效应会通过内部传导机制直接促成产品升级,提高出口产品质量和出口技术复杂度;种类效应会通过"互补机制"促进最终产品的多样化,并通过边际成本降低效应提升企业产品质量;技术溢出效应既能够直接提高最终产品的技术含量,也能够通过促进全要素生产率的提升来提高出口产品质量和出口技术复杂度。

基于以上分析,提出 H_{A2}。

H_{A2}:中间品进口提升出口产品质量和出口技术复杂度进而影响制造业全球价值链的产品升级。

本假设将在第五章第四节和第五章第五节予以验证。

三、中间品进口对企业产出服务化水平的影响机制

在全球价值链分工地位中,高端阶段的功能升级往往在产品的设计、管理、营销、售后等服务部门体现,这些服务部门体现了行业的专业化水平,而这些服务要素的改进又需要通过模仿学习效应、干中学效应及技术溢出效应来实现,已有学者主要分析了制造业服务化水平与制造业价值链升级的关系。

刘斌等(2016)认为制造业服务化水平的提高能够显著提升企业在全球价值链中的参与程度与分工地位,并主要从运输、分销、电信、金融4个方面考察服务化水平对制造业价值链升级的影响。祝树金等(2019)也认为制造业服务化意味着低端加工制造环节比例的下降和高端研发设计、品牌运营等服务环节的增加[②]。

---

① 张先锋,谢正莹,蒋慕超.中间品进口对企业产能利用率的影响:基于中间品进口的数量、种类与质量维度[J].世界经济研究,2019(1):121-134+137;叶初升.中国发展经济学年度发展报告 2016—2017[M].武汉:武汉大学出版社,2018.

② 吴云霞,马野驰.制造业投入服务化对价值链升级的影响——基于参与度和分工地位的双重视角[J].商业研究,2020(2):62-72.

中间品进口带来的不只是高技术含量的产品，还有背后相关产业的管理思路和营销策略，如进口大型跨国公司的产品能够接触其供应链服务、专业化分工、零件设计的柔性化与标准化、制造的流程化与管理人员的激励措施等，这些都是价值链由低端向高端跃升的必备条件，东道国企业可以通过"干中学"的隐形吸收及模仿学习的显性吸收来提高企业服务管理水平。因此，本书认为中间品进口可以提升企业产出服务化水平。

基于以上分析，提出 H_{A3}。

H_{A3}：中间品进口提升企业产出化服务水平影响制造业全球价值链的功能升级。

本假设将在第六章第一节进行验证。

四、中间品进口对出口产品转换率的影响机制

随着经济全球化的不断深入发展，国内产业规模不断扩大，部分支柱企业实现出口，出口份额的不断扩大意味着企业全球竞争力不断增强，成为一国经济增长的发动机。中间品进口在提高产品质量和技术含量的同时，也能够使企业不再局限于出口单一产品，多产品出口企业广泛存在，且已成为出口企业的主体形式（Adalet，2009；Bernard，2010；易靖韬等，2017）。相比较而言，简单的进入退出市场行为，多产品出口企业可以选择不断调整出口产品集合，即产品转换行为。产品转换行为既表现为通过多元化生产应对市场竞争效应的一种防御性战略，又是配置内部资源生产核心产品的进攻性战略。因此，用出口产品转换率来表示价值链的链条升级，表示中间品进口可以使企业通过出口产品组合的不断调整来增强企业国际竞争力，带动制造业全球价值链升级。

中间品进口对制造业全球价值链升级的影响在生产端表现为提高本土企业生产率、改进生产技术，在产品端表现为提高产品质量和扩大产品种类，在服务端表现为管理、售后、营销、设计等方面的模仿创新，同时能够带动企业不断调整出口产品集合，增强企业国际竞争力。贸易

可以使要素在各部门产生流动。这些活动都会通过生产部门与非生产部门的关联来影响其他企业，进而提升整个行业乃至整个国家的竞争实力，最终通过整合和优化配置资本劳动等要素资源，促进制造业全球价值链升级。

基于以上分析，提出 H_{A4}。

H_{A4}：中间品进口提升出口产品转换率影响制造业全球价值链的链条升级。

本假设将在第六章第二节进行验证。

第二节 自主创新对制造业 GVC 升级的影响机制

制造业作为经济增长的源泉，目前正面临着激烈的国际竞争压力和严峻的生态环境挑战，而其自身的自然资源禀赋和低价劳动力优势在日益减少。在此背景下，"中国制造"的劳动力要素禀赋优势向技术创新优势转变具有一定的必要性和迫切性，企业可以通过技术创新获得国外先进技术，提升出口产品的附加值，提升企业内在国际竞争力。长期而言，中国提升制造业在全球价值链参与度及分工位置的根本途径是技术创新。目前，中国制造业还处于工艺升级和产品升级的低端价值链环节，贸易方式多以加工组装和贴牌生产为主，如何通过自主创新实现制造业全球价值链升级，是本节研究的主要问题。

一、自主创新对制造业 GVC 升级各阶段的作用

大量研究表明，产业价值链升级的关键在于产业内企业的技术创新能力，产业价值链升级本质上是产品由低技术含量、低附加值向高技术含量、高附加值转变的过程。Humphery 和 Schmitz（2002）基于 GVC

视角,将全球制造业转型升级按照从低到高的升级模式,分为工艺升级、产品升级、功能升级和链条升级 4 个层级。Humphery 和 John(2002)认为这 4 个阶段中的前两个阶段的升级不会受到全球价值链治理者的阻碍,当上升到功能和链条升级层级时,因涉及发达国家企业的核心技术,其会限制全球价值链内部知识的流动从而阻碍后发国家实现价值链升级[①]。

从微笑曲线可以看出,制造业全球价值链升级的高阶环节是实现链条跃迁,而链条跃迁要以功能跃迁、产品跃迁、流程跃迁为基础,使制造业能够在研发、设计、销售实现突破,而这些环节的突破依赖于企业自主创新能力。结合价值链跃迁的 3 种形式,本节将着重分析自主创新对制造业全球价值链升级的直接影响。

1. 自主创新促进制造业工艺流程升级

工艺流程升级前期依赖于中间品进口和新技术引进的模仿示范效应和技术溢出效应,但这种升级是浅层次的,其受到所引入企业的约束,只能提高部分劳动生产率。企业要实现工艺流程突破,需将引进的技术结合自身市场需求进行改进创新,通过自主创新实现技术升级,打破生产技术壁垒,进一步提高劳动生产率,推进价值链攀升。

2. 自主创新促进制造业产品升级

制造业最终产品质量的提高会受中间品进口的质量效应影响和工艺流程升级的影响。在此基础上,制造业企业应当将科技创新同市场需求相结合,开发匹配市场需求的高技术含量产品,提升产品附加值,促进价值链升级。

3. 自主创新促进制造业功能升级

制造业实现产品升级之后,要进一步结合现代信息技术手段,实现

---

① 胡国恒. 制度红利、能力构建与产业升级中"低端锁定"的破解[J]. 河南师范大学学报(哲学社会科学版),2013,40(1):144-148.

产品多功能的有效集成，配合现代营销策略，提升品牌知名度。随着电子商务、大数据、供应链的不断发展，以需求为导向的拉动供应价值链不断普及，自主创新应以用户需求为导向、品牌设计为依托，结合产品消费者特色，将功能集成化的产品进行精准投放，提升品牌知名度，促进制造业全球价值链的不断提升。

4. 自主创新促进制造业链条升级

制造业实现链条升级，属于在全球治理环境下的跃迁式升级，这个阶段的升级集中表现在新产品的研发和设计上，是确保品牌具有长期吸引力的重要因素，其直接依靠企业的自主创新能力。这种影响还表现在产业结构优化中，云计算、数据挖掘等新技术的不断创新，促使制造业产业专业分工不断优化，改变了制造业的结构体系，带动产业链条升级。

二、自主创新对制造业 GVC 升级的作用机制

在全球价值链治理的背景下，发达国家具有技术上的垄断优势，其将处于价值链高端环节的知识和核心技术产业留在本土，将低效率、粗放型、通用型产业转移到具有资源和劳动要素等比较优势的发展中国家，形成以核心产品为中心，组装加工分解至外围的垂直分工模式。发展中国家制造业要实现升级至全球价值链的高端环节，必须通过流程、研发、品牌以及服务创新来提升产品附加值。在全球价值链治理模式下，结合制造业应具备的自主创新能力，将制造业转型分为基于全球价值链治理的横向扩张阶段、纵向渗透阶段和跃迁式升级阶段。

1. 基于全球价值链治理的横向扩张阶段：工艺升级与产品升级

多数发展中国家处于价值链的低端环节，创新能力不足，要获得较高的利润，一是通过改进工艺方法和工艺设备等生产要素来提升原有的生产效率，提升产品附加值；二是通过生产要素的重新组合，创新生产思路，保证在原有投入基础上增加产出，提升产品附加值；三是通过中

间品进口、FDI、OFDI 等获得技术溢出效应、质量效应，实现技术创新，提升产品附加值。同时，产品附加值增加越多，意味着创新效率越高，越能促进产业实现价值链升级。另外，改善工艺方法和工艺流程，主要通过引进先进技术设备的方法来实现：一是能够直接投入使用来提高产品生产效率；二是可以获取先进设备的技术溢出来掌握新技术、新方法、新理念，提升创新能力，进一步生产新产品，提高企业竞争力。此时，企业生产的产品还是在原有产品的基础上提高生产效率，新产品竞争实力尚且不足，很难实现自主品牌经营。

中间品进口、FDI、OFDI，能够从节省企业成本、提高最终产品质量、带来技术溢出等方面提升企业创新实力。引入新技术和中间品进口都属于价值链升级中的横向扩张，在这个阶段中，制造业完善制造体系、优化工艺流程，逐步实现部分核心技术的掌握和高附加值环节的占有，实现价值链中的工艺与产品升级。如图 3-1 所示，制造业企业全球价值链升级后，其增值空间由 A 到 B，这个阶段，发展中国家的制造业仍担当 OEM（贴牌生产）的角色，核心技术竞争力薄弱，创新力度不足，缺乏品牌创新意识，升级后仍未改变自身在全球价值链中所处的环节，创新能力还不足以支撑功能升级和链条升级。参考王杰等（2018）的处理方法，运用全要素生产率表示工艺升级。产品升级是指通过新产品引入或者已有产品改进，进而提升产品质量与附加值，参考刘斌等（2015）[1]和 Berbard（2011），用出口产品质量、出口复杂度表示产品升级[2]。

2. 基于全球价值链治理的纵向渗透阶段：功能升级

工艺升级和产品升级完成以后，企业具备了生产实力，面对国内复杂多变的市场需求，通过创新建立品牌优势，提升品牌价值，提高产品竞争力，在价值链中获得更多的价值增值，实现价值链功能升级。这个阶段需要企业具备强有力的自主创新实力，能够针对市场需求变化快速

---

[1] 刘斌，王杰，魏倩. 对外直接投资与价值链参与：分工地位与升级模式[J]. 数量经济技术经济研究，2015，32（12）：39-56.
[2] 曾繁华，侯晓东，吴阳芬."双创四众"驱动制造业转型升级机理及创新模式研究[J]. 科技进步与对策，2016，33（23）：44-50.

做出反应，进行新产品的研发创新，通过新产品来扩大市场份额，提升产品附加值。

这种通过建立自主品牌，重新构建价值链体系，实现全球价值链升级的阶段，被称为企业全球价值链的纵向渗透阶段。此状态下，企业从价值链底端的生产环节 A 点（ODM）升级至附加值较高的品牌服务或研发设计环节 C 点（OBM），向微笑曲线的高增值环节攀升，达到功能升级，如图 3-1 所示。功能升级就是指企业对产品功能结构的创新升级，意味着企业 R&D、物流、品牌、营销、售后等服务要素成为核心竞争力，中国工业企业数据库缺乏服务产出数据，加之营业外收入是指通过品牌、营销以及售后等渠道获得的服务性收入，因此，使用企业产出服务化即营业外收入（营业收入减去主营业务收入）表示功能升级。

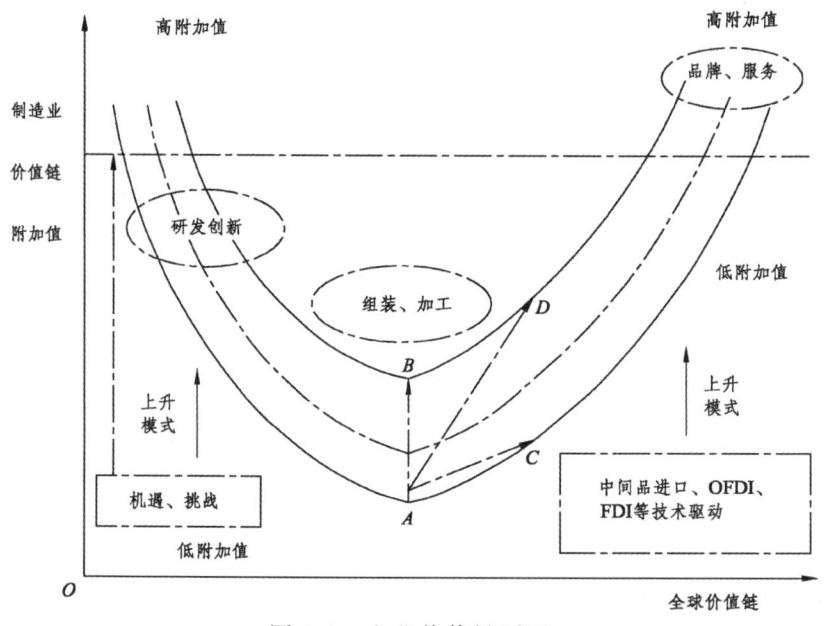

图 3-1　企业价值链跃迁

3. 基于全球价值链治理的跃迁式升级：链条升级

价值链实现功能升级以后，已经具有一定的自主研发创新实力，想要实现进一步的跃迁，需要依靠突破性的技术进步，打破发达国家的"核心技术锁定"。突破性的技术进步不单要求企业有自主创新意识,对政府的改革创新意识也有了进一步要求。此时研发已经超越企业及产业内部,已扩展至产业之间。政府应推动政策体制革新,科技体制改革应结合"产学研一体化"创新系统与完善的产权交易平台,通过资源配置的优化和运营成本的降低,对制造业产生外部冲击,以研发创新为驱动,产业生产流程、产品功能、企业品牌、相关服务同步创新升级,实现价值链的跃迁式升级。

同时,全球价值网络改善国际贸易环境,减少贸易摩擦,降低国家之间的交易成本,减少制造业附加值受贸易影响损耗量,提升整体附加值,全球价值链治理反过来又推动发展中国家实现全球价值链跃迁升级。如图3-1所示,面对外部政策机会和竞争挑战,提升产业内部创新实力,从产品附加值较低的 A 点攀升至附加值较高的 D 点,曲线整体从低附加值跃迁到高附加值,实现链条升级。参照 Berbard（2011）、刘斌等（2015）[1]、易靖韬等（2018）的相关研究,使用一般贸易行业跨行业和部门的出口产品转换率表示链条升级。[2]

基于上述分析,提出 H_B。

H_B：企业自主创新能促进制造业各环节升级。

此假设将在第五章和第六章进行验证。

第三节　中介效应对制造业 GVC 升级的影响机制

本节主要分析中间进口品影响自主创新进而影响全球价值链升级的理论机制。

---

[1] 刘斌,王杰,魏倩. 对外直接投资与价值链参与:分工地位与升级模式[J]. 数量经济技术经济研究, 2015, 32（12）: 39-56.
[2] 曾繁华,杨馥华,侯晓东. 创新驱动制造业转型升级演化路径研究——基于全球价值链治理视角[J]. 贵州社会科学, 2016（11）: 113-120.

一、自主创新的中介效应

由前文可以看出,中间品进口、自主创新均能对制造业全球价值链升级产生影响,国外学者多通过全要素生产率来测算中间品进口对技术进步的影响:Helpman(1995)测算发现进口资本要素对生产率的正向影响;Keller(1999,2000)认为从技术发达国家中间品进口比从技术落后国家中间品进口更能促进技术进步;Arndt(2004)研究发现进口零配件促进了技术进步;Jakob(2007)研究指出全要素生产率增长可能来源于进口贸易产生的技术溢出。此外,国内很多学者的研究也证明中间品进口能够促进技术进步(谢建国、周昭露,2009;楚明钦、丁平,2013;李平、姜丽,2015;许家云,2017)。但国内外部分学者的研究结果也表明,由于竞争、技术依赖等因素,中间品进口对技术进步有一定的抑制作用(王春法,2004;谢建国,2006);Ding等(2016)更是从产业的异质性角度发现中间品进口的竞争效应对于优势产业能够促进企业创新,而对于劣势产业却抑制了企业创新活动。诸竹君等(2018)研究了中间品进口、自主创新与企业出口国增加值率之间的关系,结果发现由于自主创新"中介效应"的存在,通过自主创新产生"加成率效应"和"相对价格效应",中间品进口会改进企业出口国内增加值率,整体呈负相关,但研发行为会对高研发程度的企业产生正向影响[①]。

中间品进口对制造业全球价值链升级的影响受到自主创新这一"中介效应"的影响,即中间品进口会通过技术溢出效应、模仿示范效应等来提升企业创新能力。但是由于门槛效应、挤压效应、依赖效应,中间品进口又会抑制企业创新,自主创新又会通过人力资本传导至生产流程、产品研发、管理理念中去,进而影响制造业全球价值链升级,具体如图3-2所示。

---

① 诸竹君,黄先海,余骁. 进口中间品质量、自主创新与企业出口国内增加值率[J]. 中国工业经济,2018(8):116-134.

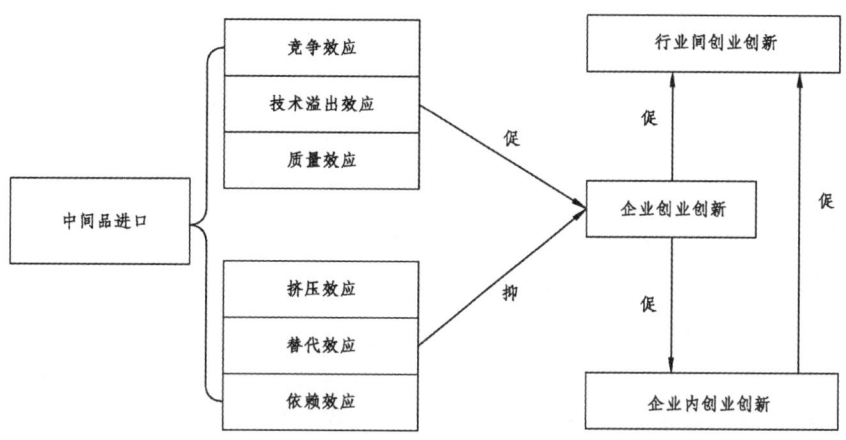

图 3-2 中间品进口、自主创新影响制造业全球价值链升级的传导机制

由前文分析发现自主创新是制造业全球价值链升级的重要动力，本节主要从促进和抑制两方面来说明中间品进口基于自主创新对全球价值链产生影响。

1. 中间品进口促进自主创新正向影响价值链升级

许家云等（2017）研究发现高质量的中间品进口会产生正的技术外溢效果，通过设计模仿和流程创新来提高企业效益。并认为，中间品进口能够促进企业自主创新能力，主要通过以下3种渠道来实现：一是中间品进口使国内企业竞争加剧，进而刺激国内企业自主创新，表现为竞争效应。二是中间品进口会产生技术溢出提高企业自主创新实力，且这种技术溢出会体现为技术水平和垂直溢出。水平溢出多数是由模仿示范效应和"用中学"效应引发的，垂直溢出则更多表现在前后的关联效应中，具体表现为技术溢出效应。三是高质量的中间品进口能够产生质量效应，为企业节省相关费用使企业能够集中力量进行核心业务的自主研发，即质量效应。

竞争效应、技术溢出效应和质量效应是中间品进口促进企业自主创新的主要效应，企业的自主创新能力又会通过模仿示范效应、竞争效应等传导至行业及区域[①]。具体传导路径如图3-2所示。

---

① 蔡伟宏，李惠娟. 生产性服务出口技术复杂度与自主创新——基于跨国面板数据的实证分析[J]. 经济问题探索，2016（7）：119-127.

2. 中间品进口抑制自主创新负向影响价值链升级

企业若选择中间品进口，则会放弃对国内同类产品的选择，使国内生产同类产品的企业的市场份额减少，利润降低，研发资本减少，进而出现创新动力不足的情况。此外，中间品进口因其质量较高、相对价格较低，会直接取代国内产品，降低国内企业的研发动力，而中间品进口又能为企业节省成本、提高企业生产质量，企业很容易对这些中间品形成进口依赖而放弃自主研发。因此，贸易自由化对企业创新的抑制主要表现为市场竞争加剧带来的挤压效应、国内企业受挤压之后生产积极性下降，会被中间品进口所取代引发的替代效应以及由于直接引进高技术产品所形成的依赖效应。

贸易自由化会使中间品进口的关税大幅度降低，变相形成进口成本降低现象。若中间品的相对成本低于国内中间品，则国内企业会选择直接进口中间品而放弃国内订单，造成国内企业市场份额减少、利润下降，进而使企业创新动力下降，形成挤出效应。

替代效应主要从产品替代和技术替代两方面抑制企业创新。由于中间品进口价格相对较低，企业会选择中间品进口替代国内购买或自主生产，抑制企业生产创新；同时，企业外购比自主研发更有生产优势，会通过进口来替代企业的自主研发，从而抑制国内企业创新。

依赖效应更多的发生在小微企业中。因为大型企业可以通过加强研发力度生产所需中间品，而小微企业往往处于因研发资金较少、高技术人才匮乏、硬件设备更新速度慢等引发创新能力不足的状态，而进口中间品能节省研发成本及时间，贸易自由化引发的中间品进口价格降低会使具有资源劣势的企业形成进口依赖，从而降低企业创新积极性。

挤出效应、替代效应和依赖效应会抑制企业自主创新能力，被这种效应支配的企业长期内会被市场所淘汰，其所获得的往往是短期利润。

综上所述，中间品进口不但会对企业创新形成促进作用，亦会对企业创新形成抑制作用。但在进口的过程中企业往往会选择高质量或者低成本的中间品来提高自身的比较优势，一般认为中间品进口对自主创新的促进作用会高于抑制作用，同时促进制造业全球价值链升级。

二、基于自主创新影响制造业 GVC 升级的传导机制

Gereffi（1999）将产业价值链分成以制造商为主导的资本密集型产业通过投资实现全球价值链垂直分工的生产者驱动价值链和以代加工为主导的劳动密集型产业通过品牌或渠道实现利润的购买者驱动价值链。随着贸易的不断扩张，仅依赖于单驱动力的局面已经被打破，全球竞争在不断加剧，全球价值链中位于高端环节的企业开始对整个链条中相关活动进行全局性的优化与安排，从而实现价值链的全球治理，保证其利益最大化。

如何在全球价值链治理的情况下，依赖创新驱动使制造业形成由外源升级到内源升级的转化，实现其在全球价值链中的跃迁，有以下两条路径。

1. 嵌入制造业全球价值链为主的外源式升级路径

外源式升级路径主要以嵌入制造业全球价值链与技术创新相融合，构造制造业的初级创新链。一方面，制造业企业可以通过中间品进口、国际技术引进、对外直接投资等活动获得技术溢出，在吸收技术的同时降低"依赖效应"和"低端锁定"风险，同时以模仿创新、流程创新、消化再创新、集成创新等形式做强基础制造业，生产全球市场都认可的产品，形成"中国制造"品牌效应，提高制造业参与全球价值链的比重，形成初级创新链，使全球价值链实现初步跃迁。另一方面，制造业企业需要结合产业外部环境，充分利用新时代信息技术优势，推动智能制造服务终端融合产业发展，构建新型智能产业链，积极融入全球价值链网络，实现市场创新与组织创新，驱动制造业全球价值链转型升级[1]。

由此可见，中间品进口对制造业全球价值链的直接作用表现为外源式的拉动作用，形成初级创新价值链。这种初级创新价值链能够保证产品的有序供给，为制造业新旧产业转化提供基础，支持制造业转型升级。其竞争力强弱决定了后续内源路径发展动力，需要制度创新予以约束，防止陷入低端发展路径依赖。

---

[1] 曾繁华，杨馥华，侯晓东. 创新驱动制造业转型升级演化路径研究——基于全球价值链治理视角[J]. 贵州社会科学，2016（11）：113-120.

2. 构建制造业全球价值链为主的内源式升级路径

内源式升级主要依赖于企业自主创新，是由内生文化、政策主导、市场需求驱动的自主创新。中国有超强的市场需求，中国强大的学习能力、应变能力和人口优势是制造业创新的不竭动力，制造业创新已经开始由过去的模仿跟随型创新转向现在面向市场需求的自主创新。同外源式升级相比，内源式升级主要集中于产品研发与设计，处于高阶价值链环节，产品附加值高，企业处于全球价值链的主导地位，价值链由初级创新链向高级创新链的跃迁是企业价值链升级的最理想路径。伴随着中国对创新研发力度的大力支持，制造业创新能力也在不断提升，结合智能生产和绿色生产，中国也在不停地坚持以创新驱动生产，在生产中结合智能制造，同时注重制造业绿色发展。

中间品进口促进企业自主创新，自主创新会通过模仿示范效应、"用中学"效应、竞争效应等在行业和区域内进行传导，增强企业整体创新实力。结合本章第二节的分析，自主创新又是制造业价值链内源式升级的主要动力，其能够促进价值链中中间品进口带来的自主创新能力提升，又会通过人力资本的作用内源式传导至全球价值链的流程、产品、功能及链条升级，即自主创新的"中介效应"。中间品进口总体上会提升企业自主创新能力，并进一步通过"中介效应"促进制造业全球价值链的升级。基于此，本节提出 H_C。

H_C：中间品进口提升企业自主创新能力进而促进制造业全球价值链升级。

本假设将在第五章和第六章进行验证。

第四节 中间品进口影响制造业 GVC 升级的异质性

由分析可见，中间品进口确实会直接或间接对制造业价值链升级产生影响，但是不是对所有企业的影响都一致呢？上文已提及一些低效率企业可能存在吸收能力较差的情况，受到竞争效应的冲击可能会直接退出市场，因此需要分析中间品进口对不同性质企业的全球价值链的影响机制。

一、中间品进口对技术异质性企业 GVC 升级的影响机制

从直接作用来看，各种技术水平的企业均能获得中间品进口带来的质量效应、技术溢出效应、种类效应和竞争效应，促进企业价值链的升级，但是由于吸收能力存在很大差异，中间品进口通过自主创新能力带动各技术水平企业价值链升级的效果会存在很大异质性。

高技术水平企业本身创新能力较强，其模仿示范能力也较强，更容易通过模仿示范效应、技术溢出效应和质量效应获得中间品进口带来的自主创新驱动；技术水平一般的企业受竞争效应的影响较大，但是鉴于其本身有一定的技术实力，也比较容易通过学习模仿获得中间品进口的技术溢出效应，提升企业创新能力；根据熊彼特创新理论分析，创新意味着破坏及毁灭，技术水平低的企业本身创新能力不足，创新浪潮的攻击容易导致其组织的毁灭。同时熊彼特效应认为，低技术企业因为其自身实力有限，往往更看重短期额外利润而不看重其成为领导者的前景，因此市场竞争越强其更多会通过削价获利，竞争反而会阻碍这些企业的创新。基于此，提出 H_{D1}。

H_{D1}：中间品进口促进高技术水平企业的价值链升级，抑制低技术水平企业的价值链升级，对技术水平中等的企业全球价值链升级的影响不显著。

本假设将在第五章和第六章进行验证。

二、中间品进口对于不同规模企业 GVC 升级的影响机制

按照销售额与行业平均销售额的差值将企业分为大企业、中小企业。大企业要素禀赋、知识资本、融资能力本身较强，中间品进口冲击市场时，有较强的抵御能力，且其高端人才较多，更容易通过模仿示范效应克服高技术存在的"门槛效应"，获得中间品进口的技术溢出，促进企业价值链升级；有些中小企业由于吸收能力较差，很难将中间品进口的技术转化为自身的新技术，也很难实现产品的创新，反而会受到竞争效应的冲击，受到熊彼特创新效应的影响，市场竞争的加剧会抑制创新能力；吸收能力较强的中小企业反而能够克服"门槛效应"，进一步扩大市场规模，形成规模效益，使创新能力得到提升，同时促进企业价值链升级。因此，中间品进口对中小企业的综合影响比较难预测。基于此，提出 H_{D2}。

H_{D2}：中间品进口会促进大型企业的价值链升级，但是对中小企业价值链升级的影响不确定。

本假设将在第五章和第六章进行验证。

三、中间品进口对于不同所有制企业 GVC 升级的影响机制

按照所有制可以将企业划为国有、民营、外资 3 大类。国有企业受国家控制较强，很难自主选择国外进口还是国内采购，对高新技术产品的反应较弱，对市场竞争也不甚敏感，但由于其规模大、实力强，能够较快获取中间品进口的技术溢出，因此整体而言，中间品进口对其价值链升级影响较小；民营企业因效率高、转型容易而具有独特优势，但也普遍存在融资不易、实力相对较弱的缺点，中间品进口会对其创新能力产生负向挤压和正向技术溢出，但总体而言对全球价值链的影响不甚明显；外资企业由于与外国产品接触较多，对含有高新技术的中间品反应

敏感，会更容易获得中间品进口的技术溢出，促进企业全球价值链升级。基于此，提出 H_{D3}。

H_{D3}：中间品进口会促进外资企业的全球价值链升级，对国有企业、民营企业的全球价值链升级的影响不显著。

本假设将在第五章和第六章进行验证。

四、中间品进口对不同贸易方式企业 GVC 升级的影响机制

按照加工方式的不同，将企业分为加工型贸易企业和一般贸易企业。加工型贸易企业因其主要依赖对中间品进口进行整合加工，多数属于劳动密集型产业，中间品进口很难对其产生直接的溢出效应，因此中间品进口对加工型贸易企业全球价值链升级影响较小；一般贸易企业通过中间品进口较容易获得技术溢出、种类效应和质量效应，同时这些效应能够通过人力资本传导至其相关部门，促进企业全球价值链升级。基于此，提出 H_{D4}。

H_{D4}：中间品进口促进一般贸易企业全球价值链升级，对加工型贸易企业全球价值链升级的影响不显著。

本假设将在第五章和第六章进行验证。

在全球价值链治理的背景下，中国制造业要实现全球价值链升级，需要从外源和内源两条路径出发，实现全球价值链的流程、产品、功能和链条升级，从而实现全球价值链的整体跃迁。流程升级和产品升级属于全球价值链的横向扩张阶段，功能升级属于全球价值链的纵向渗透阶段，链条升级属于全球价值链的跃迁式升级。在此过程中，外源主要受中间品进口、引进先进技术、对外直接投资等活动的影响，内源主要受企业自主创新能力、吸收能力的影响。本章从影响全球价值链升级的外源动力之一的中间品进口出发，分析中间品进口如何通过竞争效应、质量效应、技术溢出效应直接促进企业全球价值链升级；之后分析内源动

力的自主创新能力主要从横向、纵向、跃迁 3 个方向拉动制造业全球价值链升级;并且认为中间品进口除直接助力全球价值链升级外,也会通过自主创新的"中介效应"影响制造业全球价值链升级。中间品进口、自主创新对制造业企业全球价值链升级的影响机制如图 3-3 所示。

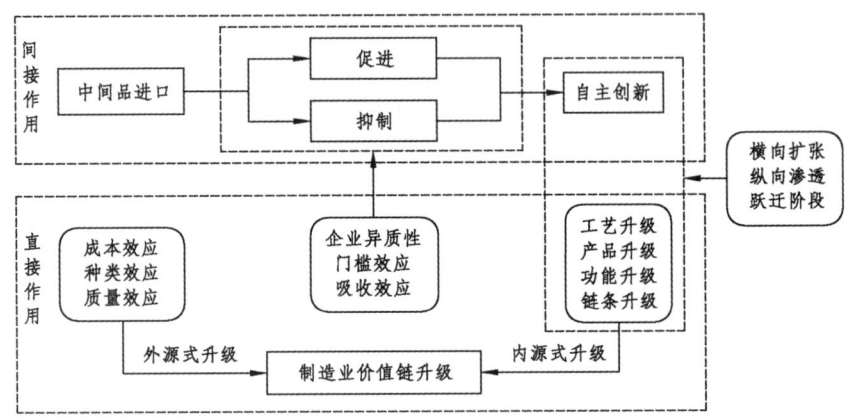

图 3-3 中间品进口、自主创新对制造业企业价值链升级的影响机制

第四章

中国制造业 GVC 升级测度

　　本章主要从企业和行业层面分别测度中国制造业全球价值链。在企业层面利用中国微观数据测算企业层面的一系列指标：全要素生产率、出口产品质量、出口技术复杂度以及出口产品转换率，分别用来衡量中国制造业企业全球价值链升级的工艺流程、产品、功能以及链条升级。行业层面的测度，参考 Wang（2013）提出的 WWYZ 方法，从制造业后向、前向联系、GVC 参与度以及制造业全球价值链分工地位 3 个方面衡量中国制造业行业层面的全球价值链的分工地位。

第一节　数据来源、处理与计算

一、数据来源与处理

数据来源于《中国工业企业数据库》和《海关进出口数据库》的匹配。中国国家统计局发布的《中国工业企业数据库》样本范围为1999—2013年全部国有工业企业以及主营业务收入超过500万元的非国有工业企业。该数据库在学术界应用非常广泛，但并不是由学术机构发布，存在一系列问题（聂辉华等，2012），所以将该数据库进行整理。具体整理过程：参考Brandt（2012）的具体做法，对工业企业数据库进行详细的处理，以通用会计准则为依据对样本进行筛选，如存在下述任何一种情况则将该企业作为不合格企业进行剔除，以提高样本的有效性：

（1）企业关键信息如中间投入、资本存量、工业总产值、销售额、固定资产、工业增加值、总资产等为零、负值或者存在缺漏的；

（2）企业雇佣人员小于或等于8个人的；

（3）企业明细账目、应付福利费、营业利润以及应付工资为负或者存在缺漏的；

（4）企业生存年龄小于等于零的；

（5）企业利润率超过100%的；

（6）总资产小于流动资产或固定资产净值，企业代码缺失，开业月份、成立时间无效的；

（7）主营业务收入小于500万元人民币的非国有企业。

此外，研发支出、进口国的CPI、GDP的数据则主要来自世界银行数据库，HS-SITC、HS-BEC对应表数据主要来自联合国统计局，省份的GDP等相关数据主要来自中国统计年鉴[①]。

二、企业中间品进口数据处理

对于中国进出口海关数据的处理，参考田巍和余淼杰（2013）、马述

---

① 李磊,王小洁,孙浦阳. 外资进入、竞争与性别就业差异[J]. 财经研究,2016, 42（11）: 73-85.

忠和吴国杰（2016）、余淼杰和张睿（2017）的处理方法，对海关数据库进行如下处理：

第一步，剔除信息缺失样本，包括缺乏企业名称、进出口目的国、HS编码、产品名字的样本；

第二步，剔除单笔贸易规模小于50美元和交易数量小于1的样本；

第三步，剔除贸易中间商样本，避免贸易中间商价格调整导致产品数量与价格信息不能真实反映企业出口产品质量的情况，剔除企业名称中含有"贸易""进出口""商贸""经贸""科贸""外经""物流""工贸""经贸"等字样的企业，并将中国海关数据分为出口和进口两部分，分别进行数据处理[①]。

中国出口海关数据处理：首先，根据海关数据HS8分位数据获得海关HS6分位数据，使用联合国HS编码与SITC[②] Rev.2对应表，将海关HS6分位数据转化为SITC Rev.2数据；其次，根据Lall（2000）对SITC Rev.2产品分类标准，剔除初级产品和资源品，保留制造业样本数据，并将中国制造业出口产品按技术等级划分为低技术品、中技术品、高技术品3类；最后，剔除以中国为出口目的国和进口来源国的样本（Feng，2016）。

中国进口海关数据处理：首先，剔除一般贸易、进料加工贸易、来料加工装配贸易之外的数据，并剔除样本中贸易类型缺失的样本；其次，使用联合国HS编码与BEC（Broad Economic Catalogue）对应表识别中间品进口信息，其中BEC代码为111、121、21、22、31、322、42、53的8个类别为中间品进口；最后，按照企业ID、贸易方式、所有制类型、进口来源国、中间品进口种类，将中国海关进口数据加总，得到企业中间品进口数据[③]。

---

① 许家云，佟家栋，毛其淋. 人民币汇率、产品质量与企业出口行为——中国制造业企业层面的实证研究[J]. 金融研究，2015（3）：1-17；蔡婉婷. 出口产品质量的空间差异及其变迁[J]. 财贸研究，2016，27（3）：30-38.
② SITC即国际贸易标准分类（Standard International Trade Classification）。
③ 胡国恒，闫雪培. 中国制造业出口工资溢价的异质性分析——来自企业微观数据的实证研究[J]. 河南师范大学学报（哲学社会科学版），2020，47（3）：47-53.

三、企业自主创新数据处理

中国制造业自主创新数据来源于中国专利数据库。该数据库来自国家知识产权局发行的《中国专利数据库文摘》[①]。基于《中国专利全文数据库（知网版）》进行实证分析，该数据库由实用新型专利（ln_applyxx）、外观设计专利（ln_applywg）和发明专利（ln_applyfm）3个子库组成，中国专利法实施后经过国家知识产权局处理的所有专利数据都被收录在该数据库中，因而可以准确地体现中国专利发明情况[②]。在该数据库中，我们可以通过专利名称、申请人、申请号、分类号和发明人等检索项进行相关搜索，在进行计量分析的过程中将中国工业企业数据库和海关进出口依据企业名称进行匹配。在此基础上，分别生成中间品进口与发明专利（ln_applyfm）、实用新型专利（ln_applyxx）、外观设计专利（ln_applywg）的交互项，进行实证检验。

四、数据匹配

所使用的数据来自两个数据库，因而将上述两个库的数据进行匹配是数据处理环节非常关键的一步。首先，以企业名称为依据对进口海关数据库与出口海关数据库进行匹配，在此过程中保留中间品进口贸易方式、中间品进口次数、中间品进口金额、进口来源国等重要指标；其次，将中国出口海关数据库与出口企业所在省份的制度环境系列指标进行匹配，提取企业海关10位编码的前两位，此为企业所在省份的信息，然后将省份GDP等指标与之进行匹配；最后借鉴田巍和余淼杰（2013）的解决办法，依次按照企业名称和年份、邮政编码和电话号码后7位组成的

[①] 该数据收录了自1985年9月《专利法》实施以来所有经国家专利局处理的专利信息。通过该数据获得企业层面各年专利总数和3项具体专利（发明、实用新型和外观设计专利）申请数量。

[②] 诸竹君，黄先海，王煌. 交通基础设施改善促进了企业创新吗？——基于高铁开通的准自然实验[J]. 金融研究，2019（11）：153-169.

13位数字进行匹配,并对重复样本进行剔除,此时就得到了我们研究所需要的数据样本[①]。

第二节 企业 GVC 升级模式测度

本节进一步利用上述匹配数据,从企业层面分析中国制造业工艺流程、产品、功能以及链条升级的测度指标与分析结果,为第五章、第六章的实证分析提供相应的数据支持。

一、企业全要素生产率测算

1. 测度方法

工艺升级的关键动力为技术进步,因而采用全要素生产率来衡量工艺升级具有一定的合理性。采用 OP 方法对全要素生产率进行测度。首先,采用资本和中间投入高阶多项式的近似式,运用最小二乘法来估计劳动系数;其次,在此基础上估计资本和中间投入的系数,进而得到全要素生产率(TFP)的有效估计[②]。

首先,采用道格拉斯函数(Cobb-Douglas)作为生产函数,具体表达如下:

$$Y_{it} = A_{it} L_{it}^{\alpha} K_{it}^{\beta} \tag{4-1}$$

式中,Y_{it} 代表产出或者工业增加值,L_{it} 为劳动投入,K_{it} 为资本的投入。A_{it} 表示全要素生产率(TFP),能够使劳动、资本等要素的边际产出水平同时得到提升。

[①] 刘晓宁. 贸易自由化、异质性企业出口决策与出口产品质量升级研究[M]. 济南:山东人民出版社,2015.
[②] 王杰,段瑞珍,孙学敏. 对外直接投资与中国企业的全球价值链升级[J]. 西安交通大学学报(社会科学版),2019,39(2):43-50.

接下来对上式取对数，得到如下线性表达式：

$$y_{it} = \alpha l_{it} + \beta k_{it} + u_{it} \tag{4-2}$$

式中，y_{it}、l_{it} 和 k_{it} 是 Y_{it}、L_{it} 和 K_{it} 的对数形式，包含了全要素生产率 A_{it} 对数形式的信息是 u_{it}。然而，上述生产函数的线性形式可能存在联立性偏差和样本选择偏差两个问题。鉴于此，采用 OP 法对企业全要素生产率进行测算。

$$y_{it} = \alpha l_{it} + \beta k_{it} + h_t(i_{it}, k_{it}) + e_{it} \tag{4-3}$$

式中，αl_{it} 为劳动贡献，βk_{it} 为资本贡献。此外，设立 ϕ_{it} 为多项式，该多项式由投资额和资本存量的对数值组成，即 $\phi_{it} = \beta k_{it} + h(i_{it}, k_{it})$。因而，上式能够简化为：

$$y_{it} = \alpha l_{it} + \phi_{it} + e_{it} \tag{4-4}$$

接着将式中的 ϕ_{it} 用 i_{it} 和 k_{it} 的四阶多项式进行替换，进一步得到：

$$y_{it} = \delta_0 + \alpha l_{it} + \sum_{i=0}^{4} \sum_{i=0}^{4} \delta_{it} k_{it}^i i_{it}^j + e_{it} \tag{4-5}$$

由上式可以估算出劳动投入系数 $\hat{\alpha}$，进一步定义 $V_{it} = y_{it} - \hat{\alpha} \cdot l_{it}$，并基于生存分析模型估计出资本投入系数 $\hat{\beta}$。最终，在获得资本系数 β^* 的基础上能够测算出单个企业 i 的全要素生产率，如下式：

$$\text{TFP}_{ijt}^{OP} = \ln Y_{it} - \hat{\alpha} \ln L_{it} - \hat{\beta} \ln K_{it} \tag{4-6}$$

式中，企业工业增加值的对数形式表示为 $\ln Y_{it}$，TFP_{ijt}^{OP} 用来表示采用 OP 算法得到的企业全要素生产率[①]。

如前文所述，采用 OP 方法时将当期投资视为全要素生产率的替代指标，而使用 LP 方法时将中间投入作为生产率的替代指标以期解决联立性偏差问题。在测算中间投入相关数据时，我们为了获得真实有效的中间投入额，将 1998 年为基期燃料/动力价格指数以及原材料进行平减

---

① 鲁晓东，连玉君. 中国工业企业全要素生产率估计：1999—2007[J]. 经济学（季刊），2012，11（2）：541-558.

处理。此外,在使用 OP 方法测量生产率时,衡量企业的进入退出行为采用生存概率模型来规避样本选择偏误问题。然而,在使用 LP 方法时该问题并不能得到控制。根据以上分析,以 OP 方法测度的企业全要素生产率为基础进行相关分析,《中国工业企业数据库》并未给出 2008 年和 2009 年的企业工业增加值和中间投入品的原始数据,因而采用 OP 方法及 LP 方法测度企业生产率时这两年的数据存在缺失。因而,实证部分所采用的样本数据为 2000—2007 年的企业数据,并进行相关处理①。

2. 总体测度结果

中国制造业全要素生产率(TFP)趋势如图 4-1 所示。

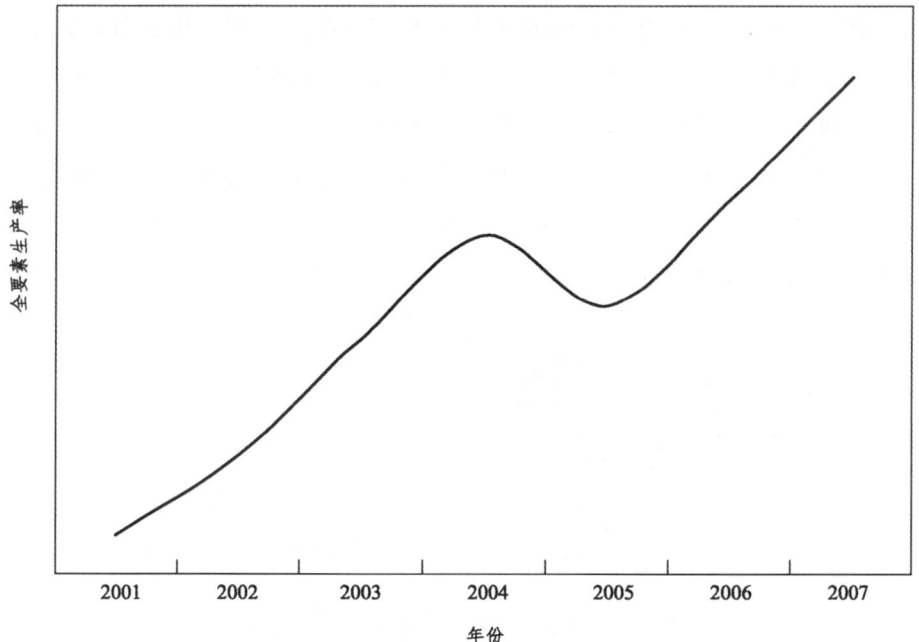

图 4-1　中国制造业企业全要素生产率(TFP)变化趋势分析

2001—2007 年,中国制造业全要素生产率整体呈现上升趋势,从

---

① 王磊. 产业演化、生产率与资源错配[M]. 北京:经济科学出版社,2017.

2001年的4.1129增加到2007年的4.2581,表明中国制造业国际竞争力不断增强;另外,除2005年较2004年有所下降,其他年份均出现显著上升趋势。总体而言,尽管中国制造业全要素生产率呈现上升趋势,但增幅并不大,多年来仍然主要依赖于资本、劳动力投入来拉动总产值[①]。

3. 异质性视角下中国制造业企业全要素生产率的动态变化

按照是否企业所有制、贸易类型、技术复杂度、是否出口到OECD[②]国家对样本数据进行分类,以测算出来的全要素生产率为依据,刻画中国制造业企业全要素生产率的核密度曲线图(见图4-2)。

图4-2报告了制造业全要素生产率的核密度分布图,其中图4-2(a)表明不同所有制类型企业中国有企业高于民营企业和外资企业;图4-2(b)表明不同进口贸易方式企业的一般贸易明显高于加工贸易;图4-2(c)表明不同技术水平的企业中高技术制造业企业的全要素生产率高于中低技术制造业企业;图4-2(d)表明中间品进口来源于OECD国家高于来源于非OECD国家。

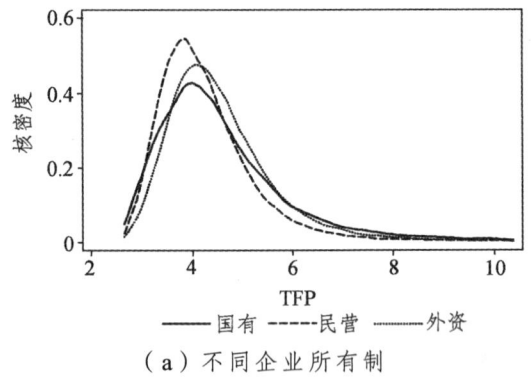

(a)不同企业所有制

---

① 于诚. 服务业开放对中国制造业技术进步的影响机制研究[M]. 北京:经济科学出版社,2017.
② OECD全称为Organization for Economic Co-operation and Development,即经济合作与发展组织,又称"经合组织"。

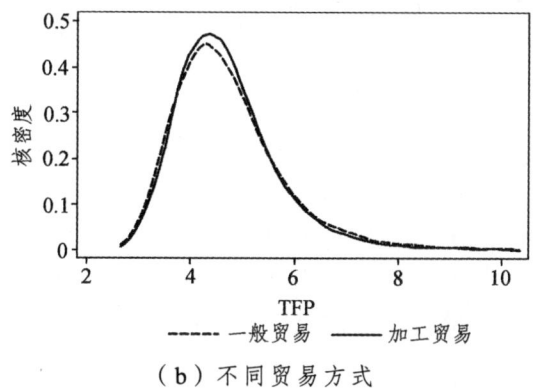

（b）不同贸易方式

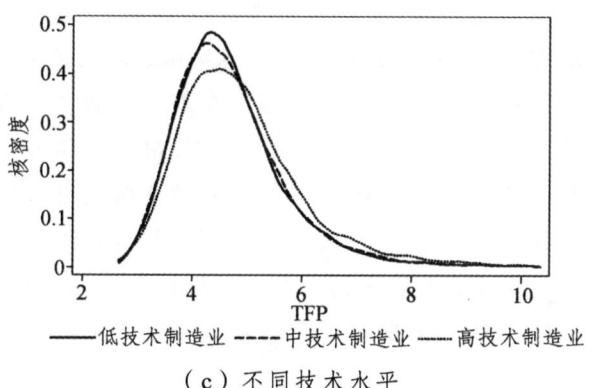

（c）不同技术水平

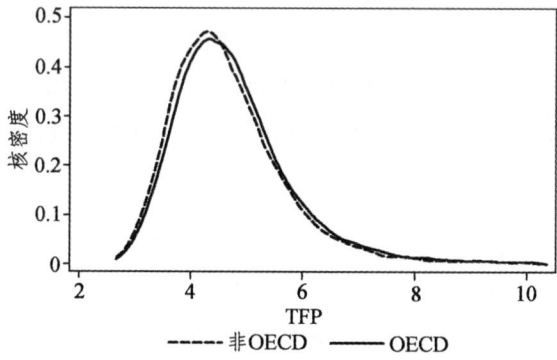

（d）OECD 国家与非 OECD 国家

图 4-2　异质性视角下全要素生产率核密度曲线图

二、企业出口产品质量测算

企业出口产品质量是衡量全球价值链升级中产品升级的重要方面，企业产能生产率的提升与企业全要素生产率的提升密不可分，出口产品质量高低不仅事关出口企业的全球竞争力，而且与一国经济发展水平密切相关（余淼杰和张睿，2017）；出口技术复杂度能反应一国或地区的商品结构、技术含量及分工地位，因此使用出口产品质量和出口技术复杂度来衡量制造业全球价值链的产品升级。

1. 出口产品质量测度方法

一般采用需求信息回归推断法对微观层面的出口产品质量进行测算，其中应用最广泛的是"KSW 方法"（Khandelwal，2013）。"KSW 方法"在测量企业层面的出口产品质量时，在需求函数中引入消费者对产品质量的需求偏好，并从需求层面的产品销售量和价格等信息出发对产品质量进行计算。该测算方法的实质在于通过直接估计和回归反推法排除需求中的非质量因素及价格因素部分，剩余部分则为出口产品质量。本部分接下来将对 KSW 方法进行介绍，首先是确定该方法的理论框架，假定需求层面 t 时期 m 国消费 g 产品的效用函数为 CES 形式：

$$U_{mt}^g = [\sum_{i=1}^{N_{gt}} (\lambda_{imt}^g q_{imt}^g)^{\frac{\sigma_g-1}{\sigma_g}}]^{\frac{\sigma_g}{\sigma_g-1}} \tag{4-7}$$

式中，λ_{imt}^g 表示企业 i 在时期 t 出口到 m 国 g 产品的质量，q_{imt}^g 则表示企业 i 在时期 t 出口到 m 国 g 产品的数量，N_{gt} 为时期 t 出口 g 产品到 m 国 g 产品的企业总数，σ_g 代表不同类别间的替代弹性。效应函数对应的价格指数为：

$$P_{mt}^g = \sum_{i=1}^{N_{gt}} (p_{imt}^g)^{1-\sigma_g} (\lambda_{imt}^g)^{\sigma_g-1} \tag{4-8}$$

此外，t 时期 m 国消费 g 产品的总支出为：

$$I_{mt}^g = \sum_{i=1}^{N_{gt}} (p_{imt}^g)^{1-\sigma_g} (q_{imt}^g)^{\sigma_g-1} \tag{4-9}$$

因而在 t 时期 m 国对企业 i 生产的 g 产品的需求量可表示为：

$$q_{imt}^g = (p_{imt}^g)^{-\sigma_g} (\lambda_{imt}^g)^{\sigma_g - 1} (I_{mt}^g / P_{mt}^g) \quad (4\text{-}10)$$

等式两端同时取对数，可得：

$$\ln q_{imt}^g = \ln I_{mt}^g - \ln P_{mt}^g - \sigma \ln p_{imt}^g + \varepsilon_{imt}^g \quad (4\text{-}11)$$

式中，$\varepsilon_{imt}^g = (\sigma_g - 1) \ln \lambda_{imt}^g$，其含义为上式的残差项。进一步根据实证结果对 i 企业 t 时期出口到 m 国 g 产品的质量指标进行构建：

$$\text{quality}_{imt}^g = \frac{\hat{\varepsilon}_{imt}^g}{\sigma - 1} \quad (4\text{-}12)$$

关于（4-11）回归模型中进口国经济变量 P_{mt}^g 和 I_{mt}^g，参考 Khandelwal 等（2013）和 Fan 等（2017）的模型设定来选择代理变量。在此基础上考虑了出口国固定效应（年份）μ_{mt} 和产品类别固定效应 μ_g，另外在计量过程中还加入了企业出口目的国与中国的贸易地理距离 dist_m、进口国的 GDP 和 CPI 以及企业出口目的国与中国是否同属一个文化圈的虚拟变量 c_d（中文为该国的第二语言时，取值为 1，否则为 0）等一系列控制变量。在回归过程中加入出口企业所在省份的 GDP 控制产品多样性对产品需求的影响。出口产品质量在受到产品价格影响的同时，可能也会影响产品价格，因而出口产品质量和价格之间可能存在内生性，使用工具变量法能够有效解决内生性。将企业 i 在时期 t 对 m 国之外的其他市场出口产品的平均价格视为工具变量进行检验，因此建构如下模型对出口产品质量进行测度：

$$\begin{aligned}\ln q_{imt}^g = & \alpha_1 \ln p_{imt}^g + \alpha_2 \ln \text{GDP}_{mt} + \alpha_3 \ln \text{CPI}_{mt} + \alpha_4 \ln \text{dist}_m + \\ & c_d + \alpha_5 \ln \text{market}_{it} + \mu_{mt} + \mu_g + \varepsilon_{imt}^g\end{aligned} \quad (4\text{-}13)$$

式中，GDP_{mt} 和 CPI_{mt} 分别表示 m 国 t 时期的 GDP 和 CPI，market_{it} 表示企业 i 所处省份 t 时期的 GDP。我们以上式为依据进行了分产品回归，得到相应的残差项。为了实现不同种类出口产品质量的可比性，下面需要标准化处理出口产品质量。其标准化过程为：

$$\mathrm{rquality}_{imt}^{g} = \frac{\mathrm{quality}_{imt}^{g} - \min \mathrm{quality}_{imt}^{g}}{\max \mathrm{quality}_{imt}^{g} - \min \mathrm{quality}_{imt}^{g}}$$
$$= \frac{\hat{\varepsilon}_{imt}^{g} - \min \hat{\varepsilon}_{imt}^{g}}{\max \hat{\varepsilon}_{imt}^{g} - \min \hat{\varepsilon}_{imt}^{g}} \quad (4\text{-}14)$$

式中，$\max \mathrm{quality}_{imt}^{g}$ 是针对 HS8 位产品 g 在所有年份、企业、出口国层面上的最大值，$\min \mathrm{quality}_{imt}^{g}$ 则为对应的最小值，$\max \hat{\varepsilon}_{imt}^{g}$ 为回归方程（4-13）的残差项的最大值，而 $\min \hat{\varepsilon}_{imt}^{g}$ 则为残差项的最小值。接下来我们根据方程（4-14）对数据进行简单加总得到 $\mathrm{quality}_{it} = \sum_{it \in \Omega}(\mathrm{value}_{imt} / \sum_{imt \in \Omega} \mathrm{value}_{imt}) \times \mathrm{rquality}_{imt}^{g}$，此为企业层面的出口产品质量。$\Omega$ 代表某一层面的样本全集，value_{imt} 代表样本价值量，图 4-3 给出了 2000—2013 年中国企业出口产品质量变化图。

2. 总体测度结果

图 4-3 报告了 2000—2013 年中国制造业企业出口产品质量的变化趋势。总体来看，中国制造业企业出口产品质量表现为逐年上升，同期，中国制造业企业进口产品质量并没有提升，反而呈现逐年下降的趋势。

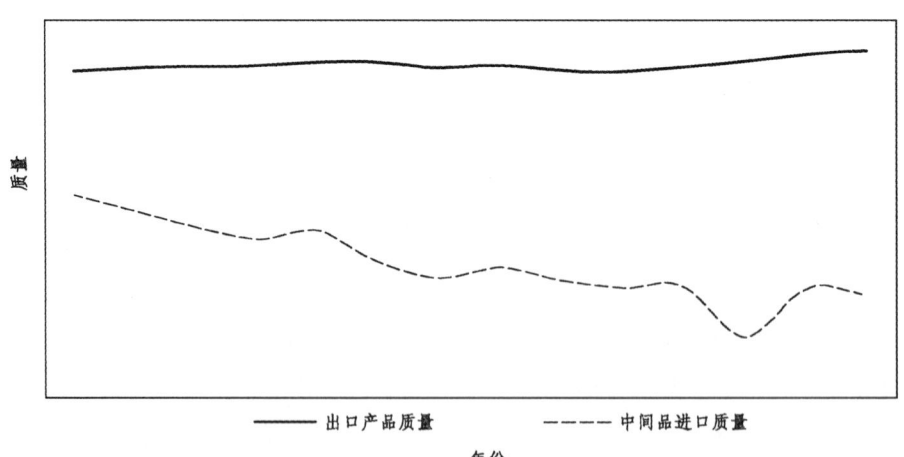

图 4-3 中国制造业企业出口产品质量变化趋势分析

3. 异质性视角下中国制造业企业出口产品质量的动态变化

为了更深入、更全面地基于数据事实的角度分析中间品进口对出口产品质量的影响,以是否中间品进口、贸易方式、所有制、技术复杂度等标准对样本数据进行分类,以测算出来的出口产品质量为依据画出中国制造业企业出口产品质量的核密度曲线图(见图4-4)。

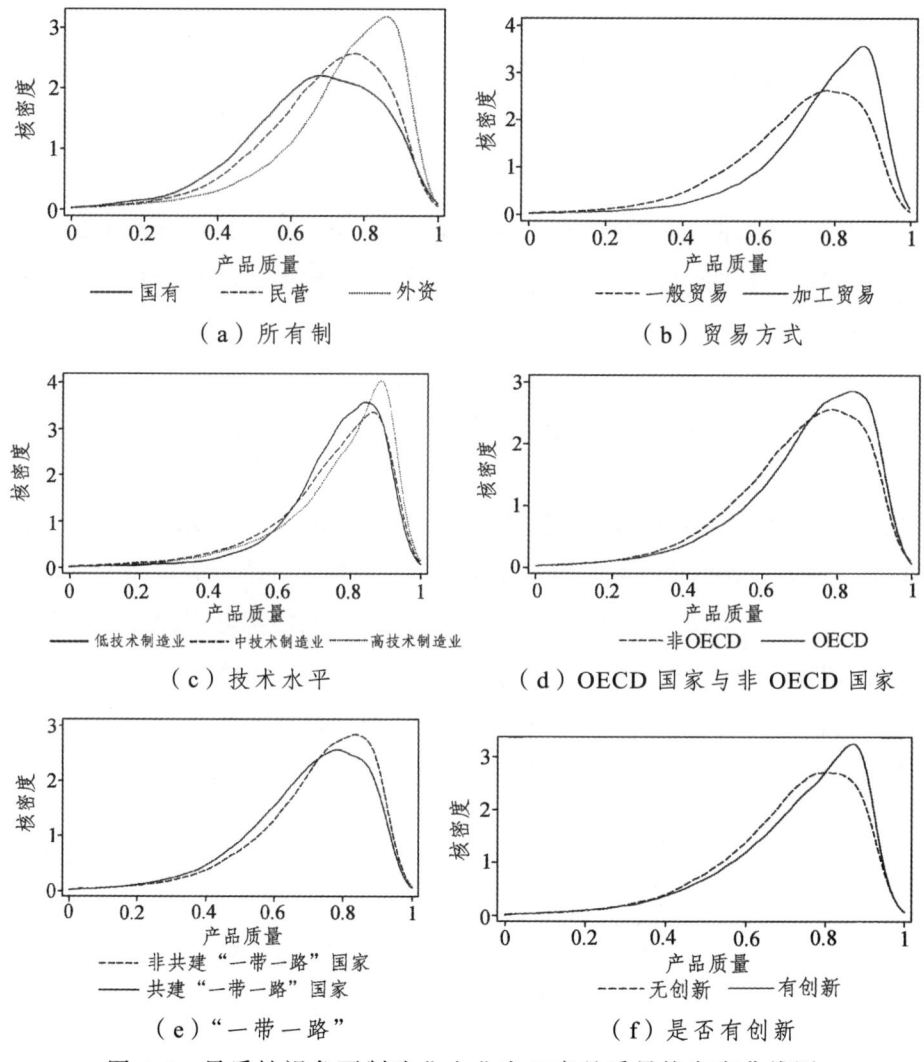

图4-4 异质性视角下制造业企业出口产品质量核密度曲线图

由图 4-4 可发现，外资企业的出口产品质量相比国有企业和民营企业高；加工贸易企业的出口产品质量更高；相比中低技术水平的企业而言，高技术企业的出口产品质量更高；共建"一带一路"国家的企业出口产品质量更高；存在中间品进口企业的出口产品质量更高；有自主创新企业的出口产品质量更高。

三、企业出口技术复杂度测算

1. 出口技术复杂度测度方法

参考 Hausmann 等（2007）的做法对中国企业出口产品技术复杂度进行计算。其详细步骤如下：对单个产品 k 的技术复杂度进行测算，计算公式如下：

$$\text{prody}_k = \sum_j \frac{y_{jk}/Y_j}{\sum_j (y_{jk}/Y_j)} \times \text{PGDP}_j \quad (4\text{-}15)$$

式中，k 代表 HScode6，即产品的海关 6 分位编码，y_{jk} 表示 j 地区 k 产品的出口额，Y_j 表示 j 地区的出口总额，y_{jk}/Y_j 则为 j 地区 k 产品的出口额占 j 地区出口总额的比例，PGDP_j 为 j 地区的人均实际国内生产总值。此外，不同于使用宏观数据的已有研究，而是采用 2000—2013 年的中国海关数据库，根据研究需要将海关 8 位编码产品转换为相对应的 6 位码产品，然后根据如下公式计算中国企业层面的出口产品复杂度：

$$\text{ESI}_i = \sum_k \left(\frac{y_{ik}}{y_j}\right) \times \text{prody}_k \quad (4\text{-}16)$$

式中，ESI_i 表示 i 企业的出口技术复杂度，y_i 表示 i 企业的出口总额，y_{ik} 表示 i 企业 k 产品的出口额，$\dfrac{y_{ik}}{y_i}$ 表示企业 i 产品 k 的出口额在企业总出口额中所占比重。此外，由于 Hausmann 忽略了出口产品质量的差异性（Xu，2010），因而该测算方法可能导致该地区出口技术复杂度的整体水平被低估或高估。所以借鉴 Xu 的方法进行调整，其具体做法如下：

首先，测度产品质量水平时采用该产品的单位价值，计算公式为：

$$q_{yk} = \text{price}_{yk} / \sum_{n} \mu_{nk} \times \text{price}_{nk}$$

式中，price_{yk} 代表一国（地区）k 产品的实际出口价格，μ_{nk} 代表一国 k 产品的出口在此产品全球总出口中所占的比重，因而 q_{yk} 值越大代表出口产品的质量越高。

其次，借鉴毛其淋和方森辉（2018）以及 Xu（2010）的做法，对产品技术复杂度进行相对指数处理，即 $\text{prody}_k^{adj} = (q_{yk})^\lambda \text{prody}_k$，$\lambda$ 取值 0.2。

最后，可得到经过质量调整的微观层面出口技术复杂度：

$$\text{ESI}_i^{adj} = \sum_k \left(\frac{y_{ik}}{y_i} \right) \times \text{prody}_k^{adj}$$

从逻辑上来看，产业技术含量与其出口产品的技术复杂度两者呈正相关，即如果一国某产业的出口技术含量越高，则该产业出口产品的出口技术复杂度也就越高。所以，采用出口技术复杂度来衡量该国所处的分工地位在一定程度上是合理的。

2. 总体测度结果

测度制造业企业出口技术复杂度主要使用 Hausmann 等（2007）的方法。我国自 2001 年加入世界贸易组织以后，制造业企业的出口技术复杂度表现出逐年上升趋势（见图 4-5）。原因可能是，通过中间品进口获得国际技术溢出，并通过自主创新的中介效应进一步提升了制造业企业的出口技术复杂度。

总体而言，中国制造业企业出口技术复杂度与发达国家间仍存在一定差距。在当前形势下，迫切需要提升中国企业出口产品复杂度，实现向价值链上游环节的不断攀升。

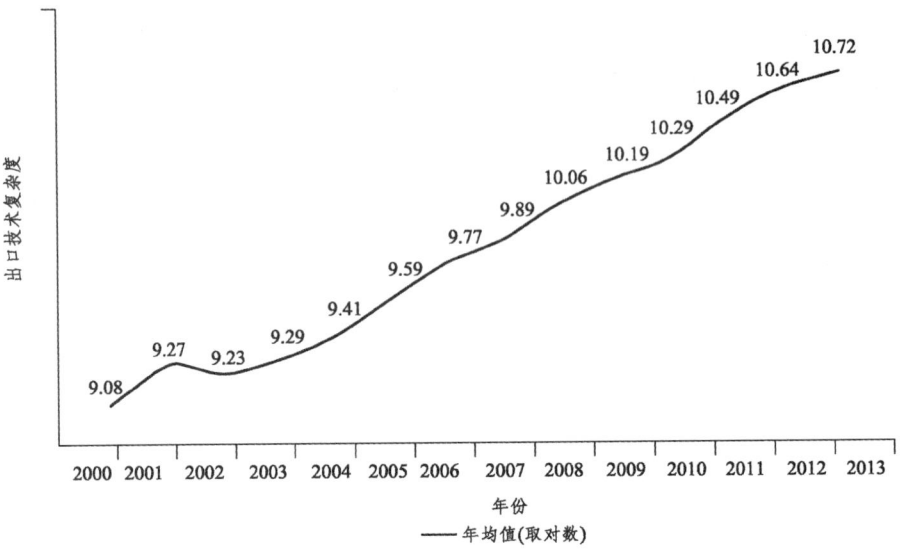

图 4-5　中国制造业出口技术复杂度变化趋势图

3. 制造业异质性企业出口技术复杂度的动态变化

按照企业所有制、是否共建"一带一路"国家以及是否有研发投入等异质性视角分别画出其技术复杂度核密度曲线图，如图 4-6 所示。

由图 4-6 可知，相对国有企业而言，外资企业和民营企业的出口技术复杂程度更高；如图 4-6（a）所示，制造业企业出口技术复杂度呈现双峰分布，民营企业和外资企业的峰值在 10.5 附近，而国有企业的峰值仅为 9.2 左右，因此，中国制造业国有企业的出口技术复杂度要明显低于外资企业和民营企业。

如图 4-6（b）所示，加工贸易企业的出口技术复杂度更高。可能的原因是，多数加工贸易企业是来料加工和进料加工，进口的中间品技术复杂度较高，进而影响了制造业总体的出口技术复杂度。

如图 4-6（c）所示，中技术和高技术制造业的出口技术复杂度更高。总体而言，中、高技术水平的企业占比更高，这也从侧面验证了对制造业企业技术复杂度测算的准确性。目前，中技术制造业企业仍然是中国制造业出口的主力军，需要进一步促进高技术制造业企业的出口。

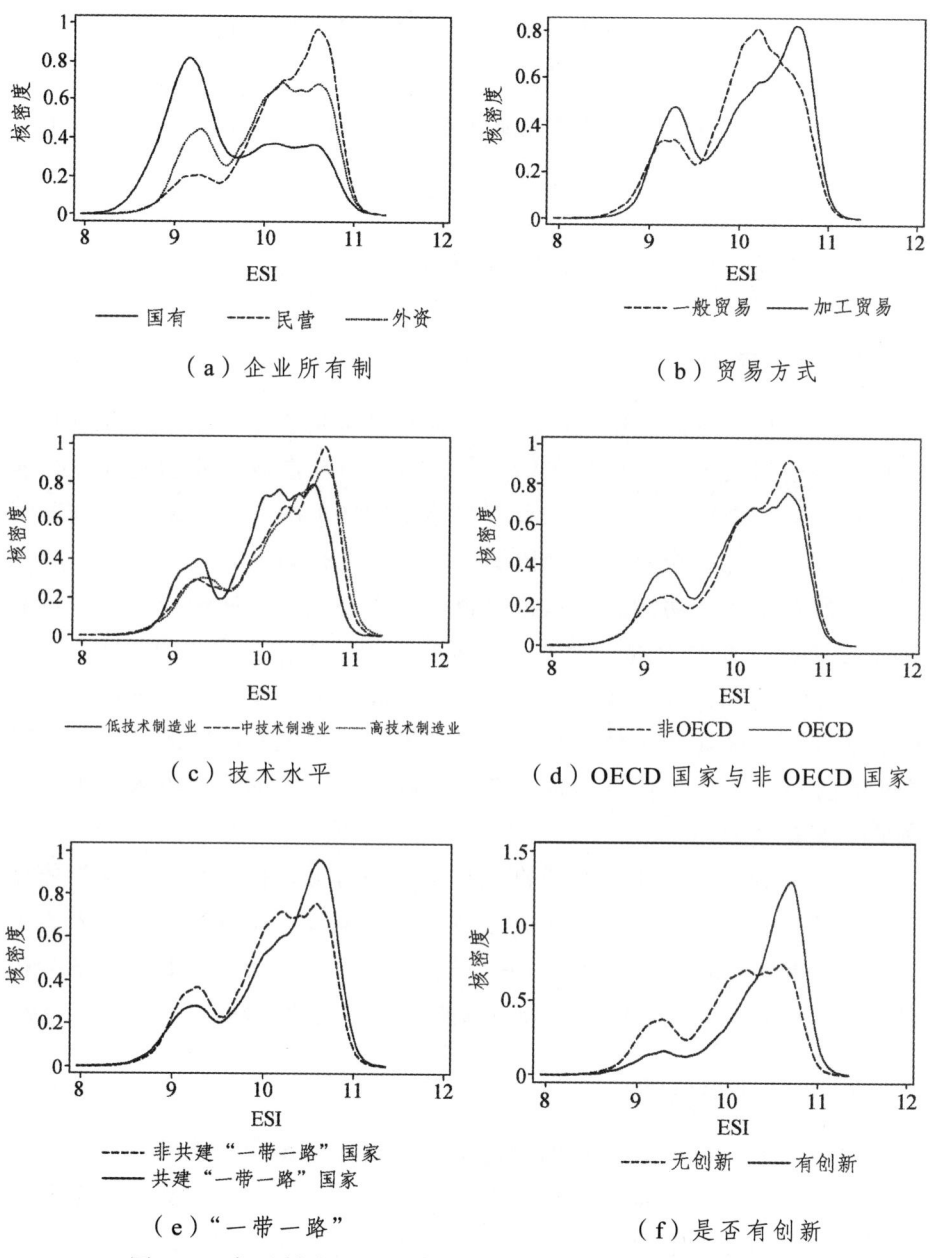

图 4-6 中国制造业不同类型企业出口技术复杂度的对比

另外，向非 OECD 国家出口产品的技术复杂度要高于 OECD 国家[见图 4-6（d）]；相对于共建非"一带一路"国家而言，中国向共建"一带一路"国家出口产品的技术复杂度更高[见图 4-6（e）]；有自主研发投入的企业出口技术复杂度要显著高于那些没有自主创新能力企业的出口技术复杂度[见图 4-6（f）]。

四、制造业企业功能升级测算

1. 测度方法

受制于相关统计数据的限制，已有文献对制造业企业功能升级的研究仍局限于相关理论分析和案例分析，缺乏对制造业企业功能升级的准确度量。结合刘斌等（2015）和王杰等（2019）的研究成果，尝试运用相关指标对制造业企业全球价值链功能升级进行测度。

制造业企业的功能升级意味着企业的核心竞争力从传统的生产环节转变为 R&D、管理服务、营销以及售后等相关服务要素。基于此，在衡量企业层面功能升级时选择产出服务比，即服务要素的产出占比这一指标。然而，服务业产出数据难以获得，因而参考现有研究的做法，选择企业营业外收入作为代替指标，营业外收入用企业的营业收入与主营业务收入之差来表示。

另外，制造业企业营业外收入与生产经营无直接关系，主要指依靠售后、劳务和品牌等所获得的服务性收入。笔者写作过程中也深入相关企业进行调研，证实了该会计处理方法的合理性。基于此，接下来的分析过程中采用制造业企业的营业外收入来表示该企业全球价值链功能升级。

2. 总体测度结果

进一步利用两库匹配数据测度了中国制造业企业功能升级的变化趋势（见图 4-7）。整体而言，中国制造业企业营业外收入呈现上升趋势，表明中国制造业企业降低了边际成本，提高了企业的学习能力，进而实现了营业外收入的提升。

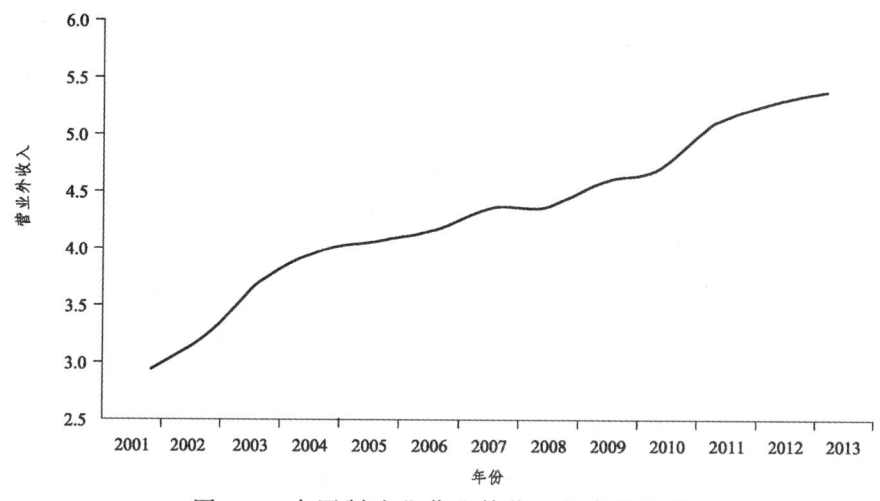

图 4-7 中国制造业营业外收入的变化趋势

为了更深入、全面地基于数据事实的角度分析中间品进口对营业外收入的影响，按照是否企业所有制、贸易类型、技术复杂度、是否出口到 OECD、共建"一带一路"国家等视角对样本数据进行分类，以测算出来的营业外收入为依据，刻画中国制造业企业营业外收入的核密度曲线图（见图 4-8）。

3. 异质性视角下制造业企业营业外收入动态变化趋势

图 4-8 报告了营业外收入的核密度分布图，其中图 4-8（a）为不同所有制类型企业的营业外收入核密度曲线图，在较高营业外收入水平上，国有企业明显高于民营企业和外资企业；图 4-8（b）为不同进口贸易方式企业的营业外收入核密度曲线图，一般贸易明显高于加工贸易；图 4-8（c）为不同技术水平的企业的营业外收入核密度曲线，在较高营业外收入水平上高技术制造业占比最高，中技术制造业具有巨大的发展潜力；图 4-8（d）和图 4-8（e）分别为中间品进口是否来源于 OECD 国家以及是否为共建"一带一路"国家的营业外收入的核密度曲线图，OECD 国家和非共建"一带一路"国家分别高于同类对比；图 4-8（f）为是否有自主创新的营业外收入核密度曲线，有自主创新企业的远远高于无创新企业，表明自主创新可以显著影响功能升级。

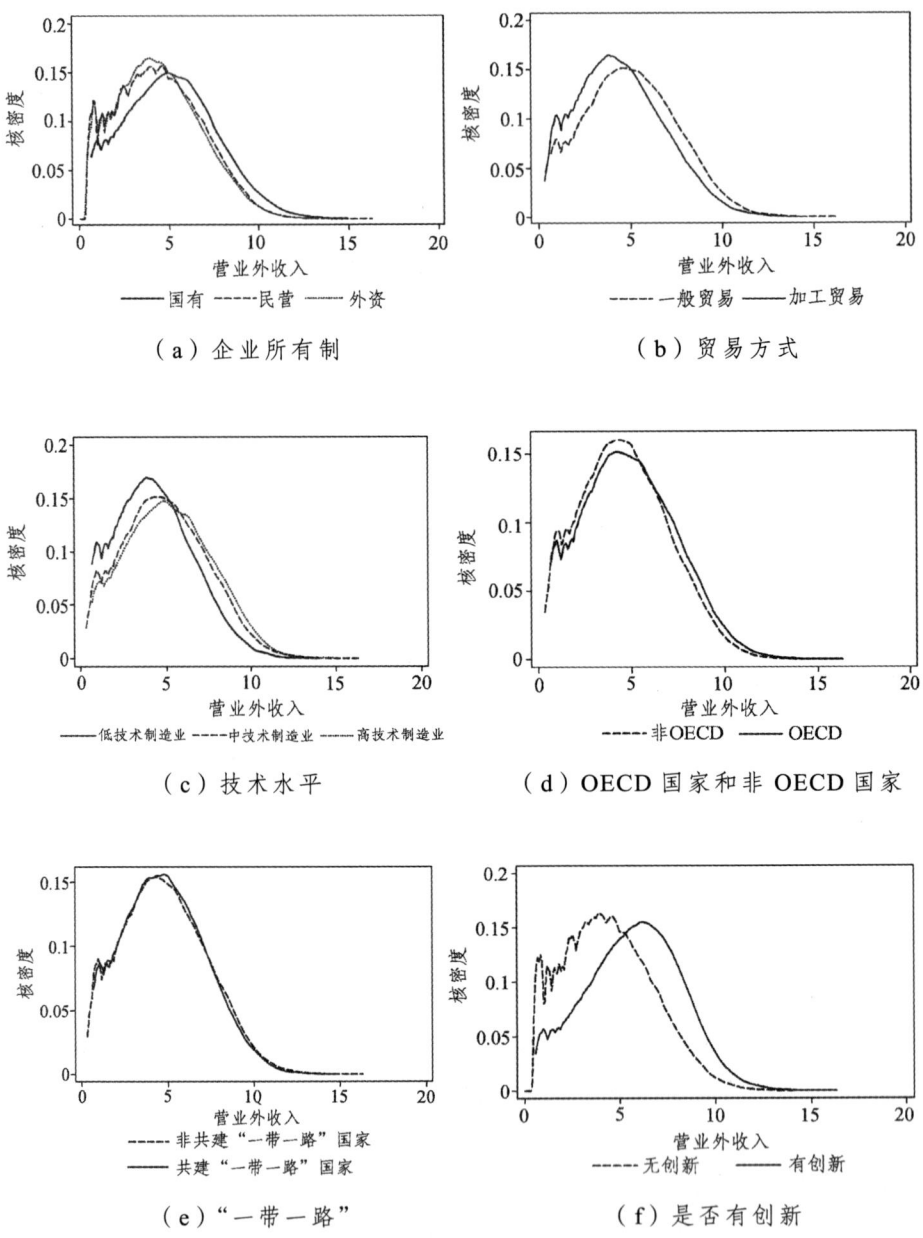

图 4-8 异质性视角下企业营业外收入核密度曲线图

五、链条升级：企业出口产品转换率

伴随着经济全球化的深入发展，企业不再局限于出口单一产品，多产品出口企业广泛存在，且已成为出口企业的主体形式（Bernard，2010；易靖韬等，2017）。相比较而言，简单的进入退出市场行为，多产品出口企业可以选择不断调整出口产品集合，即产品转换行为。产品转换行为既是一种通过多元化生产应对市场竞争效应的防御性战略，又是配置内部资源生产核心产品的进攻性战略。

链条升级研究数据来源为海关进出口统计数据库的中国出口企业级数据，时间为 2000—2013 年，按月进行统计，提供了每家企业出口 HS8 位编码产品的详细信息，包含出口国家、出口金额和数量等一系列基本信息。海关数据库包括中小规模企业以及相关出口产品的具体信息，因而具有较高的覆盖率。研究的基本单位为单个出口企业，产品则以 HS8 位编码为基准进行定义，因而产品种类的表达形式为"企业-产品"。进一步将海关数据库的月度数据进行简单加总，从而得到相应的年度数据，实现对出口产品转换行为的产品种类层面和企业层面的系统性、全面性考察。

1. 企业层面的结果

在进行企业总体层面证据的考察时，我们仅仅考虑持续出口企业的产品转换行为，企业进入和退出市场行为所导致的产品转换行为则不予考虑。持续出口企业是指连续两年均有出口行为的企业。根据 $t-1$ 年至 t 年出口产品的变化情况，企业可以划分为以下 4 个部分：不改变产品组合、只新增产品、只淘汰产品、同时新增和淘汰产品。不改变产品组合，即企业在 $t-1$ 年至 t 年的出口产品种类既没有增加也没有减少；只新增产品，即企业在 t 年的出口产品比 $t-1$ 年至少增加了一种；只淘汰产品，即企业在 t 年的出口产品比 $t-1$ 年至少减少了一种；同时新增和淘汰，即企业在 t 年的出口产品比 $t-1$ 年至少减少了一种同时增加了一种。我们以 2000—2013 年中国进出口海关数据库为样本数据，测算了上述 4 类企业的数量以及分布的情况，表 4-1 报告了相关结果。由表 4-1 可知，中国企业的出口产品转换行为非常普遍，每年有近 82% 的企业选择改变出口产品组合。细致来看，每年约有15%的企业不改变出口产品范围，14%的企业只新增出口产品，18%的企业只淘汰出口产品，同时新增和淘汰产品的企业高达53%。

表4-2将多产品企业2000—2013年的出口金额占比进行了统计，可以看出，同时新增和淘汰出口产品的企业出口金额占比最高，高达77%，而其他3类企业的出口金额占比较小且相差不大，其中只新增产品种类企业的出口金额占比为9%，只淘汰产品种类企业的出口金额占比为7%，不改变出口产品种类企业的出口金额占比为8%，平均来看，产生了转换行为的企业出口金额占比高达92%。

表4-1 按产品转换行为分类的出口企业分布

年份	只淘汰		不改变		只新增		同时	
	数量	占比	数量	占比	数量	占比	数量	占比
2000—2001	8 005	15.35%	10 142	19.45%	7 952	15.25%	26 035	49.94%
2001—2002	10 844	18.94%	9 256	16.16%	7 445	13.00%	29 722	51.90%
2002—2003	12 537	19.08%	10 764	16.38%	8 961	13.64%	33 446	50.90%
2003—2004	13 514	18.91%	11 839	16.57%	9 625	13.47%	36 489	51.06%
2004—2005	17 246	18.21%	13 159	13.89%	13 521	14.27%	50 802	53.63%
2005—2006	16 718	17.35%	15 996	16.60%	12 336	12.80%	51 326	53.26%
2006—2007	15 524	13.87%	15 237	13.61%	12 279	10.97%	68 877	61.54%
2007—2008	25 690	16.51%	21 202	13.62%	22 030	14.16%	86 709	55.71%
2008—2009	28 057	16.82%	22 784	13.66%	23 228	13.93%	92 718	55.59%
2009—2010	34 029	18.61%	28 529	15.60%	24 292	13.29%	95 989	52.50%
2010—2011	34 836	17.42%	22 514	11.26%	33 169	16.59%	109 428	54.73%
2011—2012	34 642	16.35%	34 596	16.33%	21 435	10.12%	121 144	57.19%
2012—2013	42 806	19.11%	32 361	14.45%	33 369	14.90%	115 418	51.54%
平均		17.43%		15.20%		13.57%		53.81%

资料来源：2000—2013年《中国海关进出口数据库》。

表 4-2 按产品转换行为分类的出口金额分布　金额单位：亿美元

年份	不改变		只新增		只淘汰		同时	
	金额	占比	金额	占比	金额	占比	金额	占比
2000—2001	400.7	7.74%	468.1	9.05%	388.3	7.51%	3 916.7	75.70%
2001—2002	473.0	8.00%	491.9	8.32%	353.4	5.98%	4 592.7	77.70%
2002—2003	543.8	7.50%	639.3	8.81%	435.8	6.01%	5 635.3	77.68%
2003—2004	665.1	8.29%	801.8	10.00%	558.2	6.96%	5 996.4	74.75%
2004—2005	891.9	7.34%	973.7	8.02%	949.1	7.81%	9 331.2	76.83%
2005—2006	1 034.3	7.80%	1 293.1	9.75%	1 002.1	7.56%	9 930.9	74.89%
2006—2007	985.9	6.41%	1 169.3	7.61%	736.5	4.79%	12 475.9	81.18%
2007—2008	1 850.7	7.68%	1 757.3	7.29%	1 771.0	7.35%	18 719.3	77.68%
2008—2009	1 941.4	7.92%	1 906.2	7.78%	1 657.0	6.76%	19 012.7	77.55%
2009—2010	2 282.0	8.64%	2 566.6	9.72%	1 785.6	6.76%	19 770.2	74.87%
2010—2011	2 438.4	8.25%	1 767.8	5.98%	3 191.1	10.80%	22 158.6	74.97%
2011—2012	2 722.6	7.18%	4 294.6	11.33%	1 586.0	4.19%	29 293.2	77.30%
2012—2013	3 738.6	7.63%	4 253.2	8.68%	3 601.9	7.35%	37 433.9	76.35%
平均		7.72%		8.64%		6.91%		76.73%

资料来源：2000—2013 年《中国海关进出口数据库》。

将表 4-1 和表 4-2 进行对比可以发现，中国发生出口产品转换行为的企业不仅数量较多，而且出口金额也较大。其原因可能在于，企业在面对环境规制要求愈发严格的国内外市场时，更倾向于生产多元化产品来丰富其出口种类，通过不断加强企业产品间的替代性，使科学的产品转换行为降低环境规制高昂的成本成为现实。根据国外学者的分析可以发现，美国、意大利和新西兰分别存在 72%、57% 和 94% 的企业存在产品转换行为。结合国内数据并与国外数据比较可知，中国企业的出口产品转换行为较为频繁。

2. 企业-产品层面结果

上文关于企业层面的统计分析并未把进入或退出市场的企业考虑进来，换句话说，忽略了企业间发生的产品转换行为。Benard 等（2011）将企业进口转换所产生的影响分解为集约边际和扩展边际。为了更加全面地考察出口产品种类的变化，参考 Benard 等（2011）的方法，从企业间扩展边际和企业内集约边际两个角度测度出口产品种类的变化情况，具体来说可以分为出口种类淘汰率和出口种类新增率。出口种类淘汰率是指 t 期到 $t+1$ 期停止出口产品种类与 t 期全部出口产品种类的比值，出口种类新增率是指 $t-1$ 期到 t 期新增产品种类与 t 期全部出口产品种类的比值。此时出口产品种类的变化来自两个方面，分别为扩展边际（即进入或退出企业带来的产品种类变化）和集约边际（即持续出口企业出口产品种类的变化）。

表 4-3 报告了中国 2000—2013 年出口种类新增率和淘汰率，从中可以发现如下事实：平均出口种类新增率为 59.8%，其中 41.2%来自企业内的集约边际，18.5%来自企业间的扩展边际；平均出口种类淘汰率为 55%，其中 44.4%来自企业内的集约边际，10.8%来自企业间的扩展边际。企业内集约边际引致的产品转换占比更高。由此可见，出口产品种类增加和（或）淘汰的主要原因是企业内集约边际的变化，而不是企业的进入和退出。这与 Amiti 和 Freund（2007）发现的资源配置优化实现的重要方式是企业内部产品转换，即企业内集约边际的结论相一致。另外，Amiti 和 Freund 指出，1992 年以后，企业内集约边际的增长是以美国为目的地的中国出口产品新增的主要来源。在受到外部冲击时，企业内集约边际很容易产生波动。

由表 4-4 可知，2013 年企业内集约边际降低了 7%。这是由于中国在 2012 年出台了包含环境保护内容的"十二五"规划纲要，出口企业受到了环境规制的约束，选择减少生产部分种类的产品。

表 4-3 出口种类新增率和淘汰率

年份	出口种类新增率			出口种类淘汰率		
	总计	企业间	企业内	总计	企业间	企业内
2000	—	—	—	0.534	0.057	0.477
2001	0.574	0.126	0.449	0.513	0.051	0.461
2002	0.594	0.144	0.45	0.492	0.042	0.449
2003	0.584	0.192	0.392	0.546	0.142	0.404
2004	0.624	0.285	0.339	0.53	0.072	0.458
2005	0.494	0.064	0.43	0.513	0.086	0.427
2006	0.717	0.447	0.27	0.666	0.275	0.391
2007	0.703	0.254	0.449	0.568	0.084	0.484
2008	0.569	0.089	0.48	0.553	0.076	0.477
2009	0.576	0.134	0.442	0.523	0.13	0.393
2010	0.588	0.182	0.405	0.57	0.1	0.47
2011	0.568	0.138	0.429	0.566	0.112	0.454
2012	0.607	0.151	0.456	0.578	0.155	0.423
2013	0.57	0.199	0.371	—	—	—
平均	0.598	0.185	0.412	0.550	0.108	0.444

资料来源：2000—2013年《中国海关进出口数据库》。

表 4-4 按企业类型分解的所有产品数量比例

年份	前向：$t-1$ 与 t			后向：t 与 $t+1$		
	持续生产	增加产品	进入市场	持续生产	放弃产品	退出市场
2000	—	—	—	46.61%	47.68%	5.72%
2001	42.56%	44.88%	12.55%	48.74%	46.14%	5.12%
2002	40.64%	45.00%	14.36%	50.84%	44.94%	4.22%
2003	41.60%	39.18%	19.22%	45.41%	40.39%	4.20%
2004	37.63%	33.89%	28.48%	46.96%	45.81%	7.23%
2005	50.58%	42.97%	6.45%	48.75%	42.70%	8.55%

续表

年份	前向：$t-1$ 与 t			后向：t 与 $t+1$		
	持续生产	增加产品	进入市场	持续生产	放弃产品	退出市场
2006	28.29%	26.97%	44.74%	33.41%	39.14%	27.45%
2007	29.71%	44.90%	25.39%	43.18%	48.44%	8.38%
2008	43.13%	47.99%	8.88%	44.65%	47.73%	7.62%
2009	42.43%	44.20%	13.37%	47.72%	39.33%	12.95%
2010	41.21%	40.55%	18.24%	42.96%	47.02%	10.02%
2011	43.23%	42.93%	13.83%	43.41%	45.40%	11.19%
2012	39.23%	45.63%	15.14%	42.15%	42.33%	15.53%
2013	42.99%	37.15%	19.87%	—	—	—

资料来源：2000—2013 年《中国海关进出口数据库》。

3. 产品层面的结果

产品层面因素主要通过改变出口产品的供给（如科技进步）和需求（如消费者偏好的改变）进一步影响出口产品转换行为。为了更好地研究产品层面因素对产品转换行为所造成的影响，参考 Bernard 等（2010）的处理方法，首先对"产品淘汰率"及"产品新增率"进行相关定义①，进一步通过线性回归发现了出口种类新增率与淘汰率之间存在负相关关系。

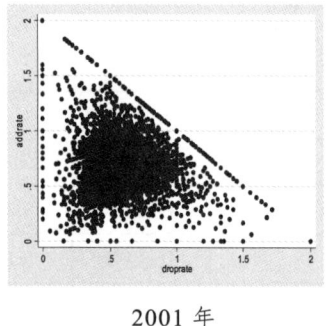

2001 年

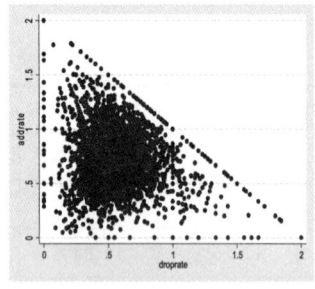

2002 年

---

① t 时期 i 产品的淘汰率是指 $t-1$ 期至 t 期放弃出口 i 产品的企业数比上两期出口 i 产品的企业平均数；t 时期 i 产品的新增率是指 $t-1$ 期至 t 期新增出口 i 产品的企业数比上两期出口 i 产品的企业平均数。

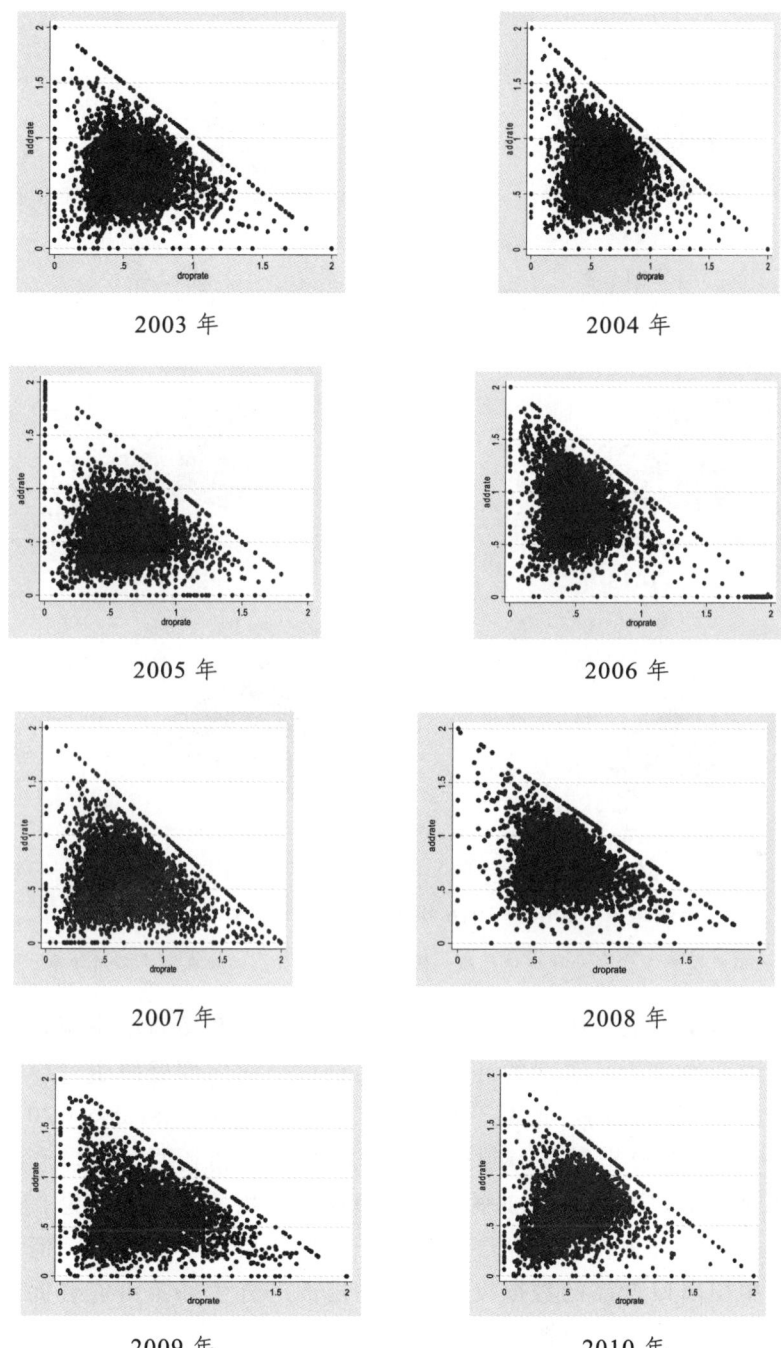

2003 年　　　　　　　　　2004 年

2005 年　　　　　　　　　2006 年

2007 年　　　　　　　　　2008 年

2009 年　　　　　　　　　2010 年

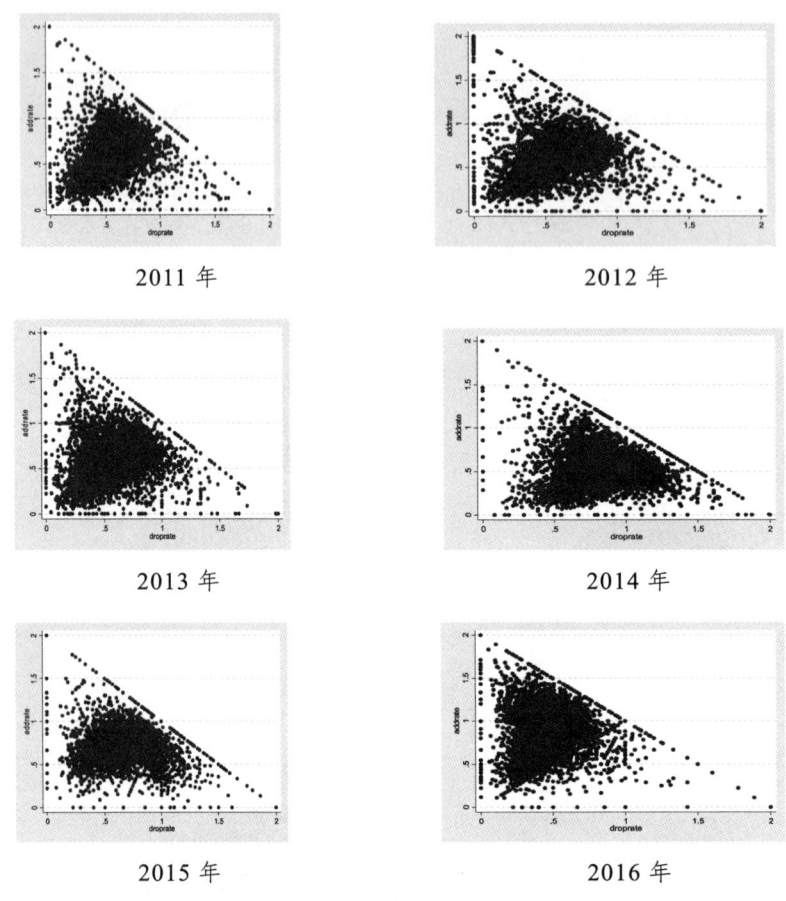

图 4-9　2000—2016 年出口产品新增率与淘汰率

注：图中每个点代表一种出口产品，横轴代表淘汰率，纵轴表示产品新增率。

由图 4-9 可知，中国出口产品淘汰率与出口产品新增率两者呈负相关，这说明出口产品层面的冲击因素会导致企业内部资源由"冷门"产品重新配置到"热门"产品。Bernard 等（2010）、Navarro（2012）和 Adalet（2009）分别对美国制造业、智利制造业和新西兰出口产品进行了研究，都得到了产品增加率与淘汰率存在负相关关系的结论，因而企业内产品转换行为仅用产品层面的特征来解释可能不太充分。但是，通过分析中国出口产品的数据发现，产品层面的外生冲击可能会促使中国企业重新配置其内部资源。

传统理论仅关注企业间的扩展边际即企业的进入和退出，而 Bernard（2011）则创造性地提出了利用全新维度来分析资源优化配置的实现，企业内边际效应即产品的增加与减少也是实现资源优化配置的重要方式。为了检验这一分析维度的关键性以及有效性，借鉴 Benard 的分解方法，将行业内总产出根据不同企业类型进行前向分解与后向分解[①]。

表 4-5 按企业类型分解的所有产品数量比例

年份	前向：$t-1$ 与 t			后向：t 与 $t+1$		
	持续生产	增加产品	进入市场	持续生产	放弃产品	退出市场
2000	—	—	—	88.15%	9.47%	2.38%
2001	85.55%	9.44%	5.01%	86.16%	12.18%	1.66%
2002	80.80%	13.75%	5.45%	86.92%	11.63%	1.46%
2003	79.67%	13.35%	6.98%	75.66%	5.14%	19.20%
2004	70.54%	6.06%	23.41%	91.11%	7.35%	1.54%
2005	88.44%	8.81%	2.75%	76.58%	15.33%	8.08%
2006	68.38%	7.02%	24.60%	50.66%	15.45%	33.90%
2007	52.21%	27.81%	19.98%	90.65%	7.53%	1.82%
2008	86.08%	9.55%	4.36%	88.87%	9.30%	1.83%
2009	85.33%	9.71%	4.96%	92.23%	5.99%	1.77%
2010	88.27%	7.39%	4.34%	84.12%	13.33%	2.55%
2011	86.85%	7.51%	5.64%	84.75%	9.44%	5.81%
2012	77.88%	14.95%	7.17%	89.44%	6.24%	4.31%
2013	88.56%	6.55%	4.89%	—	—	—

资料来源：2000—2013 年《中国海关进出口数据库》。

---

① 前向分解是将产品在 t 期的产出按企业在 $t-1$ 期和 t 期的状态和产品的生产情况分为：① 持续生产：企业在 $t-1$ 期和 t 期一直都生产该产品；② 增加产品：企业在 $t-1$ 期已经进入市场但是并未生产该产品，在 t 期才开始生产；③ 进入市场：企业在 $t-1$ 期还未进入市场，在 t 期进入市场并开始生产该产品。类似的，后向分解是将所有产品在 t 年的产出按企业在 t 和 $t+1$ 期的状态和产品的生产情况分为：① 持续生产：企业在 $t-1$ 期和 t 期持续生产该产品；② 放弃产品：企业在 t 期生产该产品，但在 $t+1$ 期停止生产；③ 退出市场：在 t 期生产该产品，企业在 $t+1$ 期已经退出市场。

表 4-4 和表 4-5 分别报告了 2000—2013 年按照企业数量占比、产出占比进行分解的结果。首先从企业数量占比指标可以看出，中国出口企业的产品转换行为普遍存在。从前向分解具体来看，超过 50%的企业都涉及进入市场以及企业内产品转换行为，其中增加产品的企业数量占比在 27%～478%。新进入市场的企业数量占比波动幅度在 5%～45%。从后向分解来看，40%左右的企业选择放弃生产产品，退出市场的企业占比波动也较大，在 4%～27%。

从企业出口金额占比来看，70%的企业都会选择持续生产，相对来说进行产品转换行为的企业较少。从前向分解来看，"增加产品"与"进入市场"的企业占比的波动均较大，其中"增加产品"的企业占比在 33%～47%波动，"进入市场"的企业占比在 6%～45%波动。相类似的，后向分解中，放弃产品的企业占比在 39%～48%波动，"退出市场"企业占比在 4%～27%波动。从出口企业数量占比和金额占比可以发现，50%左右的企业进行了出口产品转换，但其产品转换行为的金额占比仅为 30%。

对表 4-4 和表 4-5 进行对比发现，企业出口退税政策可能是导致企业内部产品转换产生波动的关键。中国的出口退税政策依次在 2004 年、2005 年、2007 年、2008 年和 2010 年进行了相应调整，政府对企业出口产品的政策优惠及补贴更加合理。由于企业出口产品补贴的下降，同时面临环境规制约束加大，更加倾向减少或直接停止生产污染密集型产品，转而生产环保型产品。在此生产的转换过程中，也就实现了企业内部产品的优化配置。

第三节 制造业行业 GVC 测度

最通用的价值链分工地位度量方法为贸易增加值统计方法，该方法将传统海关统计法与国民账户核算体系中的增加值统计法相结合，进而测算出单个产品"从生到死"各个环节的增加值。因而，参考 Wang 等

（2017）提出的生产分解方法，将一国生产活动中的要素依据是否跨境，分为非全球价值链和全球价值链两部分，并从细分行业的前向全球价值链参与度、后向全球价值链参与度以及全球价值链分工地位3个方面测度中国制造业行业层面的全球价值链分工地位。

一、研究方法：生产分解方法

2016年国家投入产出表（缩写为ICIO）发布，该表详细地记录了2000—2014年全球43个国家和1个其他经济体的投入产出数据。由于国家投入产出表系统全面地反映了各个国家和经济体间的贸易联系且被公开发布，因而成为学者们测算全球价值链以及贸易增加值等方面的重要工具（见表4-6）。

表4-6 国家投入产出表

产出			中国实用				最终实用				总产出
			A国	B国	…	ROW	A国	B国	…	ROW	
			$1,\cdots,N$	$1,\cdots,N$	…	$1,\cdots,N$					
中间投入	A国	$1,\cdots,N$	Z^{AA}	Z^{AB}	…	Z^{AR}	Y^{AA}	Y^{AB}	…	Y^{AR}	X^A
	B国	$1,\cdots,N$	Z^{BA}	Z^{BB}	…	Z^{BB}	Y^{BA}	Y^{BB}	…	Y^{BR}	X^B
	⋮	⋮	⋮	⋮	⋮	⋮	⋮	⋮	⋮	⋮	⋮
		$1,\cdots,N$	Z^{RA}	Z^{RB}	…	Z^{RR}	Y^{RA}	Y^{RB}	…	Y^{RR}	X^R
增加值			VA^A	VA^B	…	VA^R	……				
总投入			I^A	I^B	…	I^R					

假定全世界上一共有 G 个经济体（$s, r = 1, 2, 3, \cdots, G$），再假设每一个经济体都有 N 个产业部门（$i, j = 1, 2, 3, \cdots, N$），$Z^{ud}$ 代表任一经济体 u 生产的中间品被经济体 d 所使用，是一个 $N \times N$ 阶的矩阵；Y^{ud} 代表经济体 u 所生产的最终品被经济体 d 所使用，是一个 $N \times 1$ 阶矩阵；Va^u 代表经济体 s 的增加值收入，是一个 $1 \times N$ 阶矩阵；X^u 代表经济体 u 的总产出，是一个 $N \times 1$ 阶矩阵。另外，表中的 Z 是中间品，Y

为最终使用，X 则是一国一行业的总产出，$A = Z\hat{X}^{-1}$ 表示跨国投入系数矩阵，其中 $\hat{X}$ 表示产出向量 X 的对角矩阵，则 $V = Va\hat{X}^{-1}$ 代表一国一产业通过人力和资产带来的增加值。另外，总产出可以分解为中间产品 AX 和最终产品 Y 两部分，即 $X = AX + Y$，进而得到里昂惕夫方程 $X = BY$，其中，$B = (I - A)^{-1}$ 是里昂惕夫逆矩阵。

从世界投入产出表中可以发现存在一个恒等式，即从任一国家层面或者国家地区层面出发，每一列的总投入与每一行的总产出都是相等的。具体而言，从横向来看为：

$$X = AX + Y = A^D X + Y^D + A^F X + Y^F = A^D X + Y^D + E \tag{4-17}$$

式中，A^D 表示一国国内投入系数分块矩阵，$A^F = A - A^D$，Y 表示最终品的生产量，Y^D 表示最终品中用于国内消费的生产量，$Y^F = Y - AY^D$ 表示最终品的出口量，E 表示总的出口向量。

进一步对公式 4-17 进行变形可得：

$$X = (I - A^D)^{-1} Y^D + (I - A^D)^{-1} E = LY^D + LE = LY^D + LY^F + LA^F X \tag{4-18}$$

式中，$L = (I - A^D)^{-1}$ 表示局部的里昂惕夫逆矩阵。

Wang（2013）则将上述算法应用于行业层面，即 WWYZ 分解法。WWYZ 算法全面反映了贸易增加值的产生过程，使贸易增加值计算精准度的提高成为现实，也真正反映了各个经济体出口贸易总额的分解。Wang 等（2017）将国内增加值和最终产品生产做出如下分解：

$$\hat{V}B\hat{Y} = \hat{V}L\hat{Y}^D + \hat{V}L\hat{Y}^F + \hat{V}LA^F \hat{X} = \hat{V}L\hat{Y}^D + \hat{V}L\hat{Y}^F + \hat{V}LA^F B\hat{Y}$$
$$= \hat{V}L\hat{Y}^D + \hat{V}L\hat{Y}^F + \hat{V}LA^F L\hat{Y}^D + \hat{V}LA^F (B\hat{Y} - L\hat{Y}^D) \tag{4-19}$$

根据公式 4-19 中的行元素，分解得到前向产业关联视角下的各国细分行业的总增加值：

$$va' = \hat{V}BY = \underbrace{\hat{V}LY^D}_{(1)-V\_D} + \underbrace{\hat{V}LY^F}_{(2)-V\_RT} + \underbrace{\hat{V}LA^F LY^D}_{(3a)-V\_GVC\_S} + \underbrace{\hat{V}LA^F (BY - LY^D)}_{(3b)-V\_GVC\_C} \tag{4-20}$$

根据公式 4-19 中的列元素，分解得到后向产业关联视角下的各国细分行业的最终品产值的增加值：

$$Y' = V B \hat{Y} = \underbrace{V L \hat{Y}^D}_{(1)-Y\_D} + \underbrace{V L \hat{Y}^F}_{(2)-Y\_RT} + \underbrace{V L A^F L \hat{Y}^D}_{(3a)-Y\_GVC\_S} + \underbrace{V L A^F (B \hat{Y} - L \hat{Y}^D)}_{(3b)-Y\_GVC\_C} \qquad (4\text{-}21)$$

式 4-21 中，$V B \hat{Y}$ 表示用于他国的最终产品和服务的生产，进而产生的增加值。$V B \hat{Y}$ 可以分解为 4 个部分：① $\underbrace{V L \hat{Y}^D}_{(1)-Y\_D}$ 包含于本地消费最终品中的国内增加值，不包含国际贸易；② $\underbrace{V L \hat{Y}^F}_{(2)-Y\_RT}$ 包含于出口最终品中的国内增加值，认定为传统贸易；③ $\underbrace{V L A^F L \hat{Y}^D}_{(3a)-Y\_GVC\_S}$ 包含于本地消费最终品中的源自贸易伙伴的增加值；④ $\underbrace{V L A^F (B \hat{Y} - L \hat{Y}^D)}_{(3b)-Y\_GVC\_C}$ 包含于出口品中的进口增加值。

式 4-20 与式 4-21 的区别在于 $\underbrace{V L Y^D}_{(1)-V\_D}$ 和 $\underbrace{V L Y^F}_{(2)-V\_RT}$ 表示一国某部门用于下游行业的增加值的总和，而 $\underbrace{V L \hat{Y}^D}_{(1)-Y\_D}$ 和 $\underbrace{V L \hat{Y}^F}_{(2)-Y\_RT}$ 分别表示包含所有上游部门增加值的一国某个部门增加值。

具体分解过程如图 4-10 所示，从前向产业关联的视角和后向产业关联的视角均可以得到 4 类国家-部门的生产活动。

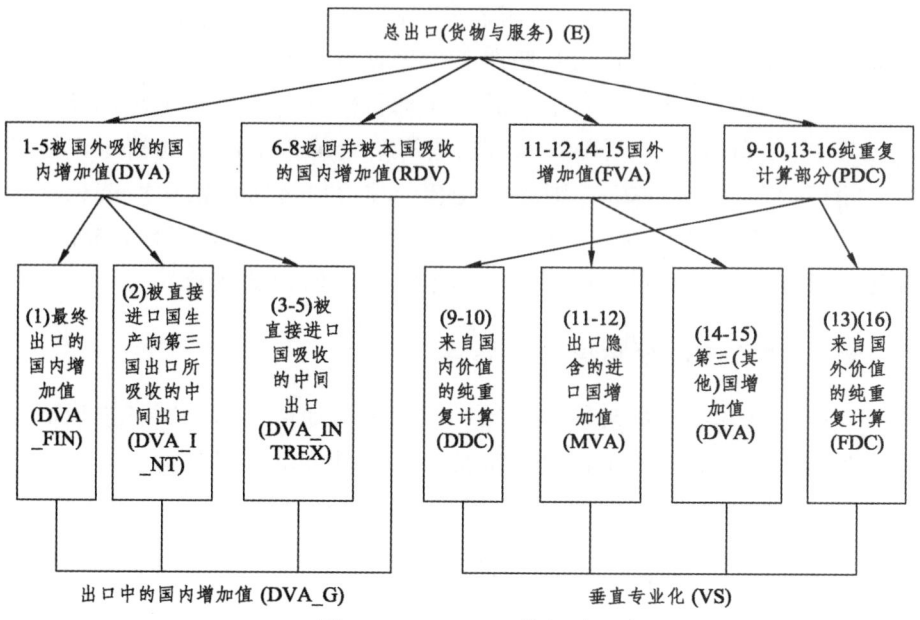

图 4-10　WWYZ 分解法

二、指标构建

国内外学者在对一国（地区）的某行业（部门）的全球价值链相对位置进行测算时，通常将 GVC_Participation 与 GVC_Position 指标结合起来使用。该指标与全球价值链参与程度和分工地位呈正相关关系。

1. 上游度指数与下游度指数

关于全球价值链基于前向联系的平均生产长度，我们采取 PLv_GVC 指标来表示，即全球价值链的上游度指数。关于全球价值链基于后向联系的平均生产长度，我们采取 PLy_GVC 指标来表示，即全球价值链的下游度指数。上游度指标和下游度指标的详细计算方法如下：

$$PLv\_GVC = PLv\_GVC\_S + PLv\_GVC\_C \quad (4-22)$$

$$PLy\_GVC = PLy\_GVC\_S + PLy\_GVC\_C \quad (4-23)$$

其中，PLv_GVC_S 表示前向联系简单全球价值链活动的生产链长度，相应的，PLy_GVC_C 则表示复杂全球价值链活动的生产链长度。PLy_GVC 指标的数值越大，表明该部门越位于生产价值链的上游位置。因为此时该部门的初始投入品距离其他国家特定部门最终产品的长度越长，即越能说明该部门（行业）处于全球价值链（GVC）上游高端。

其中，PLy_GVC_S 表示后向联系简单全球价值链活动的生产链长度，相应的，PLy_GVC_C 则表示复杂全球价值链活动的生产链长度。PLy_GVC 指标的数值越大，表明该部门越位于生产价值链的下游位置。因为此时外国的初始投入品距离一国最终产品的长度越长。

2. 全球价值链参与度计算方法

全球价值链参与指数通过计算一国间接附加值出口和国外附加值出口的和与总出口的比值来衡量一国某部门在价值链中所处的位置。从而，一国 GVC 前向参与度和后向参与度可分别表示为[①]：

---

① GVC 前向参与度是指一国（地区）某行业（部门）创造的增加值中属于 GVC 活动份额，反映其为全球生产提供中间品的能力；GVC 后向参与度是指参与全球生产分割活动的国内外生产要素对该国最终品增加值的贡献份额。

$$GVC\ Pt_f = \frac{PLv\_GVC\_S}{va'} + \frac{PLv\_GVC\_C}{va'} = \frac{\hat{V}LA^F BY}{va'} \quad （4-24）$$

$$GVC\ Pt_b = \frac{PLy\_GVC\_S}{Y'} + \frac{PLy\_GVC\_C}{Y'} = \frac{VLA^F B\hat{Y}}{Y'} \quad （4-25）$$

一国 GVC 参与度具体表达如下：

$$GVC\_participation = GVCPt_f + GVC\ Pt_b \quad （4-26）$$

其中，GVC_participation 表示一国（地区）某产业（部门）的全球价值链参与度。GVC_participation 指标的数值越大，则说明该国在全球价值链中的参与程度越高，分工越位于价值链的上游。

3. 分工地位计算方法

借鉴 Koopman 等（2010）构建的关于 GVC 分工地位方法，使用式（4-24）和式（4-25）进一步测度了 GVC 的分工地位，具体计算公式如下：

$$GVC\ PS = \ln(1+GVC\ Pt_f) - \ln(1+GVC\ Pt_b) \quad （4-27）$$

式 4-27 揭示了一国（地区）某行业（部门）在 GVC 的分工地位，位置越高，表明越靠近全球价值链的上游。另外，参考 Wang 等（2017）的处理方法，剔除了传统贸易生产活动和纯国内生产活动的影响，能够更加精确地反映一国（地区）某行业（部门）在 GVC 的分工地位。

三、行业 GVC 参与度与分工地位的测度结果

世界投入产出数据库和全球投入产出数据库包括世界各国的投入产出数据，涉及 56 个行业，其中 18 个制造业，且数据库被公开发布，具有较高的数据可获得性。此外，上述数据库还在不断更新，能够系统全面地反映世界各个经济体间的经济活动和贸易联系。

1. 制造业整体测度结果

利用最新版 WIOD（2016）发布的 2000—2014 年的全球价值链相关

数据,从增加值贸易的角度测算了中国制造业整体的GVC参与度和GVC地位指数,详见表4-7。

根据表4-7第2列中国制造业GVC参与程度的结果,中国制造业GVC参与度从2000年的0.72增加到2014年的0.80,整体呈现上升趋势,这与中国大力实施"走出去"战略和积极参与"一带一路"倡议密切相关;表4-7第3列显示了中国制造业GVC地位指数的结果,结果表明中国制造业在全球价值链中的地位仍然偏低,面临着来自发展国家"中低端分流"和发达国家"高端回流"的双重压力。因而中国制造业必须加快劳动密集型向技术和资本密集型企业转变的速度(刘志彪,2015),提高中国制造业在全球价值链中的分工地位。

表4-7 中国制造业整体GVC参与指数和GVC地位指数

时　间	GVC参与度	GVC地位指数
2000	0.72	-0.14
2001	0.72	-0.14
2002	0.73	-0.15
2003	0.75	-0.17
2004	0.78	-0.19
2005	0.79	-0.20
2006	0.80	-0.20
2007	0.80	-0.20
2008	0.79	-0.19
2009	0.76	-0.18
2010	0.78	-0.19
2011	0.79	-0.19
2012	0.78	-0.19
2013	0.79	-0.20
2014	0.80	-0.20

数据来源:作者根据2016版世界投入产出数据库测算。

2. 制造业细分行业全球价值链上游度、下游度测算结果

基于WIOD2016的增加值贸易数据库,使用Wang Z等(2017)的生产分解方法,运用UIBE GVC Index数据库计算得出中国制造业细分行业的上游与下游度指数,详见表4-8和表4-9。

表4-8 中国制造业18个细分行业上游度指数测度结果

年份	2003	2004	2005	2006	2007	2008	2009	2010	2011	2012	2013	2014
C05	4.85	4.97	5.26	5.41	5.45	5.54	5.68	5.76	5.82	6.01	6.09	6.17
C06	3.72	3.73	3.85	3.97	4.17	4.30	4.57	4.38	4.34	4.53	4.58	4.60
C07	4.49	4.60	4.68	4.80	4.88	4.90	5.19	4.99	5.07	5.11	5.28	5.26
C08	5.05	5.27	5.51	5.61	5.67	5.66	5.71	5.59	5.50	5.46	5.50	5.50
C09	4.55	4.76	5.01	5.10	5.14	5.18	5.22	5.21	5.21	5.30	5.42	5.45
C10	5.03	5.12	5.47	5.63	5.72	5.61	5.78	5.73	5.78	5.87	5.93	5.96
C11	4.75	4.78	4.93	4.98	5.03	5.08	5.26	5.18	5.23	5.37	5.45	5.44
C12	3.77	3.76	3.85	3.81	3.84	3.79	3.55	3.44	3.48	3.54	3.66	3.68
C13	4.42	4.43	4.43	4.45	4.48	4.62	4.79	4.75	4.78	4.78	4.88	4.92
C14	4.07	4.13	4.29	4.31	4.38	4.32	4.40	4.26	4.33	4.24	4.33	4.35
C15	4.85	4.81	5.07	5.03	5.12	5.10	5.28	5.21	5.20	5.27	5.38	5.33
C16	3.95	3.99	4.01	4.12	4.15	4.16	4.34	4.31	4.34	4.42	4.53	4.55
C17	3.74	3.87	4.09	4.07	4.00	3.95	4.06	4.24	4.35	4.45	4.48	4.49
C18	4.00	4.02	4.14	4.17	4.27	4.30	4.28	4.37	4.42	4.40	4.48	4.46
C19	4.68	4.69	4.71	4.74	4.69	4.66	4.74	4.67	4.65	4.65	4.79	4.78
C20	4.97	4.60	4.60	4.63	4.70	4.68	5.01	4.95	4.92	4.86	4.96	4.99
C21	4.40	4.17	4.19	4.28	4.40	4.11	4.43	4.64	4.48	4.62	4.78	4.59
C22	4.13	3.54	4.04	4.30	4.16	3.95	4.02	4.07	4.02	3.92	4.03	3.91

数据来源:作者结合WWYZ的分解方法,运用UIBE GVC Index数据库计算出制造业细分行业的分工地位指标。

表 4-9 中国制造业 18 个细分行业下游度指数测度结果

年份	2003	2004	2005	2006	2007	2008	2009	2010	2011	2012	2013	2014
C05	5.05	4.97	5.17	5.20	5.23	5.16	5.26	5.20	5.25	5.29	5.43	545
C06	4.84	4.92	5.16	5.31	5.49	5.59	5.74	5.66	5.74	5.85	5.97	5.98
C07	4.84	4.92	5.05	5.15	5.21	5.35	5.57	5.37	5.40	5.59	5.64	5.49
C08	4.86	4.92	5.16	5.25	5.25	5.26	5.32	5.22	5.25	5.35	5.42	5.34
C09	4.91	5.00	5.27	5.37	5.43	5.48	5.53	5.46	5.52	5.63	5.73	5.69
C10	4.09	3.94	4.05	4.05	4.12	3.96	4.14	4.05	4.03	4.07	4.18	4.25
C11	4.66	4.64	4.81	4.88	4.98	4.96	5.09	5.04	5.12	5.25	5.35	5.38
C12	5.05	5.06	5.27	5.32	5.28	5.28	5.32	5.31	5.39	5.45	5.57	5.54
C13	4.80	4.84	5.02	5.12	5.22	5.33	5.38	5.32	5.43	5.57	5.66	5.65
C14	4.86	4.82	4.96	5.00	5.10	4.93	5.15	5.04	5.06	5.17	5.29	5.31
C15	4.81	4.77	4.89	4.91	4.97	4.80	4.92	4.82	4.79	4.88	4.96	5.00
C16	5.02	5.12	5.30	5.41	5.50	5.45	5.50	5.45	5.46	5.56	5.60	5.65
C17	4.40	4.53	4.80	4.79	4.65	4.71	4.85	5.07	5.22	5.25	5.28	5.23
C18	4.85	4.93	5.14	5.21	5.23	5.31	5.36	5.41	5.50	5.58	5.64	5.65
C19	4.94	5.01	5.21	5.28	5.29	5.32	5.38	5.40	5.50	5.58	5.66	5.66
C20	5.17	5.20	5.44	5.50	5.59	5.68	5.79	5.87	5.94	5.99	6.07	6.04
C21	4.88	4.96	5.15	5.18	5.26	5.28	5.36	5.48	5.56	5.65	5.75	5.75
C22	4.93	5.02	5.21	5.32	5.34	5.40	5.51	5.42	5.47	5.58	5.65	5.57

数据来源：作者根据对外经济贸易大学 UIBE 全球价值链指数（UIBE GVC Index）数据整理。

表 4-8 和表 4-9 报告了中国制造业 18 个细分行业的上游度指数和下游度指数测度结果。首先，从横向角度来看，制造业按照技术水平划分为低技术、中低技术和高技术行业。低技术行业的纺织服装与皮革（C06）、家具与其他制造业（C22）上游度指数和下游度指数比较低，其中可能的原因是这些行业的生产环节较少，生产流程较为简单，导致参与全球价值链生产获得的收益较低；高技术行业中的电力设备（C18），机械与设备制造（C19），汽车制造业（C20），铁路、船舶、航空航天及其他

制造业（C21）的下游度指数较高，其中可能的原因是高技术行业生产流程较为复杂，全球价值链生产活动中的零部件跨国流动十分频繁，全部生产链条需要多国共同参与。另外，从纵向角度来看，绝大多数细分行业的上游度指数和下游度指数2003—2014年呈现逐年递增趋势；只有家具与其他制造业（C22）的上游度指数呈现下降趋势。

3. 中国制造业细分行业的全球价值链分工地位的计算结果

利用WIOD2016的增加值贸易数据库，结合第四章第三节WWYZ的分解方法，运用UIBE GVC Index数据库计算出制造业细分行业的分工地位指标，详见表4-10。

表4-10 中国制造业18个细分行业的全球价值链分工地位指数测度结果

年份	2003	2004	2005	2006	2007	2008	2009	2010	2011	2012	2013	2014
C05	0.96	1.00	1.02	1.04	1.04	1.07	1.08	1.11	1.11	1.14	1.12	1.13
C06	0.77	0.76	0.75	0.75	0.76	0.77	0.80	0.77	0.76	0.77	0.77	0.77
C07	0.93	0.93	0.93	0.93	0.94	0.92	0.93	0.93	0.94	0.91	0.94	0.96
C08	1.04	1.07	1.07	1.07	1.08	1.08	1.07	1.07	1.05	1.02	1.01	1.03
C09	0.93	0.95	0.95	0.95	0.95	0.95	0.94	0.95	0.94	0.94	0.95	0.96
C10	1.23	1.30	1.35	1.39	1.39	1.42	1.40	1.42	1.43	1.44	1.42	1.40
C11	1.02	1.03	1.02	1.02	1.01	1.02	1.03	1.03	1.02	1.02	1.02	1.01
C12	0.75	0.74	0.73	0.72	0.73	0.72	0.67	0.65	0.65	0.65	0.66	0.66
C13	0.92	0.92	0.88	0.87	0.86	0.87	0.89	0.89	0.88	0.86	0.86	0.87
C14	0.84	0.86	0.86	0.86	0.86	0.88	0.86	0.85	0.86	0.82	0.82	0.82
C15	1.01	1.01	1.04	1.02	1.03	1.06	1.07	1.08	1.09	1.08	1.08	1.07
C16	0.79	0.78	0.76	0.76	0.75	0.76	0.79	0.79	0.79	0.80	0.81	0.80
C17	0.85	0.85	0.85	0.85	0.86	0.84	0.84	0.84	0.83	0.85	0.85	0.86
C18	0.82	0.81	0.81	0.80	0.82	0.81	0.80	0.81	0.80	0.79	0.79	0.79
C19	0.95	0.94	0.90	0.90	0.89	0.88	0.88	0.86	0.85	0.83	0.85	0.85
C20	0.96	0.88	0.85	0.84	0.84	0.82	0.87	0.84	0.83	0.81	0.82	0.83
C21	0.90	0.84	0.81	0.83	0.84	0.78	0.83	0.85	0.81	0.82	0.83	0.80
C22	0.84	0.71	0.78	0.81	0.78	0.73	0.73	0.75	0.74	0.70	0.71	0.70

结合表 4-10 的结果可知，有 5 个行业总体的全球价值链分工地位指数较高，分别是食品饮料与烟草（C05）、纸和纸制品（C08）、焦炭与炼油（C10）、化学品和化学制品（C11）、基本金属（C15），而且总体呈现上升趋势；药品、药学用品及医物药材（C12）、非金属矿物制品（C14）、金属制品（C16）以及具与其他制造业（C22）等行业的全球价值链分工地位指数较低，且并未出现明显的上升趋势。

本章主要从企业与行业层面测度中国制造业全球价值链。首先，企业层面的分析通过采用全要素生产率、出口产品质量、出口技术复杂度以及出口产品转换等指标对中国制造业全球价值链的升级模式进行了多维度测度。2001—2007 年，中国制造业全要素生产率整体上升，从 2001 年的 4.11 扩大为 2007 年的 4.26，表明中国制造业的竞争力不断增强；制造业出口产品质量在 2001—2013 年呈递增趋势；中国制造业总体出口技术复杂度不断提高；制造业企业营业外收入呈现上升趋势，表明中国制造业企业降低了企业生产的边际成本，提高了企业学习能力，进而实现了营业外收入的增长；出口产品转换率得到进一步提升，促进了中国制造业全球价值链的链条升级。另外，进一步从企业所有制、贸易类型、技术复杂度、出口目的国、是否共建"一带一路"国家以及是否有研发投入等异质性视角分别得出制造业企业升级模式的测度结果。

其次，行业层面对中国制造业的全球价值链上游度、下游度以及分工地位进行了考察，行业层面的分析主要利用 WIOD（世界投入产出数据）内中国制造业 2000—2014 年的行业细分数据，参考 Wang 等（2017）的 WWYZ 总贸易附加值分解法，对中国制造业整体以及细分行业的全球价值链参与指数和分工地位进行了测度。中国制造业 GVC 参与度从 2000 年的 0.72 增加到 2014 年的 0.80，中国制造业 GVC 参与程度呈现上升趋势；GVC 地位指数的分析结果表明中国制造业在 GVC 中的地位仍然偏低，面临着来自发展中国家的"中低端分流"和发达国家的"高端回流"的双重压力。

第五章

中间品进口、自主创新对工艺升级和产品升级的影响

全球价值链升级过程中的工艺、产品、功能和链条升级4个层次并不是相互独立的,而是由低级到高级不断递进的过程,是企业到达全球价值链高端的重要环节。本章基于第四章第二节的测度指标,使用企业全要素生产率作为工艺升级的代理变量,使用第四章第二节中的出口产品质量、出口复杂度表示产品升级(刘斌等,2015;Berbard,2011;王杰等,2019),分析中间品进口、自主创新对中国制造业全球价值链工艺升级与产品升级的影响;并在此基础上考察了自主创新的中介效应,从不同所有制、贸易方式、进口目的国、技术复杂度等异质性视角考察中间品进口对中国制造业全球价值链的产品升级的影响。此外,还进一步分析了自主创新、中间品进口对中国制造业全球价值链功能升级与链条升级的影响[①]。

---

① 王杰,段瑞珍,孙学敏. 对外直接投资与中国企业的全球价值链升级[J]. 西安交通大学学报(社会科学版),2019,39(2):43-50.

第一节 模型构建与变量选取

一、模型构建

借鉴 Faruq（2010）、Bas 和 Strauss-Kahn（2015）以及杨汝岱（2015）的处理方法，构建如下计量模型来分析中间品进口、自主创新对中国制造业企业工艺升级和产品升级的影响。

$$TFP_{it} = \alpha_0 + \alpha_1 \ln medinput_{it} + \alpha_2 \ln apply_{it} + \\ \alpha_3 \ln medinput_{it} \times \ln apply_{it} + \alpha_4 X_{it} + \\ \upsilon_{industry} + \upsilon_{province} + \upsilon_{year} + \varepsilon_{it}$$ （5-1）

$$quality_{it} = \alpha_0 + \alpha_1 \ln medinput_{it} + \alpha_2 \ln apply_{it} + \\ \alpha_3 \ln medinput_{it} \times \ln apply_{it} + \alpha_4 X_{it} + \\ \nu_{iudustry} + \nu_{province} + \nu_{year} + \varepsilon_{it}$$ （5-2）

$$\ln ESI_{it} = \alpha_0 + \alpha_1 \ln medinput_{it} + \alpha_2 \ln apply_{it} + \\ \alpha_3 \ln medinput_{it} \times \ln apply_{it} + \alpha_4 X_{it} + \\ \upsilon_{iudustry} + \upsilon_{province} + \upsilon_{year} + \varepsilon_{it}$$ （5-3）

式中，i、t 分别表示企业和年份。因变量主要包括 TFP_{it} 表示企业全要素生产率；$quality_{it}$ 表示企业出口产品质量；$\ln ESI_{it}$ 表示制造业出口企产品技术复杂度，$\upsilon_{industry}$、$\upsilon_{province}$ 和 υ_{year} 分别表示行业、所处省份、年份的固定效应，ε_{it} 为随机误差项；$\ln medinput_{it}$ 为企业层面的中间品进口额，$\ln apply_{it}$ 为自主创新能力，$\ln medinput_{it} \times \ln apply_{it}$ 为企业层面的中间品进口额与自主创新能力的交互项。X_{it} 表示一系列控制变量，主要包括：政府补贴（ln subsidy）、是否对外直接投资（ofdi）、年均就业人数（ln employee）、企业规模（ln ysel）、劳动生产率（ln labor）、企业利润率（profitr）、融资约束（fincon）、企业年龄（age）、管理水平（manage）。

二、变量选取

利用 2000—2013 年中国微观企业数据，分析中间品进口、自主创新对工业升级和产品升级的影响。主要研究变量和控制变量的测算与估计如下：

1. 被解释变量

被解释变量主要包括企业全要素生产率（TFP_{it}）；企业出口产品质量（$quality_{it}$）；制造业出口企业产品技术复杂度（$\ln ESI_{it}$），具体计算方法和分析结果详见第四章第二节。

2. 主要解释变量

中间品进口金额以及中间品进口质量：中间品进口金额的测度是根据《海关进出口数据库》中企业当年的中间品进口额得到，中间品进口金额（$\ln medinput_{it}$）的具体计算过程详见第四章第一节。中间品进口质量（$medquality_{it}$）的计算过程是基于标准化后的产品质量（$r\_quality$）按照中间品进口数量占进口额的比例加权加总至企业层面得到：

$$medquality_{it} = (med\_value_{imt}^{l} / \sum im\_value_{imt}^{l}) \times r\_quality_{imt}^{l} \quad (5-4)$$

企业自主创新能力：使用企业专利申请数量（$\ln apply_{it}$）表示，专利产出更能够直观测度制造业企业的创新能力。由于专利授权一般具有滞后性，因此，在实证分析过程中使用专利申请量测度企业技术创新水平。采用各年度专利申请量的对数值（$\ln apply_{it}$）作为制造业企业自主创新的代理变量。

3. 控制变量

政府补贴（$\ln subsidy$）：一方面可以增加企业资金的流动性，另一方面表示国家政策的未来趋势，因此，对制造业企业工艺升级和产品升级的影响不容忽视，使用《中国工业企业数据》政府补贴金额的对数予以表示。

是否对外直接投资（ofdi）：如果企业有对外直接投资，取值为 1，否则取值为 0[①]。

年均就业人数（ln employee）：使用《中国工业企业数据》中年均就业人数的对数来表示。

企业规模（ln ysel）：使用企业销售额的对数来表示，数据来源同上。

劳动生产率（ln labor）：使用企业工业总产值/从业人数来表示，数据来源同上。

企业利润率（profitr）：使用营业利润与企业销售额的比值取对数来表示，数据来源同上。

融资约束（fincon）：使用利息支出/固定资产来表示，数据来源同上。

管理水平（manage）：使用（主营业务收入/平均资产总额）×100%来表示，数据来源同上。

企业年龄（age）：使用企业当年所处年份减去开业年份+1 得到，数据来源同上。

三、描述性统计分析与相关性分析

对企业出口数据进行统计可得到 325 150 家企业共 1 465 623 个样本数据；对企业进口数据进行统计可得到 280 784 家企业共 1 125 759 条数据；对中国工业企业数进行统计得到共有 656 454 家企业 2 605 348 条数据；紧接着将中国工业企业数据库匹配至进出口海关数据库，然后从全要素生产率、企业出口产品质量以及企业出口技术复杂度 3 个方面予以说明（见表 5-1 ~ 表 5-3）。

1. 相关变量的描述性统计分析

在进行回归分析之前，根据变量的定义，对制造业企业全要素生产率、出口产品质量以及出口技术复杂度等系列相关变量进行了统计描述，包括观测值、平均值、标准差、最小值和最大值等各描述性统计变量。

---

① 数据由商务部《境外投资企业（机构）名录》和《中国工业企业数据库》数据合并得到。

表 5-1 报告了企业全要素生产率的统计特征,从表中可以看出,制造业企业全要素生产率的均值为 4.41,最小值和最大值分别为 2.66 和 4.20,标准差为 1.07,这也表明不同企业之间的全要素生产率存在明显异质性。另外,表 5-2 和表 5-3 分别报告了企业出口产品质量和企业出口技术复杂度的描述性统计分析结果。

表 5-1 全要素生产率及相关变量的描述性统计分析

变量	N	均值	标准差	最小值	最大值
tfp	284 732	4.410 4	1.070 2	2.660 4	4.200 1
ln medinput	284 732	5.472 4	6.462 3	0.000 0	23.365 6
ln apply	284 732	0.235 4	0.643 7	0.000 0	7.965 2
ln subsidy	284 732	0.642 7	1.852 6	0.000 0	13.399 9
ofdi	284 732	0.015 6	0.126 2	0.000 0	1.000 0
ln employee	284 732	4.468 7	1.015 0	2.004 1	11.326 7
ln ysel	284 732	9.924 7	1.163 5	0.167 2	22.075 2
ln labor	284 732	5.562 8	1.038 3	0.082 9	12.897 6
profitr	284 732	0.042 6	0.855 3	−0.384 7	0.437 4
age	284 732	9.828 9	7.096 2	1.000 0	158.000 0
manage	284 721	2.127 3	3.073 1	0.000 0	567.564 3
fincon	284 721	0.083 9	0.199 1	−0.038 4	1.000 0

表 5-2 出口产品质量及相关变量的描述性统计分析

变量	N	均值	标准差	最小值	最大值
quality	467 041	0.713 8	0.166 9	0.000 0	1.000 0
ln medinput	467 041	5.787 9	6.517 3	0.000 0	23.483 9
ln apply	467 041	0.250 8	0.736 6	0.000 0	8.756 8
ln subsidy	467 041	0.737 7	1.943 0	0.000 0	14.399 8
ofdi	467 041	0.018 8	0.135 9	0.000 0	1.000 0
ln employee	467 041	5.457 9	1.105 2	2.197 2	12.315 9
ln ysel	467 041	10.916 8	1.362 7	0.166 9	22.074 9
ln labor	467 041	5.557 8	1.037 6	0.084 0	13.896 2
profitr	467 041	0.050 5	0.955 1	−0.285 9	0.436 6
age	467 041	10.828 0	8.095 7	1.000 0	164.000 0
manage	467 039	2.156 6	3.372 1	0.000 0	577.641 2
fincon	467 041	0.094 3	0.209 7	−0.029 1	1.000 0

表 5-3　出口技术复杂度及相关变量的描述性统计分析

变量	N	均值	标准差	最小值	最大值
ln ESI	498 945	10.100 9	0.560 1	7.950 3	11.362 7
ln medinput	498 945	5.410 3	6.430 4	0.000 0	23.482 9
ln apply	498 945	0.260 1	0.740 3	0.000 0	8.760 4
ln subsidy	498 777	0.760 4	1.990 1	0.000 0	14.463 2
ofdi	498 945	0.020 0	0.140 1	0.000 0	1.000 0
ln employee	498 945	5.450 3	1.090 2	2.200 3	12.322 7
ln ysel	498 945	10.943 8	1.360 2	−0.170 3	22.073 6
ln labor	498 945	5.580 8	1.040 3	−5.410 4	14.723 6
profitr	498 945	0.050 6	0.955 4	−0.284 7	0.435 6
age	498 945	10.828 1	8.095 9	1.000 0	164.000 0
manage	498 941	2.170 4	3.560 5	0.000 0	579.324 5
fincon	498 945	0.094 6	0.209 9	−0.029 2	1.000 0

2. 统计变量的相关性分析

在进行实证分析前，先报告了中间品进口与 TFP、出口产品质量以及出口技术复杂度的二维散点图和拟合线。根据图 5-1 的拟合线方向和散点图走势进行初步判断可知，中间品进口与 TFP 之间存在正相关关系，即中间品进口质量越高，其全要素生产率提升也越快；中间品进口与企业出口产品质量间存在显著正相关；中间品进口与企业出口技术复杂度之间的关系并不明确，需要进一步通过实证分析进行检验。

另外，本书也报告了自主创新与 TFP、出口产品质量以及出口技术复杂度的二维散点图和拟合线。自主创新与 TFP、出口产品质量以及出口产品复杂度之间存在明显的正相关关系，即企业自身创新投入越多，越有利于中国制造业实现工艺升级和产品升级。然而上述散点图可能存在选择性偏误问题，同时也忽略了其他变量对 TFP、出口产品质量以及出口产品复杂度的影响，且无法进行更为全面的动态研究，因而本章第二、三、四节将采用回归模型进行更深一步的研究。

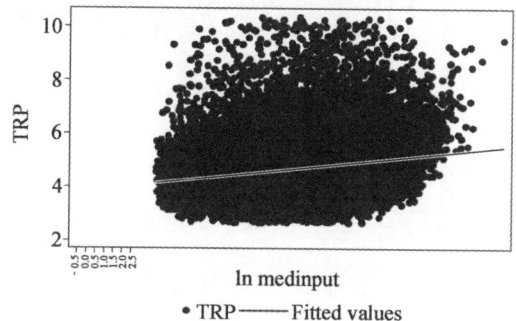

（a）中间品进口与全要素生产率

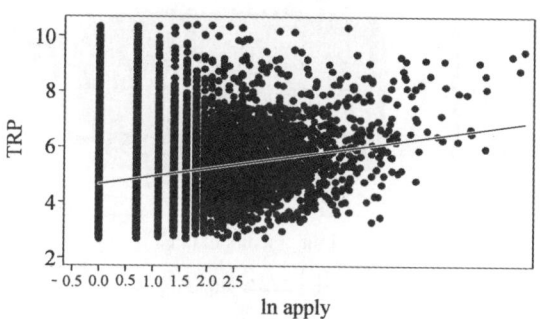

（b）自主创新与全要素生产率

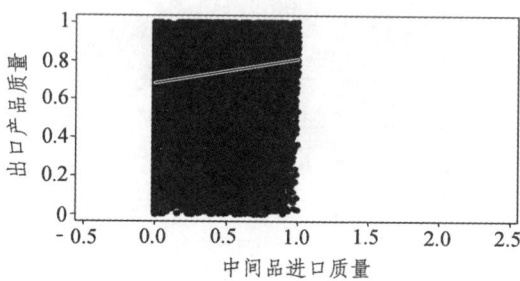

（c）中间品进口与出口产品质量

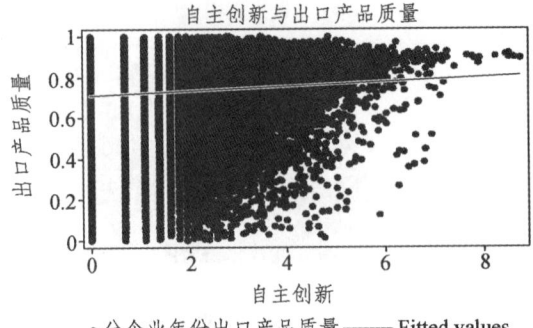

(d)自主创新与出口产品质量

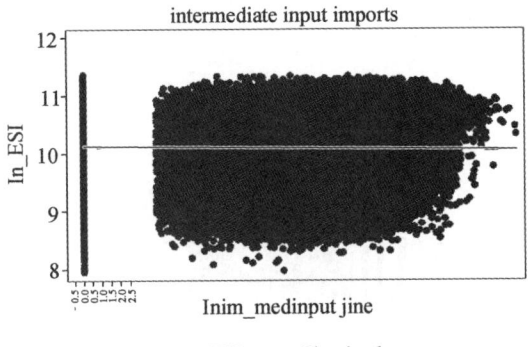

(e)中间品进口与出口技术复杂度

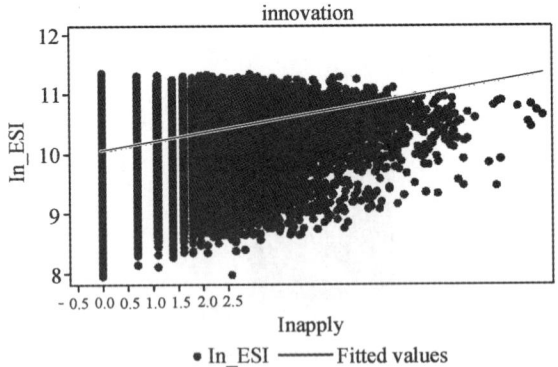

(f)自主创新与出口技术复杂度

图 5-1 主要变量的二维散点图及拟合线

本章从微观层面出发，分析中间品进口在中国制造业企业全要素生产率、企业出口产品质量及出口技术复杂度中的作用，并进一步探讨其内在影响机制，希望能对中国相关研究的模型构建、机理分析和实证分析做出些许贡献。

改革开放以来，中国不断鼓励提高全要素生产率与出口产品质量，提升制造业全球价值链地位。在融入全球价值链分工体系过程中，成为世界制造工厂，但是距离价值链核心环节仍存在一定差距，参与程度与嵌入深度仍旧有较大提升空间，存在"低端锁定陷阱"和"能力刚性陷阱"双重问题（程大中，2015），多数产业仍位于价值链的低附加值。随着新一轮信息技术革命的开始，发达国家经济体对全球价值链高端环节的控制力进一步加强，越来越多的发展中国家依靠自身的优势，积极参与全球价值链分工环节获得经济全球化带来的好处。

根据上述分析，中国制造业在积极融入全球价值链分工的过程中，既面临发展中国家"中低端分流"的竞争，也面临发达国家"高端回流"的制造业回流的困境，仍处于价值链的中间夹层位置。此时如果仍旧选择依赖发达国家主导的价值链，很有可能陷入"低端锁定"的局面而无法打破，因而中国制造业必须加快劳动密集型向技术和资本密集型企业转变的速度（刘志彪和吴福象，2017）。

第二节　中间品进口、自主创新对工艺升级的实证分析

与以往的研究相比，本节的创新之处在于：第一，从中间品进口来源（高收入国家与中低收入国家）、加工贸易模式（一般贸易与加工贸易）、母国企业类型（国有企业、民营企业、外资企业）多个层面分析中间品进口是否提升了企业 TFP。第二，通过倾向得分匹配方法（PSM）来构建中间品进口的对照组（De Loecker，2007），以便更好地说明中间品进口对企业 TFP 的提升作用。第三，验证了自主创新在此过程中的中介作用。

一、基准回归结果

表 5-4 报告了中间品进口、自主创新对中国制造业全要素生产率的影响，由于主要变量之间存在序列相关与异方差问题，在计量分析过程中使用企业层面的聚类标准误进行分析。第（2）列报告了中间品进口、自主创新对制造业企业全要素生产率的影响，回归结果表明：中间品进口在1%的水平上显著为正，表明中间品进口可以显著提升制造业全要素生产率，验证了第三章第一节的 H_{A1}，即中间品进口可以促进制造业全球价值链升级；自主创新的估计系数为正并且在1%的水平上显著，表明中国自主创新能力利于提升企业全要素生产率，验证了第三章第二节的 H_B，中国企业自主创新能促进制造业的工艺升级；实证回归结果验证了中间品进口与自主创新能力的交互项对企业全要素生产率提升具有抑制作用[①]。

表 5-4 基准回归结果

变量	因变量：制造业企业全要素生产率				
	基准回归 Model（1）	质量效应 Model（2）	溢出效应 Model（3）	价格效应 Model（4）	多元化效应 Model（5）
ln medinput	0.000 3*** (0.000)	0.000 6*** (0.000)	0.000 7*** (0.000)	0.000 5*** (0.000)	0.000 6*** (0.000)
ln apply	0.003 1*** (0.001)	0.002 7*** (0.001)	0.004 2*** (0.001)	0.001 9*** (0.000)	0.001 6*** (0.000)
ln medinput*ln apply	−0.000 1*** (0.000)				
ln medinput*medquality		0.004 3*** (0.001)			
ln medinput*ln spillover			0.000 6*** (0.000)		
ln medinput*medvalperunit				0.000 1 (0.000)	

---

① 杜江，吴瑞兵. 融资约束、政府补贴与企业全球价值链升级——基于出口技术复杂度的实证分析[J]. 河南师范大学学报（哲学社会科学版），2020，47（1）：64-70.

续表

变量	因变量：制造业企业全要素生产率				
	基准回归 Model（1）	质量效应 Model（2）	溢出效应 Model（3）	价格效应 Model（4）	多元化效应 Model（5）
ln medinput*cishu					0.004 3** (0.004)
ln subsidy	−0.000 3* (0.000)	−0.000 3* (0.000)	−0.000 3* (0.000)	−0.000 3* (0.000)	−0.000 3* (0.000)
ofdi	0.020 3*** (0.003)	0.020 4*** (0.003)	0.020 1*** (0.003)	0.020 4*** (0.003)	0.020 3*** (0.003)
ln employee	0.000 4 (0.001)	0.000 4 (0.001)	0.000 4 (0.001)	0.000 4 (0.001)	0.000 4 (0.001)
ln ysel	0.003 6** (0.002)	0.003 7** (0.002)	0.003 6** (0.002)	0.003 5** (0.002)	0.003 7** (0.002)
ln labor	0.001 6 (0.001)	0.001 6 (0.001)	0.001 6 (0.001)	0.001 6 (0.001)	0.001 6 (0.001)
profitr	0.000 6 (0.000)	0.000 6 (0.000)	0.000 6 (0.000)	0.000 6 (0.000)	0.000 6 (0.000)
age	−0.000 5*** (0.000)	−0.000 5*** (0.000)	−0.000 5*** (0.000)	−0.000 4*** (0.000)	−0.000 5*** (0.000)
manage	−0.000 3 (0.000)	−0.000 3 (0.000)	−0.000 3 (0.000)	−0.000 3 (0.000)	−0.000 3 (0.000)
fincon	0.000 1* (0.000)	0.000 1* (0.000)	0.000 1* (0.000)	0.000 1* (0.000)	0.000 1* (0.000)
Constant	3.253 6*** (0.037)	3.256 7*** (0.038)	3.249 1*** (0.037)	3.254 2*** (0.036)	3.253 7*** (0.038)
观测值	284 732	284 732	284 732	284 732	284 732
企业数量	125 552	125 552	125 552	125 552	125 552
行业/地区/年份	√	√	√	√	√
R-squared	0.658 2	0.658 1	0.658 3	0.658 2	0.658 4

注：*、**和***分别表示在 10%、5%和 1%的水平上显著；括号内的值为纠正了异方差后的标准误，"√"表示是，"×"表示否。

二、影响机制检验与分析

第三章第一节的理论分析和第五章第二节的理论分析验证了中间品进口显著提升了制造业全要素生产率,接下来我们更进一步地分析中间品影响出口产品质量的内在机制,依据上文提出的"中间品质量效应""知识溢出效应""中间品价格效应""中间品多元化效应"机制,分别采用中间品进口质量和中间品进口的交互项(ln medinput*medquality)、中间品进口与国际技术溢出的交互项(ln medinput*ln spillover)、中间品进口价格和中间品进口的交互项(ln medinput*medvalperunit)、中间品种类和中间品进口的交互项(ln medinput*cishu)进行相关实证检验。中间品进口质量产生的技术溢出效应一直是学术界认为提高企业技术水平和全要素生产率的重要途径。由于知识和技术具备典型非竞争性,一个企业在生产工艺、外观和流程上的创新,可以被其他国家的企业通过进口进行模仿、学习和再创新,中间品进口成为企业获得技术溢出正外部性的重要途径。表 5-4 检验了中间品进口的技术溢出是否中间品进口质量促进全要素生产率,其中,企业层面中间品进口技术溢出指标(spillover)的衡量,借鉴 Lichtenberg 和 Pottelsberghe(1996)、许家云等(2017)的研究,沿用如下方法测算:

$$\text{spillover}_{it} = \sum_{m} \frac{\text{medimport}_{imt}}{\text{GDP}_{mt}} \times \text{RD}st_{mt}^{d} \quad (5-5)$$

式中,spillover_{it} 表示企业 i 在 t 年中通过中间品进口获得的技术溢出存量,medimport_{imt} 表示企业 i 在 t 年从 m 国进口的中间品总额,GDP_{mt} 表示 m 国在 t 年的国内生产总值,$\text{RD}st_{mt}^{d}$ 为 m 国 t 年国内研发资本存量,用永续盘存法 $\text{RD}st_{mt}^{d} = (1-\delta)\text{RD}st_{mt-1}^{d} + \text{RD}sp_{mt}^{d}$ 进行计算。其中,δ 为研发资本折旧率,具体设定为 5%;$\text{RD}sp_{mt}^{d}$ 为 m 国第 t 年的研发支出。各国家和地区的国内生产总值和研发投入支出等数据均源于联合国贸易数据库和世界银行数据库[①]。

[①] 许家云. 中间品进口贸易与中国制造业企业竞争力[M]. 北京:经济科学出版社,2018.

根据表 5-4 第 3 列到第 6 列的回归结果可知，中间品进口主要通过质量效应（ln medinput*medquality）、技术溢出效应（ln medinput*ln spillover）以及种类效应或多元化效应（ln medinput*cishu）显著正向提升中国制造业企业全要素生产率。

首先，中间品进口质量效应（ln medinput*medquality）回归系数在 1% 的水平上显著为正，表明高质量的中间品进口通过内部效应和外部市场竞争效应，可以显著提升中国制造业企业全要素生产率，验证了第三章第一节的相关理论分析。

其次，中间品进口产生的技术溢出效应（ln medinput*ln spillover）可以显著正向提升中国制造业全要素生产率；中国制造业企业进口先进技术的中间品，能够通过模仿示范效应、"用中学"效应、前后关联效应获得技术溢出，提高中国制造业企业全要素生产率。

另外，中间品进口多元化（ln medinput*cishu）与中国制造业全要素生产率提升之间存在显著正相关关系。其中可能的原因是中国制造业企业中间品进口的多元化通过边际成本降低效应降低消费品价格指数，增加消费者福利水平，同时成本的降低使企业可以增加研发升级、质量升级等活动的投入，进而正向影响全要素生产率。

三、异质性检验

1. 中间品进口的异质性检验

首先，从企业所有制视角看，按照企业所有制性质将样本数据分为国有企业、民营企业和外资企业 3 类，中间品进口对外资企业的全要素生产率促进效果最显著，民营企业居中，国有企业最低。其次，从贸易方式视角检验一般贸易与加工贸易中间品进口模式对企业全要素生产率影响的差异。一般贸易企业中间品进口更能提升制造业企业全要素生产率。其中可能的原因是，与一般贸易相比，加工贸易企业更多依赖于国际大买家提供的中间品加工组装后出口，加工贸易企业缺乏品牌、研发、销售渠道等核心资产，企业创新能力不强，导致提升效果不如一般贸易企业。进一步对比了发达国家与发展中国家中间品进口对企业全要素生产率的影响，研究发现从两种类型国家进口均可显著正向提升企业全要素生产率，但是发达国家的效果要优于发展中国家。最后，根据 Lall（2000）的分类标准，将中国制造业全要素生产率分为低技术、中技术和高技术 3 种。表 5-5 的回归结果表明，中间品进口更能促进中技术和高技术产品的全要素生产率。上述实证分析验证了第三章第四节的相关理论分析[①]。

表 5-5 异质性检验

变量	因变量：企业全要素生产率			
	所有制	贸易方式	目的国	技术水平
state_medinput	−0.002 6** (0.000)			
private_medinput	0.000 4*** (0.000)			
foreign_medinput	0.000 7*** (0.000)			
process_medinput		0.000 2 (0.000)		
general_medinput		0.000 6*** (0.000)		
oecd_medinput			0.000 6*** (0.000)	
nooecd_medinput			0.000 1*** (0.000)	
manuflow_sub				0.000 2*** (0.000)

---

① 李卓. 工业化中期中国经济发展战略探讨[M]. 北京：科学出版社，2019.

续表

变量	因变量：企业全要素生产率			
	所有制	贸易方式	目的国	技术水平
manufmed_sub				0.000 4*** (0.000)
manufhigh_sub				0.000 9*** (0.000)
ln apply	0.002 9*** (0.001)	0.003 1*** (0.001)	0.002 8*** (0.001)	0.003 3*** (0.001)
ln medinput*ln apply	-0.000 1*** (0.000)	-0.000 2*** (0.000)	-0.000 1*** (0.000)	-0.000 2*** (0.000)
ln subsidy	-0.000 3* (0.000)	-0.000 3* (0.000)	-0.000 3* (0.000)	-0.000 3* (0.000)
ofdi	0.020 3*** (0.003)	0.020 2*** (0.003)	0.020 3*** (0.003)	0.020 2*** (0.003)
ln employee	0.000 4 (0.001)	0.000 4 (0.001)	0.000 4 (0.001)	0.000 4 (0.001)
ln ysel	0.003 6** (0.002)	0.003 5** (0.002)	0.003 5** (0.002)	0.003 6** (0.002)
ln labor	0.001 7 (0.001)	0.001 7 (0.001)	0.001 7 (0.001)	0.001 6 (0.001)
profitr	0.000 6 (0.000)	0.000 6 (0.000)	0.000 6 (0.000)	0.000 6 (0.000)
age	-0.000 5*** (0.000)	-0.000 4*** (0.000)	-0.000 5*** (0.000)	-0.000 4*** (0.000)
manage	-0.000 3 (0.000)	-0.000 3 (0.000)	-0.000 3 (0.000)	-0.000 3 (0.000)

续表

变量	因变量：企业全要素生产率			
	所有制	贸易方式	目的国	技术水平
fincon	0.000 1*	0.000 1*	0.000 1*	0.000 1*
	（0.000）	（0.000）	（0.000）	（0.000）
Constant	3.256 6***	3.249 0***	3.254 3***	3.253 8***
	（0.038）	（0.039）	（0.037）	（0.038）
观测值	284 732	284 732	284 732	284 732
企业数量	125 552	125 552	125 552	125 552
行业	√	√	√	√
地区	√	√	√	√
年份	√	√	√	√
R-squared	0.658 3	0.658 2	0.658 4	0.658 3

注：*、**和***分别表示在 10%、5%和 1%的水平上显著；括号内的值为纠正了异方差后的标准误，"√"表示是，"×"表示否。

2. 自主创新的异质性检验

进一步在模型中纳入了创新的异质性因素，包括发明专利数量（ln applyfm）、外观设计数量（ln applywg）、实用新型外观设计数量（ln applyxx）与中间品进口的交互项，实证分析结果与上文一致，即中间品进口与发明专利数量（ln medinput*ln applyfm）、中间品进口与外观设计数量的交互项（ln medinput*ln applywg）以及中间品进口与实用新型外观设计数量的交互项（ln medinput*ln applyxx）均为负。（见表 5-6）这表明中间品进口与自主创新能力的交互项负向显著影响制造业企业全要素生产率，说明自主创新与中间品进口之间存在显著的挤出效应，验证了第 3 章第二节的研究 H_B。

表 5-6　异质性检验

变量	因变量：企业全要素生产率		
	发明专利（1）	外观设计（2）	新型外观设计（3）
ln medinput	0.000 3*** （0.000）	0.000 3*** （0.000）	0.000 3*** （0.000）
ln apply	0.003 3*** （0.001）	0.003 0*** （0.001）	0.003 1*** （0.001）
ln medinput*ln applyfm	－0.000 1*** （0.000）		
ln medinput*ln applywg		－0.000 2*** （0.000）	
ln medinput*ln applyxx			－0.000 1* （0.000）
ln subsidy	－0.000 3* （0.000）	－0.000 3* （0.000）	－0.000 3* （0.000）
ofdi	0.020 3*** （0.003）	0.020 3*** （0.003）	0.020 2*** （0.003）
ln employee	0.000 4 （0.001）	0.000 4 （0.001）	0.000 4 （0.001）
ln ysel	0.003 7** （0.002）	0.003 6** （0.002）	0.003 7** （0.002）
ln labor	0.001 7 （0.001）	0.001 8 （0.001）	0.001 7 （0.001）
profitr	0.000 6 （0.000）	0.000 6 （0.000）	0.000 6 （0.000）
age	－0.000 5*** （0.000）	－0.000 5*** （0.000）	－0.000 4*** （0.000）
manage	－0.000 3 （0.000）	－0.000 3 （0.000）	－0.000 3 （0.000）

续表

变量	因变量：企业全要素生产率		
	发明专利（1）	外观设计（2）	新型外观设计（3）
fincon	0.000 1*	0.000 1*	0.000 1*
	（0.000）	（0.000）	（0.000）
Constant	3.254 7***	3.254 3***	3.254 1***
	（0.038）	（0.037）	（0.036）
观测值	284 732	284 732	284 732
企业数量	125 552	125 552	125 552
行业	√	√	√
地区	√	√	√
年份	√	√	√
R-squared	0.939 3	0.939 3	0.939 3

注：*、**和***分别表示在10%、5%和1%的水平上显著；括号内的值为纠正了异方差后的标准误，"√"表示是，"×"表示否。

四、中介效应检验

我们构建了中介效应模型来进行分析，企业中间品进口、自主创新和全要素生产率在中介效应模型中的逻辑关系的原理为：中间品进口对企业全要素生产率产生影响时，如果中间品进口在对全要素生产率产生直接影响的同时，还能通过自主创新对全要素生产率产生间接影响，则企业自主创新为中介变量，反应三者之间关系的模型称为中介效应模型。中介效应模型近年来广泛应用于影响机制研究和经验研究方面，我们主要参照 Baron 和 Kenny（1986）、温忠麟等（2014）的方法建立如下中介效应模型（M1～M4）：

M1 用于验证中间品进口对企业全要素生产率的影响。

$$M1: TFP_{it} = \alpha_0 + \alpha_1 \ln medinput_{it} + \sum \gamma_{1i} V_{it} + \varepsilon_{1it} \quad (5-6)$$

M2 用于验证企业中介变量（自主创新）对企业全要素生产率的影响。

$$\text{M2：} TFP_{it} = \beta_0 + \beta_1 \ln apply_{it} + \sum \gamma_{2i} V_{it} + \varepsilon_{2it} \quad (5\text{-}7)$$

M3 用于验证企业中间品进口对中介变量（自主创新）的影响。

$$\text{M3：} \ln apply_{it} = \delta_0 + \delta_1 \ln medinput_{it} + \sum \gamma_{3i} V_{it} + \varepsilon_{3it} \quad (5\text{-}8)$$

M4 用于验证存在中间品进口情况下中介变量（自主创新）对全要素生产率的影响。

$$\text{M4：} TFP_{it} = \eta_0 + \eta_1 \ln medinput_{it} + \eta_2 \ln apply_{it} + \sum \gamma_{4i} V_{it} + \varepsilon_{4it} \quad (5\text{-}9)$$

式中，t 代表年份；i 代表企业；V_{it} 为控制变量；$\varepsilon_{1it} \sim \varepsilon_{4it}$ 代表随机扰动项，在进行回归时还控制了行业和地区固定效应。

无论是基准回归还是异质性检验，回归结果都证实中间品进口、自主创新对企业全要素生产率的提升具有促进作用。那么接下来要验证的是，自主创新在中间品进口影响企业全要素生产率中是否扮演了中介作用。中介作用需要满足 3 个条件：第一，企业中间品进口需显著影响企业全要素生产率；第二，中间品进口需显著影响企业自主创新；第三，在考虑企业自主创新的情况下，企业中间品进口对企业全要素生产率的影响效果减弱甚至消失，意味着中间品进口对企业全要素生产率的影响实际上部分或者全部来自企业自主创新。为保证回归结果的有效性，在中介效应检验之前，对解释变量进行 Spearman 相关性检验，结果表明中间品进口与自主创新之间并不存在相关性[1]。

表 5-7 是以自主创新为中介变量的中介效应模型的回归结果，结果表明：企业进行中间品进口对自主创新具有显著的提升作用（M3），验证了第三章的假设；企业自主创新与全要素生产率存在显著的正向关系（M2），验证了第三章第三节的研究 H_C；企业中间品进口对全要素生产率具有提升效果（M1），但在加入企业自主创新后，这种效果减小（M4），而企业自主创新的系数并没有改变。以上结果表明，在控制了企业自主创新后，中间品进口对企业全要素生产率的提升效果变小，证明了部分

---

[1] 曹亮，王书飞，徐万枝. 中间品进口能提高企业全要素生产率吗——基于倾向评分匹配的经验分析[J]. 宏观经济研究，2012（8）：48-53.

影响被企业自主创新所取代,因此验证了自主创新是企业中间品进口提升全要素生产率的重要渠道,验证了第三章第三节的 H_C。

表 5-7 中介效应模型回归结果

变量	M1 TFP	M2 TFP	M3 ln apply	M4 TFP
ln medinput	0.003 7** (0.002)		0.195 5*** (0.003)	0.001 6* (0.001)
ln applay		0.002 3** (0.001)		0.002 3** (0.001)
ln subsidy	−0.000 2* (0.000)	−0.000 2* (0.000)	−0.001 3*** (0.000)	−0.000 3* (0.000)
ofdi	0.020 2*** (0.003)	0.020 8*** (0.003)	0.010 9*** (0.003)	0.020 2*** (0.003)
ln employee	0.000 3 (0.001)	0.000 3 (0.001)	0.000 3 (0.001)	0.000 4 (0.001)
ln ysel	0.003 7** (0.002)	0.003 9*** (0.002)	0.005 4*** (0.002)	0.003 7** (0.002)
ln labor	0.001 6 (0.001)	0.001 7 (0.001)	0.001 7 (0.001)	0.001 7 (0.001)
profitr	0.000 6 (0.000)	0.000 6 (0.000)	0.000 1 (0.000)	0.000 6 (0.000)
age	−0.000 5*** (0.000)	−0.000 4*** (0.000)	−0.002 5*** (0.000)	−0.000 4*** (0.000)
manage	−0.000 3 (0.000)	−0.000 2 (0.000)	−0.002 7 (0.000)	−0.000 3 (0.000)
fincon	0.000 1* (0.000)	0.000 1* (0.000)	0.000 1* (0.000)	0.000 1* (0.000)

续表

变量	M1	M2	M3	M4
	TFP	TFP	ln apply	TFP
Constant	3.362 8*** (0.039)	3.328 9*** (0.427)	0.934 3*** (0.010)	3.254 1*** (0.036)
观测值	284 732	284 732	284 732	284 732
企业数量	125 552	125 552	125 552	125 552
行业效应	√	√	√	√
地区效应	√	√	√	√
年份效应	√	√	√	√
R-squared	0.018 4	0.023 9	0.097 7	0.024 0

注：*、**和***分别表示在10%、5%和1%的水平上显著；括号内的值为纠正了异方差后的标准误，"√"表示是，"×"表示否。

五、内生性检验

还需要进一步考虑模型的内生性问题。制造业企业中间品进口与生产率（TFP）密切相关，而全要素生产率的重要体现就是自身生产率水平，即全要素生产率会反作用于中间品进口（Yu，2015；邓国营等，2018），这种计量上的反向因果关系会导致内生性问题。Hausmann检验的结果也进一步印证了两者之间存在明显的反向因果关系。借鉴Piveteau和Smagghue（2013），Bas和Strauss-Kahn（2015）的研究思路，选用中间品进口国的实际汇率以及企业中间品进口的关税税率作为中间品进口的工具变量，从而有效解决中间品进口与全要素生产率之间存在的反向因果关系问题。其中，中间品进口关税税率与制造业企业全要素生产率无关，与中间品进口种类与数量密切相关，可以有效满足工具变量的要求。估计结果进一步验证了中间品进口进一步提升了中国制造业企业全要素生产率，自主创新能力与制造业企业全要素生产率呈正相关关系。内生性检验回归结果如表5-8所示。

表 5-8　内生性检验回归结果

变量	因变量：TFP（2SLS）		
		Model 无控制变量	Model 加入控制变量
ln medinput	0.002 7***	0.002 6***	0.002 9***
	（0.000）	（0.001）	（0.004）
ln apply	0.029 7***	0.024 0***	0.025 1***
	（0.004）	（0.003）	（0.001）
ln meninput*ln apply	-0.003 4***	-0.002 9***	-0.002 5***
	（0.000）	（0.000）	（0.000）
ln subsidy		-0.015 8***	-0.015 6***
		（0.001）	（0.001）
ofdi		0.102 7***	0.102 5***
		（0.008）	（0.009）
ln employee		0.102 4***	0.102 7***
		（0.005）	（0.004）
ln ysel		-0.178 2***	-0.176 5***
		（0.003）	（0.004）
ln labor		0.247 8***	0.235 6***
		（0.003）	（0.004）
profitr		0.000 8	0.000 7
		（0.001）	（0.002）
age		0.001 9***	0.001 6***
		（0.000）	（0.000）
manage		0.004 0***	0.003 8***
		（0.001）	（0.001）
fincon		0.000 1	0.000 1
		（0.000）	（0.000）

续表

变量	因变量：TFP（2SLS）		
	Model 无控制变量		Model 加入控制变量
Constant	2.366 7*** （0.028）	2.177 1*** （0.035）	3.247 3*** （0.078）
Observations	284 645	284 732	284 732
Centered R^2	0.703 2	0.193 0	0.902 3
Uncentered R^2	0.797 8	0.797 2	0.999 7
地区	√	×	√
行业	√	×	√
年份	√	×	√
Kleibergen-Paap rk LM	0.9e + 04 [0.0000]	4.6e + 04 [0.0000]	5.1e + 04 [0.0000]
Kleibergen-Paap rk Wald F	1.7e + 04 [0.0000]	1.5e + 04 [0.0000]	1.4e + 04 [0.0000]
F-value	31 656.21	5 768.26	6 444.52

注：*、**和***分别表示在 10%、5%和 1%的水平上显著；括号内的值为纠正了异方差后的标准误，"√"表示是，"×"表示否。

六、稳健性检验

上文实证部分采用的回归方法为简单线性回归。该方法缺乏一定针对性，其结果也可能存在稳健性较差的问题。因而接下来参考（Loecker，2007）的做法，通过 PSM（倾向匹配得分法）建立中间品进口企业的对照组，通过对相对应组别的比较分析进一步探究中间品进口对企业全要素生产率提升的促进作用。倾向匹配得分法可以避免数据偏差和混杂变量的影响，详细步骤为根据代表个体特征的多维因素计算出综合倾向得分，接着通过最近邻匹配、半径匹配或者核匹配方法在控制组样本中选择最接近样本得分的对象并形成配对。该方法可以降低匹配难度（Angrist，1998）。因而，接下来将与中间品进口企业特征最为接近的企业视为对照组并进行相对应匹配，进一步验证中间品进口对企业全要素生产率的促进作用,并分别采取最近邻匹配、半径匹配以及核匹配方法3种不同的匹配方法在控制组样本中选择得分接近的企业形成配对,并进一步分析中间品进口企业全要素生产率的稳健性回归结果。

表 5-9 报告了 3 种不同匹配方法的估计结果,其中前两行的最近邻匹配和半径匹配的回归结果均表明,中间品进口每提升一个百分点,企业的全要素生产率将提升 0.02~0.05 个百分点,且其系数估计值均为正且分别在 10%和 5%的水平上显著。采用倾向匹配得分法得到的结论与上文基本一致,验证了上述实证结果具有一定的稳健性。

表 5-9 平均处理效应 ATT

方法	变量	样本	实验组	控制组	ATT	标准差	T统计量
最邻近匹配	TFP	匹配前	4.331 1	4.308 0	0.022 8	0.023 9	0.95
		匹配后	4.331 1	4.271 4	0.059 4	0.025 9	2.28**
半径匹配	TFP	匹配前	4.331 1	4.308 0	0.022 8	0.023 9	0.95
		匹配后	4.331 1	4.300 4	0.030 5	0.018 0	1.68*
核匹配	TFP	匹配前	4.331 1	4.308 0	0.022 8	0.023 9	0.95
		匹配后	4.331 1	4.307 7	0.023 2	0.019 1	1.20

注:标准差的计算是通过 500 次的拔靴(Bootstrap)得到的。

第三节　中间品进口、自主创新对产品升级的实证分析(质量)①

本节的实证分析主要体现为 3 个方面:首先,现有研究大都将发达国家作为考察对象,中国虽拥有最大发展中国家和最大对外贸易国的双重身份,但将中国作为分析对象的相关研究则十分有限。相比较已有研究利用中国 2000—2007 年的数据,利用 2000—2013 年海关进出口数据

---

① 本节部分成果已经发表,参见宋跃刚,郑磊. 中间品进口、自主创新与中国制造业企业出口产品质量升级[J]. 世界经济研究,2020,321(11):28-46+137.

库和工业企业数据库的合并数据库，基于经验事实的视角对中国加入世界贸易组织后的出口产品质量的变化趋势进行测量，并且在对产品层面的出口产品质量进行测度时充分考虑了价格内生性问题。这是对中间品进口、自主创新与出口产品质量理论和经验分析的进一步发展、完善，同时也为从质量层面分析中间品进口的影响提供研究基础。其次，基于微观层面，依次对中间品进口影响出口产品质量的可能途径进行实证检验，即检验"知识溢出效应""中间品质量效应"以及"中间品多元化效应"机制；并进一步从中间品进口的来源国、所有制、贸易方式、技术复杂度的角度检验。最后，使用中介效应模型检验企业中间品进口提升出口产品质量的中介机制，并使用 Sobel 方法测算了自主创新中介效应的大小。

一、基准回归结果

采用企业层面的聚类稳健标准误（cluster robust standard）进行回归相关分析。表 5-10 报告了上述模型的基准回归结果。其中，第（1）列是对制造业整体层面的回归，探究中间品进口、自主创新及其交互项对企业出口产品质量的影响。从回归结果可以看出：整体上，中间品进口（ln medinput）对出口产品质量的影响在 1%的水平上显著为正，即中间品进口与出口产品质量之间存在显著正相关关系，验证了第三章第一节的 H_{A1}，中间品进口可以显著正向促进制造业企业出口产品质量；自主创新（ln apply）的估计系数为 0.005 2，在 1%的水平上显著，即自主创新能力可以显著提升企业出口产品质量，验证了第三章第二节的 H_B，即自主创新与制造业出口产品质量之间存在显著正向关系。两者交互项对企业出口产品质量的估计系数为负并且在 1%的水平上显著，这说明自主创新与中间品进口两者间可能存在挤出效应。而造成这一情形的原因可能在于，中国制造业企业中大部分为加工贸易企业，从事加工、组装等劳动密集型行业，通过中间品进口产生产业关联效应存在一定难度。尽管自主研发能力与企业出口产品质量存在正相关关系，但中国存在与合作方技术差距过大的问题，对于国外的先进技术无法进行高效吸收和学习,进而导致中间品进口与自主研发对出口产品质量的影响较难产生协同效应[①]。

表 5-10 基准回归结果

变量	因变量:出口产品质量			
	基准回归	多元化	中间品进口	技术溢出
ln medinput	0.002 6*** (0.000)	0.002 6*** (0.000)	0.000 7*** (0.000)	0.001 4*** (0.000)
ln apply	0.005 1*** (0.000)	0.005 0*** (0.000)	0.005 2*** (0.000)	0.005 2*** (0.000)
ln apply*ln medinput	-0.000 2*** (0.000)	-0.000 1*** (0.000)	-0.000 2*** (0.000)	-0.000 2*** (0.000)
ln medinput*cishu		0.002 2*** (0.000)		
ln medinput*medquality			0.003 0*** (0.000)	
ln medinput*ln spillover				0.094 5*** (0.007)
ln subsidy	0.00013** (0.000)	0.000 3** (0.000)	0.000 3** (0.000)	0.000 2** (0.000)
ofdi	0.002 9 (0.003)	0.002 6 (0.003)	0.002 6 (0.003)	0.002 8 (0.003)
ln employee	-0.002 2* (0.001)	-0.002 2* (0.001)	-0.002 0 (0.001)	-0.001 8 (0.001)
ln ysel	0.026 5*** (0.001)	0.026 2*** (0.001)	0.025 7*** (0.001)	0.025 8*** (0.001)
ln labor	-0.006 2*** (0.001)	-0.006 2*** (0.001)	-0.006 0*** (0.001)	-0.005 8*** (0.001)

---

① 曹亮,王书飞,徐万枝.中间品进口能提高企业全要素生产率吗——基于倾向评分匹配的经验分析[J].宏观经济研究,2012(8):48-53.

续表

变量	因变量：出口产品质量			
	基准回归	多元化	中间品进口	技术溢出
profitr	0.018 2*** (0.003)	0.018 1*** (0.003)	0.017 3*** (0.003)	0.017 6*** (0.003)
age	−0.000 4*** (0.000)	−0.000 4*** (0.000)	−0.000 4*** (0.000)	−0.000 4*** (0.000)
manage	−0.000 5*** (0.000)	−0.000 5*** (0.000)	−0.000 5*** (0.000)	−0.000 5*** (0.000)
fincon	0.003 1*** (0.001)	0.002 9** (0.001)	0.003 1*** (0.001)	0.003 1*** (0.001)
Constant	0.372 4*** (0.035)	0.373 8*** (0.035)	0.378 3*** (0.035)	0.376 1*** (0.035)
固定效应（年份）	√	√	√	√
固定效应（行业）	√	√	√	√
固定效应（区域）	√	√	√	√
观测值数量	467 039	467 039	467 039	467 039
企业数量	132 756	132 756	132 756	132 756
Within_R^2	0.040 7	0.041 2	0.041 6	0.041 4
Between_R^2	0.088 9	0.089 8	0.090 2	0.090 7
Overall_R^2	0.092 1	0.092 8	0.092 9	0.093 5

注：*、**和***分别表示在10%、5%和1%的水平上显著；括号内的值为纠正了异方差后的标准误，"√"表示是，"×"表示否。

二、影响机制检验与分析

前文验证了中间品进口将显著促进出口产品质量提升，接下来我们进一步地分析中间品影响出口产品质量的内在机制。以上文中"中间品多元化效应""中间品质量效应"以及"国际溢出效应"机制为依据，分别生成国际技术溢出与中间品种类（ln medinput*cishu）、中间品进口质量和中间品进口的交互项（ln medinput*medquality）、中间品进口与国际技术溢出的交互项（ln medinput*ln spillover），其中测算企业中间品进口多元化水平时采用企业中间品进口种类的多少对其进行衡量。此外，参考 Wu（2017）的处理方法，计算制造业中间品进口获得的国际技术溢出。

$$\text{spillover}_{it} = \sum_m \frac{IM_{imt}}{GDP_{mt}} \times \text{R\&D stock}_{mt}^d \qquad (5\text{-}10)$$

式中，spillover_{it} 表示企业 i 在时期 t 经过中间品进口所获得的国际知识溢出存量，IM_{imt} 表示企业 i 在时期 t 从 m 国中间品进口的金额，GDP_{mt} 表示 m 国在时期 t 的国内生产总值，$\text{R\&D stock}_{mt}^d$ 表示 m 国在时期 t 的研发资本存量。

借鉴 Griliches（1992）对永续盘存法的解释和说明，可得到

$$\text{R\&D stock}_{mt}^d = (1-\delta)\text{R\&D stock}_{mt}^d + \text{R\&D}_{mt}$$

式中，$\text{R\&D stock}_{mt}^d$ RDstock_{mt}^d 为 m 国在时期 t 的研发资本存量，δ 代表研发资本的折旧率。$\text{R\&D}_{mt}$ 为 m 国在时期 t 的实际研发支出。然后，我们以 $\text{R\&D stock}_{m1999}^d = \text{R\&D}_{m1999}/(g+\delta)$ 为依据测度基年的研发资本存量，该式中 $\text{R\&D}_{m1999}$ 代表 1999 年 m 国的实际研发支出，g 则为 m 国在 1999—2013 年实际资本存量的平均增长量。

我们参考国际惯例将 δ 赋值为 5%，世界银行数据库和联合国贸易数据库包含了世界各国或地区的国内生产总值和研发支出的相关数据。表 5-10 对回归结果进行了详细报告，其中第 2 列显示了"多元化效应机制"的估计结果，表明中间品进口通过"多元化效应"（ln medinput*num）实现了企业边际成本的下降，其消化、学习和模仿能力得到了提升，进而对出口产品质量的提升产生了正向影响；该表第 3 列则显示了"中间品质量效应"的估计结果，表明企业通过进口高质量的中间品（ln medinput*im_quality）显著提高了出口产品质量；该表第 4 列显示了"知识溢出效应"的估计结果，可以发现中间品进口与国际技术溢出的交互项（ln medinput*ln spillover）的回归系数在 1%的水平上显著为正，

这说明企业通过中间品进口产生了技术溢出效应，进一步通过消化、吸收、模仿和改进中间品内含的先进技术实现出口产品质量的提升。此外，观察一系列控制变量的回归结果，其正负和大小与预期相一致，验证了第三章的相关机制分析。

三、异质性检验

上述实证部分的研究均是基于总体层面进行的，但中间品进口、自主创新对企业出口产品质量的促进作用可能因企业异质性产生差异。因而，为了更加系统地分析中间品进口、自主创新对企业出口产品质量的影响，接下来将数据库中的样本企业按照其自身不同特征属性进行分类，并分别进行回归分析。第一，以中间品进口的来源企业，按照企业所有制分别划分为外资企业、民营企业以及国有企业；第二，将样本企业划分为加工贸易企业和一般贸易企业两种类型；第三，根据中间品进口的来源国类型，将企业划分为低收入和高收入国家两类；第四，以企业技术复杂度为依据，将企业划分为高技术水平企业、中技术水平企业以及低技术水平企业三类；第五，根据中间品进口的来源国是否为共建"一带一路"国家将企业划分为非共建"一带一路"国家和共建"一带一路"国家。另外，我们还将基于自主创新异质性视角进行回归分析，更进一步地分析其在不同企业间对出口产品质量促进作用的差异。

1. 中间品进口的异质性检验

表 5-11 第 1 列呈现了国有企业（state_own）、民营企业（private_own）以及外资企业（foreign_own）的回归结果。回归结果表明，中间品进口对外资企业出口产品质量的促进作用最为强烈，其次为民营企业，对国有企业出口产质量的促进作用最小。其可能原因在于中国外资企业由于自身技术水平较高而技术吸收能力相对较强，因而可以通过"中间品质量效应"、"知识溢出效应"及"中间品多元化效应"促进企业出口产品质量的提升（许家云等，2017）。

表 5-11 第 2 列呈现了一般贸易企业中间品进口和加工贸易企业中间品进口的回归结果。实证结果表明，中间品进口对加工贸易企业出口产品质量的促进更为显著。其原因可能在于大部分加工贸易企业中间品进口的目的就是生产最终产品，因而进口的中间品质量和技术含量能够直接影响最终产品的质量水平。此外，大部分外资企业的技术水平先进、管理经验成熟也是原因之一。

表 5-11 第 3 列呈现了中间品进口来源为 OECD 国家和非 OECD 国家的回归结果。结果显示，不管来源如何，中间品进口对企业出口产品质量的提升均存在正相关。但是相比非 OECD 国家，来源为 OECD 国家的中间品进口对企业出口产品质量的促进作用更大。其可能的原因在于，中间品进口中来源为 OECD 国家的占比较高，其具备技术水平更高，能更为显著实现出口产品质量的提升（Shepherd 和 Stone，2012）。

表 5-11 第 4 列的回归系数显示，高技术水平的中间品进口对于中国制造业企业出口产品质量的提升效应最为显著，其次为中技术水平，而低技术水平对促进出口产品质量的影响最小。进口高技术水平中间品的企业往往具备较高的研发投入水平、较强的技术吸收能力、较高的人力资本，因而能够有效利用中间品进口促进企业出口产品质量。

表 5-11 第 5 列为共建"一带一路"国家与非共建"一带一路"国家的计量结果。其结果表明，来源非共建"一带一路"国家的中间品进口更能促进出口产品质量的提升，这是由于共建"一带一路"国家绝大部分为发展中国家，而进口技术水平较低的中间品对中国企业出口产品质量提升的促进作用较小[①]。至此验证了第三章第四节 H_{D1} ~ H_{D4}。

此外，从上述实证结果中还可以看出，自主创新的估计系数均在 1%的水平上显著为正，这表明自主创新对企业出口产品质量提升具备显著促进作用，自主创新可以帮助企业在内部构建升级路径。另外，自主创新与中间品进口交互项在 1%的水平上显著为负，这说明中间品进口与自主创新存在一定替代性。这也验证了上述基准回归结果具有一定稳健性，并进一步检验了第三章第四节的相关研究假设。

---

① 叶初升. 中国发展经济学年度发展报告 2016—2017[M]. 武汉：武汉大学出版社，2018.

表 5-11 异质性视角下中间品进口对企业出口产品质量的影响

变量	因变量：出口产品质量				
	所有制	贸易方式	OECD	技术水平	"一带一路"
state_own	0.002 3*** （0.000）				
private_own	0.002 5*** （0.000）				
foreign_own	0.002 6*** （0.000）				
general_med		0.002 4*** （0.000）			
process_med		0.002 8*** （0.000）			
oecd_med			0.002 7*** （0.000）		
nonoecd_med			0.002 5*** （0.000）		
lowtech_med				0.002 5*** （0.000）	
middle_med				0.002 7*** （0.000）	
high_med				0.002 9*** （0.000）	
beltroad_med					0.002 6*** （0.000）
nonbeltroad_med					0.002 7*** （0.000）

续表

变量	因变量：出口产品质量				
	所有制	贸易方式	OECD	技术水平	"一带一路"
ln apply	0.005 1***	0.004 9***	0.005 1***	0.005 1***	0.005 1***
	(0.000)	(0.000)	(0.000)	(0.000)	(0.000)
ln medinput*ln apply	−0.000 2***	−0.000 1***	−0.000 2***	−0.000 2***	−0.000 2***
	(0.000)	(0.000)	(0.000)	(0.000)	(0.000)
ln subsidy	0.000 3**	0.000 3**	0.000 3**	0.000 3**	0.000 3**
	(0.000)	(0.000)	(0.000)	(0.000)	(0.000)
ofdi	0.002 9	0.002 8	0.002 9	0.002 9	0.002 9
	(0.003)	(0.003)	(0.003)	(0.003)	(0.003)
ln employee	−0.002 2*	−0.002 1*	−0.002 1*	−0.002 2*	−0.002 2*
	(0.001)	(0.001)	(0.001)	(0.001)	(0.001)
ln ysel	0.026 5***	0.026 3***	0.026 4***	0.026 5***	0.026 5***
	(0.001)	(0.001)	(0.001)	(0.001)	(0.001)
ln labor	−0.006 2***	−0.006 0***	−0.006 1***	−0.006 2***	−0.006 2***
	(0.001)	(0.001)	(0.001)	(0.001)	(0.001)
profitr	0.018 2***	0.018 1***	0.018 1***	0.018 2***	0.018 2***
	(0.003)	(0.003)	(0.003)	(0.003)	(0.003)
age	−0.000 4***	−0.000 4***	−0.000 4***	−0.000 4***	−0.000 4***
	(0.000)	(0.000)	(0.000)	(0.000)	(0.000)
manage	−0.000 5***	−0.000 5***	−0.000 5***	−0.000 5***	−0.000 5***
	(0.000)	(0.000)	(0.000)	(0.000)	(0.000)
fincon	0.003 1***	0.003 0***	0.003 1***	0.003 1***	0.003 1***
	(0.001)	(0.001)	(0.001)	(0.001)	(0.001)
	(0.057)	(0.057)	(0.057)	(0.057)	(0.057)
Constant	0.372 4***	0.373 1***	0.372 6***	0.372 7***	0.372 4***
	(0.035)	(0.035)	(0.035)	(0.035)	(0.035)

续表

变量	因变量：出口产品质量				
	所有制	贸易方式	OECD	技术水平	"一带一路"
固定效应（年份）	√	√	√	√	√
固定效应（行业）	√	√	√	√	√
固定效应（区域）	√	√	√	√	√
观测数量	467 039	467 039	467 039	467 039	467 039
样本个数	132 756	132 756	132 756	132 756	132 756
Within_R^2	0.040 7	0.041 0	0.040 8	0.040 8	0.040 8
Between_R^2	0.088 9	0.091 1	0.088 6	0.089 0	0.088 9
Overall_R^2	0.092 0	0.094 3	0.091 9	0.092 0	0.092 1

注：*、**和***分别表示在10%、5%和1%的水平上显著；括号内的值为纠正了异方差后的标准误，"√"表示是，"×"表示否。

2. 自主创新的异质性检验

为了分析自主创新异质性对出口产品质量的影响，分别生成中间品进口与发明专利（ln applyfm）、实用新型专利（ln applyxx）、外观设计专利（ln applywg）的交互项进行实证检验。由表5-12可知，发明专利（ln applyfm）和实用新型专利（ln applyxx）的估计系数均在1%的水平上显著为正，即发明专利和使用新型专利对出口产品质量提升具有显著的正向促进作用，而外观设计专利（ln applywg）的估计系数为负且不显著。此外，由表5-12还可知，中间品进口与发明专利（ln applyfm）、实用新型专利（ln applyxx）、外观设计专利（ln applywg）的交互项的回归系数均为－0.000 2，且均在1%的水平上显著，这说明中间品与自主创新之间存在一定程度的挤出效应，进一步验证了第三章第三节的相关研究假设。

表 5-12 异质性视角下自主创新对企业出口产品质量的影响

变量	因变量：出口产品质量		
	Model 发明专利	Model 实用新型	Model 外观设计
ln medinput	0.002 6***	0.002 6***	0.002 6***
	(0.000)	(0.000)	(0.000)
ln apply	0.003 5***	0.005 0***	0.002 8***
	(0.000)	(0.000)	(0.001)
ln medinput*ln applyfm	−0.000 2***		
	(0.000)		
ln medinput*ln applywg		−0.000 2***	
		(0.000)	
ln medinput*ln applyxx			−0.000 2***
			(0.000)
ln applyfm	0.003 3***		
	(0.001)		
ln applywg		−0.001 1	
		(0.001)	
ln applyxx			0.003 2***
			(0.001)
ln subsidy	0.000 3**	0.000 3**	0.000 3**
	(0.000)	(0.000)	(0.000)
ofdi	0.002 7	0.002 7	0.002 8
	(0.003)	(0.003)	(0.003)
ln employee	−0.002 2*	−0.002 2*	−0.002 2*
	(0.001)	(0.001)	(0.001)
ln ysel	0.026 5***	0.026 5***	0.026 5***
	(0.001)	(0.001)	(0.001)
ln labor	−0.006 2***	−0.006 2***	−0.006 2***
	(0.001)	(0.001)	(0.001)

续表

变量	因变量：出口产品质量		
	Model 发明专利	Model 实用新型	Model 外观设计
Profitr	0.018 2***	0.018 1***	0.018 1***
	(0.003)	(0.003)	(0.003)
age	−0.000 4***	−0.000 4***	−0.000 4***
	(0.000)	(0.000)	(0.000)
manage	−0.000 5***	−0.000 5***	−0.000 5***
	(0.000)	(0.000)	(0.000)
fincon	0.003 1***	0.003 1***	0.003 1***
	(0.001)	(0.001)	(0.001)
Constant	0.373 0***	0.373 0***	0.372 9***
	(0.035)	(0.035)	(0.035)
固定效应（年份）	√	×	√
固定效应（行业）	√	×	√
固定效应（区域）	√	×	√
样本数	467 039	467 039	467 039
企业数量	132 756	132 756	132 756
Within_R^2	0.040 7	0.040 8	0.040 8
Between_R^2	0.088 5	0.088 4	0.088 7
Overall_R^2	0.091 7	0.091 6	0.091 9

注：*、**和***分别表示在10%、5%和1%的水平上显著；括号内的值为纠正了异方差后的标准误，"√"表示是，"×"表示否。

四、中介效应检验

接下来借助中介效应模型，对中间品进口影响自主创新进而实现出口产品质量提升的作用机制进行检验。参照中介效应模型的"逐步法"系数检验顺序，我们设定如下中介效应模型：

首先，检验中间品进口对企业出口产品质量的影响。

$$quality_{it} = \alpha_0 + \alpha_1 \ln medinput_{it} + \sum \gamma_{1i} V_{it} + \delta_{1it} \quad (5-11)$$

其次，检验企业中间品进口对中介变量（自主创新）的影响。

$$\ln apply_{it} = \delta_0 + \delta_1 \ln medinput_{it} + \sum \gamma_{3i} V_{it} + \delta_{2it} \quad (5-12)$$

最后，验证存在中间品进口情况下中介变量（自主创新）对出口产品质量的影响。

$$quality_{it} = \eta_0 + \eta_1 \ln medinput_{it} + \eta_2 \ln apply_{it} + \sum \gamma_{4i} V_{it} + \delta_{3it} \quad (5-13)$$

式中，t 代表年份；i 代表企业；V_{it} 为控制变量；δ_{it} 代表随机扰动项，在进行回归时还控制了行业和地区固定效应。

中间品进口通过自主创新影响出口质量的传导机制可以通过上文的计量模型进行检验，具体回归结果见表 5-13。表 5-13 的第 1 列检验了中间品进口对出口产品质量的总体影响，实证结果表明中间品进口对出口产品质量的影响在 1%的水平上显著为正；第 2 列为中间品进口对中介变量自主创新的影响，回归系数在 1%的水平上为正，表明中间品进口对企业自主创新具有正向影响，验证了第三章研究 H_C；第 3 列中，中间品进口和自主创新的估计系数均显著为正，说明存在中介效应，进一步验证了第三章第三节的相关中介效应假设。

表 5-13 中介效应回归结果

变量	因变量		
ln medinput	0.001 7*** （0.000）	0.167 9*** （0.040）	0.001 6*** （0.000）
ln apply			0.002 2** （0.001）
ln subsidy	-0.000 2* （0.000）	-0.000 2* （0.000）	-0.000 2* （0.000）
ofdi	0.011 0*** （0.003）	0.010 8*** （0.003）	0.010 9*** （0.003）

续表

变量	因变量		
ln employee	0.000 3 （0.001）	0.000 3 （0.001）	0.000 3 （0.001）
ln ysel	0.005 4*** （0.002）	0.005 4*** （0.002）	0.005 4*** （0.002）
ln labor	0.001 7 （0.001）	0.001 7 （0.001）	0.001 7 （0.001）
profitr	0.000 1 （0.000）	0.000 1 （0.000）	0.000 1 （0.000）
age	-0.000 4*** （0.000）	-0.000 4*** （0.000）	-0.000 4*** （0.000）
manage	-0.000 0 （0.000）	-0.000 0 （0.000）	-0.000 0 （0.000）
fincon	0.000 0* （0.000）	0.000 0* （0.000）	0.000 0* （0.000）
Constant	0.933 4*** （0.010）	13.328 9*** （0.442）	0.934 3*** （0.010）
固定效应（年份）	√	√	√
固定效应（行业）	√	√	√
固定效应（区域）	√	√	√
样本个数	467 039	467 039	467 039
企业数量	132 756	132 756	132 756
Within_R^2	0.050 8	0.040 2	0.040 9
Between_R^2	0.086 7	0.088 3	0.089 6
Overall_R^2	0.103 4	0.091 5	0.104 5

注：*、**和***分别表示在 10%、5%和 1%的水平上显著；括号内的值为纠正了异方差后的标准误，"√"表示是，"×"表示否。

五、内生性检验

在上述实证过程中对就业人数、政府补贴、融资约束、企业年龄、对外直接投资等因素进行了控制，然而中间品进口与中国制造业企业之间有存在内生性的可能。其原因是企业中间品进口的重要依据之一为生产率（TFP），而企业自身的生产率水平也反映了该企业出口产品质量。换言之，企业的出口产品质量也可能影响该企业的中间品进口（Yu，2015；许家云等，2017），两者间的反向因果关系可能会存在内生性。Hausman 检验的结果也表明中间品进口与出口产品质量间存在反向因果关系。中间品进口与出口产品质量之间可能存在一定程度的内生性，而工具变量法是解决内生性问题的有效方法，因此我们借鉴 Piveteau 和 Smagghue（2013）、Bas 和 Strauss-Kahn（2014）的方法，利用工具变量法解决内生性问题。关于中间品进口的工具变量，我们选择中间品来源国的实际税率和中间品进口的实际关税两个指标。其中，中间品进口关税税率直接影响中间品进口的种类和数量，但其与出口产品之间并没有直接关联，所以将中间品进口关税税率作为工具变量进行实证检验具有一定的合理性。其详细计算公式如下[①]：

$$\varphi_{it}^{input} = \sum_{h} \alpha_{ih,aver} \varphi_{ht} = \sum_{h} \left(\frac{v\alpha_{ih,aver}}{\sum_{h} v\alpha_{ih,aver}} \right) \varphi_{ht} \quad (5\text{-}14)$$

式中，h 为中国海关 6 位编码产品；φ_{ht} 为产品 h 在第 t 年的进口关税税率；$v\alpha_{ih,aver}$ 为 2000—2013 年企业 i 进口产品 h 的平均金额；$\alpha_{ih,aver} = \frac{v\alpha_{ih,aver}}{\sum_{h} v\alpha_{ih,aver}}$ 为 2000—2013 年企业 i 进口产品 h 的金额在同年进口总额中的比重；$\alpha_{ih,aver}$ 为固定权重，较为有效地解决了贸易权重和中间品进口关税税率间可能存在的内生性问题；除中间品进口关税税率外，其他工具变量还包括中间品进口来源国的真实汇率，中间品进口来源国的真实汇率能够直接影

---

① 徐易华. 新型城镇化对经济增长的影响研究[D]. 南昌：南昌大学，2016.

响生产的边际成本，进而影响企业中间品进口的相关决策，但其与出口产品质量之间不存在直接联系。其原因在于中间品进口来源国真实汇率的变化并不会对产品出口国的实际消费需求产生影响，故而将中间品进口来源国的真实汇率作为工具变量进行实证检验也具有一定的合理性。该变量的计算公式如下：

$$\overline{rer}_{ht} = \sum_{hs6}\sum_{i} \omega_{osf} \times \log rer_{mt} \tag{5-15}$$

式中，ω_{omf} 表示 2000—2013 年企业从来源国进口的中间品在同年份总进口额中所占的比例；rer_{mt} 表示真实汇率，其具体计算公式为 $rer_{mt} = er_{mt} \times (CPI_{mt}/CPI_{china, t})$。$CPI_{mt}$、$CPI_{china, t}$ 分别为进口来源国和中国在 t 时期的 CPI，世界银行数据库涵盖世界各国的汇率相关数据，WTO 的 Tariff Download Facility 数据库和世界银行的 WITS 数据库则包含了世界各国的产品关税相关数据。

表 5-14 报告了采用工具变量法且工具变量为中间品进口国的真实汇率和中间品进口关税的估计结果。我们在实证过程中控制了行业、年份以及地区固定效应，以提高回归结果的精确性。观察表 5-14 第 3 列可以发现，中间品进口和自主创新能力的估计系数均为正，即中间品进口和自主创新能力均对企业出口产品质量的提升有促进作用。这也进一步说明了上文回归结果存在稳健性。从表 5-14 中还可以发现，中间品进口与自主创新交互项的回归结果依旧为负，且在 1% 的水平上显著，这也验证了自主创新与中间品进口之间存在挤出效应。造成这一情形的原因可能在于，中国制造业企业中大部分为加工贸易企业，从事加工、组装等劳动密集型行业，通过中间品进口产生产业关联效应存在一定难度，尽管自主研发能力与企业出口产品质量存在正相关关系，但中国存在与合作方技术差距过大的问题，对于国外的先进技术无法进行高效吸收和学习，进而导致中间品进口与自主研发对出口产品质量的影响较难产生协同效应。

表 5-14　内生性问题及其回归结果

变量	因变量：出口产品质量		
	2SLS	2SLS	2SLS
ln medinput	0.011 3***	0.009 9***	0.009 1***
	(0.000)	(0.000)	(0.000)
ln apply	0.032 4***	0.030 1***	0.025 1***
	(0.001)	(0.001)	(0.001)
jhx	-0.002 1***	-0.002 4***	-0.002 2***
	(0.000)	(0.000)	(0.000)
ln subsidy		0.000 1	0.000 4**
		(0.000)	(0.000)
ofdi		0.025 1***	0.019 4***
		(0.002)	(0.002)
ln employee		0.020 3***	0.001 8
		(0.001)	(0.002)
ln ysel		0.007 2***	0.024 6***
		(0.001)	(0.002)
ln labor		-0.008 4***	-0.019 8***
		(0.001)	(0.002)
profitr		-0.056 1***	-0.045 2***
		(0.003)	(0.003)
age		-0.000 8***	-0.000 6***
		(0.000)	(0.000)
manage		0.002 6***	0.001 3***
		(0.000)	(0.000)
fincon		0.015 6***	0.008 0***
		(0.002)	(0.002)
Constant	0.491 3***	0.490 5***	0.305 8***
	(0.025)	(0.003)	(0.026)

续表

变量	因变量：出口产品质量		
	2SLS	2SLS	2SLS
固定效应（年份）	√	×	√
固定效应（行业）	√	×	√
固定效应（区域）	√	×	√
Kleibergen-Paap rk LM statistic	3.6e+04 [0.000 0]	3.8e+04 [0.000 0]	3.5e+04 [0.000 0]
Kleibergen-Paap rk Wald F statistic	7 442.727 [0.000 0]	2.3e+04 [0.000 0]	2.0e+04 [0.000 0]
Observations	467 039	467 039	467 039
Centered R^2	0.080 1	0.067 7	0.120 4

注：*、**和***分别表示在 10%、5%和 1%的水平上显著；括号内的值为纠正了异方差后的标准误，"√"表示是，"×"表示否。

六、稳健性检验

进一步检验上述实证分析结果的稳健性，并系统考察中间品进口、自主创新对出口产品质量影响的渐变信息，采用分位数回归方法进行重新估计，并对 0.1、0.25、0.5、0.75、0.9 分位数的回归结果进行报告，同时给出了普通最小二乘法（OLS）回归结果作为对照，以方便比较不同类型的比较结果，如表 5-15 所示。结果表明，普通最小二乘法和分位数的估计系数正负一致，中间品进口和自主创新均促进了中国制造业出口产品质量提升，交互项的系数与普通最小二乘法回归结果基本一致，仍旧为负且在 1%的水平上显著，控制变量的估计系数与前文面板计量模型和工具变量法的结果基本一致。由此可见，实证结果具有一定的稳定性和说服力。

表 5-15 稳健性检验分位数回归结果

变量	因变量：出口产品质量					
	OLS	QR_0.1	QR_0.25	QR_0.50	QR_0.75	QR_0.90
ln medinput	0.004 7***	0.006 9***	0.006 7***	0.005 0***	0.003 3***	0.002 2***
	(0.000)	(0.000)	(0.000)	(0.000)	(0.000)	(0.000)
ln apply	0.000 2	0.000 3	-0.000 0	0.001 4***	0.000 8*	-0.001 4***
	(0.000)	(0.001)	(0.001)	(0.001)	(0.000)	(0.000)
ln medinput*ln apply	-0.000 4***	0.000 1	-0.000 3***	-0.000 6***	-0.000 7***	-0.000 5***
	(0.000)	(0.000)	(0.000)	(0.000)	(0.000)	(0.000)
ln subsidy	0.001 1***	0.001 5***	0.001 9***	0.001 3***	0.000 3**	-0.000 4***
	(0.000)	(0.000)	(0.000)	(0.000)	(0.000)	(0.000)
ofdi	0.022 2***	0.049 2***	0.028 5***	0.015 8***	0.007 8***	0.001 7
	(0.002)	(0.004)	(0.003)	(0.002)	(0.002)	(0.002)
ln employee	-0.015 6***	-0.011 1***	-0.015 9***	-0.020 5***	-0.016 4***	-0.010 6***
	(0.002)	(0.004)	(0.002)	(0.002)	(0.001)	(0.002)
ln ysel	0.046 7***	0.045 3***	0.053 0***	0.054 8***	0.045 3***	0.032 1***
	(0.002)	(0.004)	(0.002)	(0.002)	(0.001)	(0.002)
ln labor	-0.035 2***	-0.044 7***	-0.041 7***	-0.038 1***	-0.028 3***	-0.018 3***
	(0.002)	(0.004)	(0.002)	(0.002)	(0.001)	(0.002)
profitr	-0.046 7***	-0.076 0***	-0.064 7***	-0.045 1***	-0.023 4***	-0.009 6***
	(0.003)	(0.006)	(0.004)	(0.003)	(0.002)	(0.002)
age	-0.000 9***	-0.000 8***	-0.001 0***	-0.001 1***	-0.001 0***	-0.000 8***
	(0.000)	(0.000)	(0.000)	(0.000)	(0.000)	(0.000)
manage	-0.000 2***	0.000 4**	-0.000 3**	-0.000 8***	-0.000 7***	-0.000 5***
	(0.000)	(0.000)	(0.000)	(0.000)	(0.000)	(0.000)
fincon	0.005 1***	0.010 1***	0.005 2***	0.005 4***	0.003 5***	0.001 9*
	(0.001)	(0.003)	(0.002)	(0.001)	(0.001)	(0.001)
Constant	0.297 4***	0.081 1***	0.156 6***	0.257 1***	0.414 2***	0.574 6***
	(0.011)	(0.025)	(0.016)	(0.011)	(0.009)	(0.010)

续表

变量	因变量：出口产品质量					
	OLS	QR_0.1	QR_0.25	QR_0.50	QR_0.75	QR_0.90
固定效应（年份）	√	√	√	√	√	√
固定效应（行业）	√	√	√	√	√	√
固定效应（区域）	√	√	√	√	√	√
样本个数	467 039	467 039	467 039	467 039	467 039	467 039
企业数量	132 756	同前				
R-squared /Pseudo R^2	0.155 1	0.100 8	0.111 0	0.110 2	0.091 0	0.056 4

注：*、**和***分别表示在10%、5%和1%的水平上显著；括号内的值为纠正了异方差后的标准误，"√"表示是，"×"表示否。

第四节 中间品进口、自主创新对产品升级的实证分析（技术）

本节对出口技术复杂度研究的边际贡献可能在于以下3个方面：首先，分析了中间品进口、自主创新影响出口产品复杂度的内在路径，打开其影响的"黑匣子"，通过梳理相关文献并进行实证分析，不仅考察了中间品进口、自主创新对出口产品复杂度的影响，更是对研究机理进行了深入研究，这为实现出口技术复杂度的提升提供了新方向；其次，利用固定效应模型进行实证分析，考察了中间品进口、自主创新对中国制造业出口产品复杂度的影响，并将样本分别按照企业所有制、贸易方式、出口目的国、技术复杂度等按照企业特征进行分类进行异质性分析；最后，为解决中间品进口对中国制造业出口产品复杂度间存在的内生性问题，我们采用工具变量法和倾向匹配得分法（PSM）对回归结果的稳健性和可靠性进行检验，从而提出更为全面、更具针对性的政策建议。

一、基准回归结果与分析

表 5-16 显示了中间品进口、自主创新对中国制造业出口技术复杂度的实证检验结果，为避免变量之间的序列相关问题和异方差问题，选择企业层面的聚类标准误进行计量分析。表第 1 列和第 2 列分别报告了自主创新、中间品进口对出口技术复杂度的影响。回归结果表明，中间品进口的估计系数为正，且在 1%的水平上显著，这说明中间品进口明显促进出口技术复杂度，这验证了第三章的研究假设 H_{A2}，即中间品进口可以显著正向提升制造业企业的出口技术复杂度；自主创新的估计系数也在 1%的水平上为正，这说明自主创新能力也显著提高企业出口产品复杂度，验证了第三章的相关研究假设 H_B，即自主创新与制造业企业出口技术复杂度显著正相关。该实证结果中交互项的估计系数表明自主创新两者交互项不利于企业出口技术复杂度的提升，与前文的实证分析结果一致[①]。

表 5-16 基准回归结果

变量	因变量：出口技术复杂度				
	（1）基准回归	（2）质量效应	（3）溢出效应	（4）价格效应	（5）多元化效应
ln medinput	0.000 5*** （0.000）	0.000 4*** （0.000）	0.000 5*** （0.000）	0.000 4*** （0.000）	0.000 4*** （0.000）
ln apply	0.003 3*** （0.001）	0.002 8*** （0.001）	0.003 1*** （0.001）	0.001 9*** （0.000）	0.001 7*** （0.000）
ln medinput*ln apply	−0.000 2*** （0.000）				
medquality*ln medinput		0.004 0*** （0.001）			

---

① 杜江, 吴瑞兵. 融资约束、政府补贴与企业全球价值链升级——基于出口技术复杂度的实证分析[J]. 河南师范大学学报（哲学社会科学版），2020，47（1）：64-70.

续表

变量	因变量：出口技术复杂度				
	（1）基准回归	（2）质量效应	（3）溢出效应	（4）价格效应	（5）多元化效应
ln spillover*ln medinput			0.000 2***（0.000）		
medvalperunit*ln medinput				0.000 0（0.000）	
medinputcishu*ln medinput					0.008 5**（0.004）
ln subsidy	−0.000 2*（0.000）	−0.000 2*（0.000）	−0.000 2*（0.000）	−0.000 2*（0.000）	−0.000 2*（0.000）
ofdi	0.011 1***（0.003）	0.010 9***（0.003）	0.011 1***（0.003）	0.010 7***（0.003）	0.010 7***（0.003）
ln employee	0.000 3（0.001）	0.000 3（0.001）	0.000 3（0.001）	0.000 3（0.001）	0.000 3（0.001）
ln ysel	0.005 4***（0.002）	0.005 4***（0.002）	0.005 4***（0.002）	0.005 4***（0.002）	0.005 4***（0.002）
ln labor	0.001 7（0.001）	0.001 7（0.001）	0.001 7（0.001）	0.001 7（0.001）	0.001 7（0.001）
profitr	0.000 1（0.000）	0.000 1（0.000）	0.000 1（0.000）	0.000 1（0.000）	0.000 1（0.000）
age	−0.000 4***（0.000）	−0.000 4***（0.000）	−0.000 4***（0.000）	−0.000 4***（0.000）	−0.000 4***（0.000）
manage	−0.000 0（0.000）	−0.000 0（0.000）	−0.000 0（0.000）	−0.000 0（0.000）	−0.000 0（0.000）
fincon	0.000 0*（0.000）	0.000 0*（0.000）	0.000 0*（0.000）	0.000 0*（0.000）	0.000 0*（0.000）

续表

变量	因变量：出口技术复杂度				
	（1）基准回归	（2）质量效应	（3）溢出效应	（4）价格效应	（5）多元化效应
Constant	9.036 5***	9.036 7***	9.036 6***	9.037 2***	9.037 6***
	（0.096）	（0.096）	（0.096）	（0.096）	（0.096）
观测值	498 945	498 945	498 945	498 945	498 945
企业数量	127 913	127 913	127 913	127 913	127 913
行业	√	√	√	√	√
地区	√	√	√	×	√
年份	√	√	√	×	×
R-squared	0.939 3	0.939 3	0.939 3	0.939 3	0.939 3

注：*、**和***分别表示在10%、5%和1%的水平上显著；括号内的值为纠正了异方差后的标准误，"√"表示是，"×"表示否。

二、影响机制检验与分析

接下来我们更进一步地分析中间品影响出口技术复杂度的内在机制，依据上文提出的"中间品质量效应""知识溢出效应""中间品价格效应""中间品多元化效应"机制，分别采用中间品进口质量和中间品进口的交互项（ln medinput*medquality）、中间品进口与国际技术溢出的交互项（ln medinput*ln spillover）、中间品进口价格和中间品进口的交互项（ln medinput*medvalperunit）、中间品种类和中间品进口的交互项（ln medinput*cishu）进行相关实证检验。

根据表5-16第2列至第5列的回归结果可知，中间品进口主要通过质量效应（ln medinput*medquality）、技术溢出效应（ln medinput*ln spillover）以及种类效应或多元化效应（ln medinput*cishu）显著正向提升了中国制造业企业全要素生产率。

首先，中间品进口种类多元化可以通过"互补机制"促进最终产品的多样化,通过"进口价格降低效应"途径影响边际成本,进而扩大企业出口规模,提升出口技术复杂度。

其次,中间品进口质量效应(ln medinput*medquality)回归系数在1%的水平上显著为正,表明高质量的中间品进口通过内部传导效应和外部市场竞争效应,可以显著促进中国制造业企业出口技术复杂度的提高,验证了第三章第一节的相关理论分析。

最后,中间品进口产生的技术溢出效应(ln medinput*ln spillover)可以显著正向提升中国制造业出口技术复杂度,中国制造业企业进口先进技术的中间品,能够通过模仿示范效应、"用中学"效应、前后关联效应获得技术溢出,提升中国制造业企业出口技术复杂度。

综上所述,中间品进口主要通过质量效应、种类效应、技术溢出效应影响制造业企业出口技术复杂度。其中,质量效应会通过内部传导机制直接形成产品升级,提高出口技术复杂度。技术溢出效应一方面能够直接提高最终产品的技术含量,另一方面也能够通过促进自主创新能力的提升来影响出口技术复杂度。上述实证结果验证了第三章第一节的相关理论分析。

三、异质性检验

1. 中间品进口的异质性

第一,依据企业所有制将样本数据分为国有企业、外资企业和民营企业3类,并进行计量分析以检验不同所有制企业对出口产品复杂度产生的差异化影响,其具体回归结果见表5-17第1列。结果显示,相比而言,中间品进口对外资企业的出口技术复杂度提升的激励作用最强,其次为民营企业,但是国有企业的估计系数在1%的水平上为负,这说明中间品进口不利于国有企业出口产品技术复杂度的提升。导致该结果的原因可能在于,对不同类型企业而言,中间品进口产品多元化带来的边际成本递减效应或成本增加效应的大小不同。毫无疑问,大部分外资企业为跨国企业,在国际市场上的采购经验更为丰富,甚至可以将母公司作为中间品进口的来源国，因而中间品进口多元化导致了外资企业固定成本的降低。然而，国有企业对国际市场的熟悉度较低且采购经验也较少，更是由于文化、制度和地区等方面的差异造成中间品进口的固定成本相对较高，因而中间品进口多元化导致的边际成本增加效应大过边际成本递减效应，因而对出口产品复杂度的提升产生制约作用。私营企业大多从事组装和加工环节，因而中间品进口多元化可以降低中间品进口的固定成本，对边际成本递减效应进行抵消。

第二，依据企业贸易方式将样本数据分为一般贸易企业、加工贸易企业两类，并检验不同贸易方式企业对出口产品复杂度产生的差异化影响，其具体回归结果见表5-17第2列。结果显示，相对加工贸易企业而言，中间品进口对一般贸易企业的出口产品技术复杂度提升的促进作用更为明显。加工贸易企业中，劳动密集型企业居多，对国际大买家提供的中间品依赖度较高，将其进行组装、加工后再进行出口，加工贸易企业的内在创新能力缺乏，这也就造成一般贸易企业中间品进口对出口产品复杂度提升的激励作用显著于加工贸易企业。

第三，表5-17第3列呈现了中间品进口来源为OECD国家（oecd_med）和非OECD国家（non-oecd_med）的回归结果。结果显示，不管来源如何，中间品进口与企业出口技术复杂度的提升均存在正相关，但是相比非OECD国家，来源为OECD国家的中间品进口对企业出口产品质量的促进作用更大。原因可能在于中间品进口中来源为OECD国家的占比较高，其具备技术水平更高，能更为显著地实现出口技术复杂度的提升。

第四，以Lall（2000）的产品分类标准为依据，将样本数据分为低技术水平（lowtech_med）、中技术水平（middle_med）和高技术水平（high_med）3类，并进行计量分析以检验不同技术水平企业对出口产品复杂度产生的差异化影响，回归结果见表5-17第4列。结果显示，中间品进口对中技术水平、高技术水平企业出口产品复杂度的促进作用更为显著。这可能是由于中国人口红利在劳动密集型产业上具备较强的出口竞争力，中国出口企业在市场上的比较优势为低价格，这也就造成低技术产品企业自身缺乏对出口产品复杂度提升的内在动力，因而中间品进口对低技术企业出口产品复杂度提升效应无效。此外，从表5-7还可知，自主创新的估计系数的大小和正负与上文的结果基本一致,这进一步验证了第三章第四节的相关理论分析。

第五,表 5-17 第 5 列报告了中间品进口为共建"一带一路"国家(beltroad_med)与非共建"一带一路"国家(nonbeltroad_med)的计量结果。结果表明,来源非共建"一带一路"国家的中间品进口更能提高出口技术复杂度,上述实证进一步验证了第三章第四节的相关研究假设($H_{D1} \sim H_{D4}$)。

表 5-17 中间品进口的异质性回归结果

变量	因变量:出口技术复杂度				
	所有制(1)	贸易方式(2)	OECD(3)	技术水平(4)	"一带一路"(5)
state_own	-0.001 0** (0.000)				
private_own	0.000 3*** (0.000)				
foreign_own	0.000 6*** (0.000)				
general_med		0.000 1 (0.000)			
process_med		0.000 9*** (0.000)			
oecd_med			0.000 5*** (0.000)		
nonoecd_med			0.000 4*** (0.000)		
lowtech_med				0.000 3*** (0.000)	
middle_med				0.000 5*** (0.000)	

续表

变量	因变量：出口技术复杂度				
	所有制（1）	贸易方式（2）	OECD（3）	技术水平（4）	"一带一路"（5）
high_med				0.001 1***	
				（0.000）	
beltroadmedinput					0.000 3***
					（0.000）
non_beltroadmedinput					0.000 5***
					（0.000）
ln apply	0.003 2***	0.003 0***	0.003 3***	0.003 4***	0.003 3***
	（0.001）	（0.001）	（0.001）	（0.001）	（0.001）
ln medinput*ln apply	−0.000 2***	−0.000 2***	−0.000 2***	−0.000 2***	−0.000 2***
	（0.000）	（0.000）	（0.000）	（0.000）	（0.000）
ln subsidy	−0.000 2*	−0.000 2*	−0.000 2*	−0.000 2*	−0.000 2*
	（0.000）	（0.000）	（0.000）	（0.000）	（0.000）
ofdi	0.011 0***	0.011 0***	0.011 1***	0.011 0***	0.011 1***
	（0.003）	（0.003）	（0.003）	（0.003）	（0.003）
ln employee	0.000 3	0.000 4	0.000 3	0.000 3	0.000 2
	（0.001）	（0.001）	（0.001）	（0.001）	（0.001）
ln ysel	0.005 4***	0.005 0***	0.005 4***	0.005 3***	0.005 5***
	（0.002）	（0.002）	（0.002）	（0.002）	（0.002）
ln labor	0.001 7	0.002 0	0.001 7	0.001 8	0.001 7
	（0.001）	（0.001）	（0.001）	（0.001）	（0.001）
profitr	0.000 1	0.000 1	0.000 1	0.000 1	0.000 1
	（0.000）	（0.000）	（0.000）	（0.000）	（0.000）
age	−0.000 4***	−0.000 4***	−0.000 4***	−0.000 4***	−0.000 4***
	（0.000）	（0.000）	（0.000）	（0.000）	（0.000）
manage	−0.000 0	−0.000 0	−0.000 0	−0.000 0	−0.000 0
	（0.000）	（0.000）	（0.000）	（0.000）	（0.000）

续表

变量	因变量：出口技术复杂度				
	所有制（1）	贸易方式（2）	OECD（3）	技术水平（4）	"一带一路"（5）
Fincon	0.000 0* (0.000)	0.000 1* (0.000)	0.000 0* (0.000)	0.000 0* (0.000)	0.000 0* (0.000)
Constant	9.036 6*** (0.096)	9.038 2*** (0.096)	9.036 5*** (0.096)	9.036 9*** (0.096)	9.036 3*** (0.096)
固定效应（年份）	√	√	√	√	√
固定效应（行业）	√	√	√	√	√
固定效应（区域）	√	√	√	√	√
观测值数量	498 945	498 945	498 945	498 945	498 945
企业数量	127 913	127 913	127 913	127 913	127 913
R-squared	0.939 3	0.939 3	0.939 3	0.939 3	0.939 3

注：*、**和***分别表示在 10%、5%和 1%的水平上显著；括号内的值为纠正了异方差后的标准误，"√"表示是，"×"表示否。

2. 自主创新异质性回归结果

在进行上述异质性分析的基础上，还进一步考虑了自主创新的异质性，在实证分析过程中分别生成发明专利数量（ln applyfm）、外观设计数量（ln applywg）、实用新型外观设计数量（ln applyxx）与中间品进口的交互项，并进行相关计量分析。

回归结果详见表 5-18。实证检验结果与前文基本一致，即中间品进口与自主创新能力的交互项的估计系数小于 0，且在 1%的水平上显著。该交互项对中国制造业出口产品复杂度提升依旧为制约作用，自主创新与中间品进口两者间依旧存在显著的挤出效应。这一进步验证了第三章的相关理论分析。

表 5-18 自主创新异质性回归结果

变量	因变量：出口技术复杂度		
	发明专利（1）	实用新型（2）	外观设计（3）
ln medinput	0.000 4***	0.000 4***	0.000 4***
	（0.000）	（0.000）	（0.000）
ln apply	0.002 3***	0.002 5***	0.002 4***
	（0.000）	（0.000）	（0.001）
ln medinput*ln applyfm	-0.000 2		
	（0.000）		
ln medinput*ln applywg		-0.000 3***	
		（0.000）	
ln medinput*ln applyxx			-0.000 1*
			（0.000）
ln subsidy	-0.000 2*	-0.000 2*	-0.000 2*
	（0.000）	（0.000）	（0.000）
ofdi	0.011 0***	0.010 8***	0.010 9***
	（0.003）	（0.003）	（0.003）
ln employee	0.000 3	0.000 3	0.000 3
	（0.001）	（0.001）	（0.001）
ln ysel	0.005 4***	0.005 4***	0.005 4***
	（0.002）	（0.002）	（0.002）
ln labor	0.001 7	0.001 7	0.001 7
	（0.001）	（0.001）	（0.001）
profitr	0.000 1	0.000 1	0.000 1
	（0.000）	（0.000）	（0.000）
age	-0.000 4***	-0.000 4***	-0.000 4***
	（0.000）	（0.000）	（0.000）
manage	-0.000 0	-0.000 0	-0.000 0
	（0.000）	（0.000）	（0.000）

续表

变量	因变量:出口技术复杂度		
	发明专利(1)	实用新型(2)	外观设计(3)
fincon	0.000 0*	0.000 0*	0.000 0*
	(0.000)	(0.000)	(0.000)
Constant	9.036 9***	9.036 9***	9.036 9***
	(0.096)	(0.096)	(0.096)
固定效应(年份/行业/区域)	√	√	√
观测数量	498 945	498 945	498 945
企业数量	127 913	127 913	127 913
R-squared	0.939 3	0.939 3	0.939 3

注：*、**和***分别表示在10%、5%和1%的水平上显著；括号内的值为纠正了异方差后的标准误，"√"表示是，"×"表示否。

四、中介效应检验

本节我们将利用中介效应模型检验中间品进口、自主创新影响中国制造业出口技术复杂的内在机理，相关中介效应模型如下：

$$\ln ESI_{it} = \beta_0 + \beta_1 \ln medinput_{it} + \beta_2 CV_{it} + \beta_3 \lambda_{it} + \varepsilon_{it} \quad (5-16)$$

$$\ln apply_{it} = \beta_0 + \beta_1 \ln medinput_{it} + \beta_2 CV_{it} + \beta_3 \lambda_{it} + \varepsilon_{it} \quad (5-17)$$

$$\ln ESI_{it} = \alpha + \beta_1 \ln medinput_{it} + \beta_2 \ln apply_{it} + \beta_3 Cv_{it} + \beta_4 \lambda_{it} + \varepsilon_{it} \quad (5-18)$$

式中，CV_{it}为其他相关控制变量的数据集，λ_{it}表示年份、行业和省份固定效应。

表5-19显示中介效应回归结果，第1列得到中间品进口有助于提升企业出口技术复杂度，验证了第三章提出的相关假设；第2列可看出为中间品进口促进了企业创新能力的提升，验证了在第三章第四节提出的相关假设；第3列的回归结果表明，中间品进口通过影响企业自主创新能力进而正向提升制造业出口技术复杂度。总体而言，中间品进口通过

影响自主创新能力促进出口技术复杂度提升的中介效应显著，进一步验证了第三章第三节有关中介效应的相关假设。

表 5-19　政府补贴与出口技术复杂度的中介效应检验结果

变量	因变量		
	出口技术复杂度	自主创新	出口技术复杂度
ln medinput	0.000 3**	0.000 7***	0.000 2***
	（0.000）	（0.000）	（0.000）
ln apply			0.002 3**
			（0.001）
ln subsidy	-0.000 2*	-0.000 2*	-0.000 2*
	（0.000）	（0.000）	（0.000）
ofdi	0.012 0***	0.010 9***	0.012 1***
	（0.003）	（0.003）	（0.003）
ln employee	0.000 4	0.000 5	0.000 3
	（0.001）	（0.001）	（0.001）
ln ysel	0.005 5***	0.005 6***	0.005 7***
	（0.002）	（0.002）	（0.002）
ln labor	0.001 8	0.001 9	0.001 7
	（0.001）	（0.001）	（0.001）
profitr	0.000 1	0.000 1	0.000 1
	（0.000）	（0.000）	（0.000）
age	-0.000 5***	-0.000 6***	-0.000 4***
	（0.000）	（0.000）	（0.000）
manage	-0.000 0	-0.000 0	-0.000 0
	（0.000）	（0.000）	（0.000）
fincon	0.000 0*	0.000 0*	0.000 0*
	（0.000）	（0.000）	（0.000）

续表

变量	因变量		
	出口技术复杂度	自主创新	出口技术复杂度
Constant	8.978 5*** (0.038)	0.286 7*** (0.022)	8.858 7*** (1.627)
固定效应 (行业/地区/年份)	√	√	√
观测值	498 945	498 945	498 945
企业数量	127 913	127 913	127 913
Adj. R^2	0.934 0	0.166 0	0.677 4

注：*、**和***分别表示在10%、5%和1%的水平上显著；括号内的值为纠正了异方差后的标准误，"√"表示是，"×"表示否。

五、内生性检验

在本章前面的实证检验过程中，我们已经控制了政府补贴（ln subsidy）、是否对外直接投资（ofdi）、年均就业人数（ln employee）、企业规模（ln ysel）、劳动生产率（ln labor）、企业利润率（profitr）、融资约束（fincon）、企业年龄（age）、管理水平（manage）、融资约束（fincon）等变量以及行业、地区、年份等固定效应，然而中间品进口与中国制造业企业出口技术复杂度之间可能存在内生性。Hausmann的检验结果也表明，中间品进口与出口产品技术复杂度间存在反向因果关系。鉴于上述分析，采用工具变量法可有效解决中间品进口与出口产品质量间的内生性问题，选用中间品进口国的实际汇率以及企业中间品进口的关税税率作为中间品进口的工具变量，从而有效解决中间品进口与出口产品技术复杂度之间存在的反向因果关系问题。工具变量的估计结果再次表明，中间品进口和自主创新能力与中国制造业企业出口技术复杂度之间显著正向相关。（见表5-20）

表 5-20 内生性检验回归结果

变量	因变量：出口技术复杂度		
	2SLS（1）	2SLS（2）	2SLS（3）
ln medinput	0.004 0*** （0.000）	-0.009 6*** （0.000）	0.003 9*** （0.000）
ln apply	0.009 0*** （0.001）	0.134 0*** （0.001）	0.008 1*** （0.001）
ln medinput*ln apply	-0.000 5*** （0.000）	-0.001 9*** （0.000）	-0.000 5*** （0.000）
ln subsidy		-0.025 9*** （0.000）	0.000 0 （0.000）
ofdi		0.193 2*** （0.005）	-0.003 6** （0.002）
ln employee		0.200 2*** （0.002）	0.005 3*** （0.002）
ln ysel		-0.138 0*** （0.002）	-0.007 5*** （0.002）
ln labor		0.239 6*** （0.002）	0.017 6*** （0.002）
profitr		0.000 9 （0.001）	0.000 0 （0.000）
age		0.001 7*** （0.000）	-0.000 6*** （0.000）
manage		0.004 6*** （0.001）	-0.001 7*** （0.000）
fincon		0.000 1 （0.000）	-0.000 0 （0.000）
Constant	8.945 3*** （0.021）	9.171 2*** （0.007）	8.931 8*** （0.022）

续表

变量	因变量：出口技术复杂度		
	2SLS（1）	2SLS（2）	2SLS（3）
观测值	498 945	498 945	498 945
Centered R^2	0.902 0	0.091 9	0.902 3
Uncentered R^2	0.999 7	0.997 2	0.999 7
地区	√	×	√
行业	√	×	√
年份	√	×	√
Kleibergen-Paap rk LM	1.1e + 05 [0.000 0]	9.6e + 04 [0.000 0]	9.1e + 04 [0.000 0]
Kleibergen-Paap rk Wald F	1.6e + 04 [0.000 0]	1.5e + 04 [0.000 0]	1.4e + 04 [0.000 0]
F-value	81 687.33	4 769.19	69 444.65

注：*、**和***分别表示在 10%、5%和 1%的水平上显著；括号内的值为纠正了异方差后的标准误，"√"表示是，"×"表示否。

六、稳健性检验

为了进一步对实证检验的可靠性和稳健性进行检验，接下来分别使用分位数回归方法、倾向匹配得分法（PSM）进行计量分析。

1. 分位数回归

为了进一步检验上述实证分析结果的稳健性，并系统考察中间品进口和自主创新对出口技术复杂度影响的渐变信息，我们采用分位数回归方法进行重新估计，并对 0.1、0.25、0.5、0.75、0.9 分位数的回归结果（quantile regression）进行报告，同时用普通最小二乘法（OLS）回归结果作为对照，以方便比较不同类型的比较结果，具体如表 5-21 所示。结果表明，普通最小二乘法和分位数的估计系数与上述分位数回归的估计系数基本一致，中间品进口、自主创新的估计系数仍旧为正且在 1%的水平上显著。这表明，中间品进口、自主创新可以促进中国制造业出口产品技术复杂度的提升，中间品进口与自主创新的交互项的估计系数与前文一致，为负，且在1%的水平上显著，控制变量的估计系数的正负和大小也与前文一致。

表 5-21 分位数回归结果

变量	因变量：出口技术复杂度					
	OLS	QR_0.1	QR_0.25	QR_0.50	QR_0.75	QR_0.90
ln medinput	0.003 7*** (0.000)	0.004 0*** (0.000)	0.003 7*** (0.000)	0.003 1*** (0.000)	0.002 7*** (0.000)	0.003 0*** (0.000)
ln apply	0.007 7*** (0.001)	0.008 9*** (0.001)	0.008 1*** (0.001)	0.006 0*** (0.001)	0.005 8*** (0.001)	0.007 4*** (0.001)
ln medinput* ln applay	−0.000 5*** (0.000)	−0.000 6*** (0.000)	−0.000 5*** (0.000)	−0.000 4*** (0.000)	−0.000 4*** (0.000)	−0.000 2** (0.000)
ln subsidy	−0.000 0 (0.000)	−0.000 4* (0.000)	−0.000 2 (0.000)	0.000 2 (0.000)	0.000 4** (0.000)	0.000 2 (0.000)
ofdi	−0.003 8** (0.002)	0.006 6** (0.003)	0.001 1 (0.003)	−0.005 0** (0.002)	−0.008 4*** (0.002)	−0.012 4*** (0.003)
ln employee	0.005 0*** (0.002)	0.011 9*** (0.003)	0.004 4** (0.002)	0.004 7** (0.002)	−0.000 0 (0.002)	−0.000 7 (0.003)
ln ysel	−0.007 0*** (0.002)	−0.014 0*** (0.003)	−0.005 9*** (0.002)	−0.005 2*** (0.002)	0.000 4 (0.002)	0.000 5 (0.003)
ln labor	0.017 2*** (0.002)	0.017 2*** (0.003)	0.012 6*** (0.002)	0.015 2*** (0.002)	0.013 5*** (0.002)	0.015 8*** (0.003)
profitr	0.000 0 (0.000)	0.000 3 (0.000)	0.000 2 (0.000)	0.000 1 (0.000)	−0.000 0 (0.000)	−0.000 1 (0.000)
age	−0.000 6*** (0.000)	−0.000 8*** (0.000)	−0.000 7*** (0.000)	−0.000 6*** (0.000)	−0.000 6*** (0.000)	−0.000 3*** (0.000)
manage	−0.001 7*** (0.000)	−0.001 8*** (0.000)	−0.002 2*** (0.000)	−0.002 1*** (0.000)	−0.002 2*** (0.000)	−0.002 1*** (0.000)

续表

变量	因变量：出口技术复杂度					
	OLS	QR_0.1	QR_0.25	QR_0.50	QR_0.75	QR_0.90
Fincon	-0.000 0 (0.000)	-0.000 0 (0.000)	-0.000 1* (0.000)	0.000 0 (0.000)	-0.000 0 (0.000)	-0.000 0 (0.000)
Constant	8.930 0*** (0.022)	8.706 5*** (0.033)	8.790 8*** (0.025)	8.930 2*** (0.022)	9.039 8*** (0.024)	9.109 0*** (0.031)
观测值	498 945	498 945	498 945	498 945	498 945	498 945
企业数量	127 913	127 913	127 913	127 913	127 913	127 913
地区	√	√	√	√	√	√
行业	√	√	√	√	√	√
年份	√	√	√	√	√	√
R-squared/ Pseudo R^2	0.902 3	0.712 8	0.730 4	0.705 1	0.661 5	0.601 2

注：*、**和***分别表示在10%、5%和1%的水平上显著；括号内的值为纠正了异方差后的标准误，"√"表示是，"×"表示否。

2. PSM 检验

前文的实证分析结果都是线性回归的结果，采用的计量方法以及相关实证结果都具有一定的局限性。鉴于此，接下来采用 PSM 匹配方法建立政府补贴的对照组，从而对中间品进口对中国制造业出口技术复杂度提升的促进作用进行检验。该方法的内在逻辑为，根据个体特征的多体特征构造倾向得分，然后以倾向得分为依据将与处理组得分接近的样本设定为控制组，并进行匹配，从而更好地解决维度灾难问题。鉴于上述内在实质，我们将与接受了中间品进口企业得分相近的企业定义为控制组，并进行相关匹配，测算出已接受中间品进口的企业为处理组的平均处理效应（ATT）。根据表 5-22 报告的回归结果，最近邻匹配、半径匹配以及核匹配的结果均显示，中间品进口的估计系数为正且在 5% 或 10% 的水平上显著，也就是说中间品进口对企业的出口技术复杂度有显著的激励作用。由此可见，PSM 的实证结果具有一定的稳健性和可靠性。

表 5-22　PSM 检验结果

方法	变量	样本	实验组	控制组	ATT	标准差	T统计量
最邻近匹配	ln_ESI	匹配前	9.982 7	9.652 0	0.330 7	0.22	1.50
		匹配后	9.982 7	9.621 0	0.361 7	0.21	1.71*
半径匹配	ln_ESI	匹配前	9.982 7	9.651 4	0.331 3	0.23	1.43
		匹配后	9.982 7	9.632 0	0.350 7	0.19	1.84*
核匹配	ln_ESI	匹配前	9.982 7	9.652 2	0.330 5	0.20	1.65*
		匹配后	9.982 7	9.601 9	0.380 8	0.19	2.01**

注：标准差的计算是通过 1 000 次的拔靴（Bootstrap）得到的。

本章使用企业全要素生产率表征工艺升级；使用出口产品质量和出口技术复杂度表征产品升级；然后以匹配的数据库为样本数据进行回归分析，实证检验了中间品进口、自主创新对中国制造业企业工艺升级与产品升级的影响，并进一步实证检验了其影响的内在机制。实证结果显示的结论主要有以下 4 点：

第一，中间品进口对中国制造业全球价值链工艺升级与产品升级促进作用显著。这一回归结果在处理了内生性问题、解决了样本选择偏误问题的基础上依旧稳健，进一步采取不同因变量与自变量指标进行回归，其结果与基准结果依旧一致。

第二，在回归过程中，还引入一系列控制变量。其计量结果均显示自主创新对中国制造业全球价值链工艺升级与产品升级存在显著促进作用，自主创新虽然对制造业出口产品质量具有直接提升效应，但同时也制约了中间品进口对质量提升的正向促进作用。也就是说，在对制造业出口产品质量产生影响方面，自主创新和中间品进口具有一定的替代性。

第三，进一步按照企业特征将企业样本进行分类，并进行相关实证分析。其结果显示，尽管中间品进口能显著提升制造业全球价值链的工艺升级与产品升级，但其促进作用会因为企业所有制、贸易方式、出口目的国、技术复杂度等的异质性存在一定差异。

第四，以自主创新为中介变量的中介效应模型回归结果表明，中间品进口对自主创新提升作用显著；企业自主创新与工艺升级、产品升级存在显著的正向关系；企业中间品进口对工艺升级与产品升级具有提升效果，但在加入企业自主创新后，这种效果减小，而企业自主创新的系数并没有改变。

以上结果表明，在控制了企业自主创新后，中间品进口对工艺升级与产品升级的提升效果减弱，证明了部分影响被企业自主创新所取代，因此，通过中介效应验证了中间品进口通过自主创新进而影响工艺升级和产品升级的传导路径。

第六章

中间品进口、自主创新对功能升级和链条升级的影响

本章基于第四章第二节的测度指标,使用企业营业外收入作为功能升级的代理变量,使用第四章中的营业外收入表示功能升级(刘斌等,2015;王杰等,2019),使用第四章中的链条转换表示链条升级(Berbard,2011);并分析中间品进口、自主创新对中国制造业全球价值链工艺升级与产品升级的影响;最后从不同所有制、目的国、技术复杂度等异质性视角考察中间品进口对中国制造业全球价值链工艺升级与产品升级的影响。

通过梳理第二章的文献发现,现有文献在全球价值链领域已取得大量研究成果,为进一步研究奠定了基础,但在以下方面需要进一步完善:首先,关于全球价值链的内涵、测度、驱动因素方面已经得到了部分学者的关注,但已有研究主要关注对外直接投资和吸引外资等国际技术溢出对中国制造业全球价值链升级的影响,缺乏从中间品进口视角考察其价值链功能升级与链条升级效应,为了更好地提升制造业企业全球价值链分工地位,跨国公司在中间品进口过程中应当如何进行技术复杂度选择、出口目的国选择、贸易方式选择?这是需要重点分析的问题。其次,已有文献主要关注宏观层面上的内生增长理论,研究表明创新是推动经济持续增长的重要动力。从微观层面研究创新对企业价值链功能升级和链条升级影响的文献结论大相径庭(Crowley 和 McCann,2018),因此,需要进一步从微观视角考察自主创新对中国制造业企业价值链功能升级和链条升级的异质性影响。最后,中间品进口对中国制造业企业价值链功能升级和链条升级的影响还受到自主创新"中介效应"的影响。基于此,一方面,考察中间品进口对制造业全球价值链功能升级和链条升级的影响;另一方面,考察自主创新作为中介效应是否是中间品进口提升中国制造业全球价值链功能升级和链条升级的重要渠道。

第一节 模型构建与变量选取

一、模型构建

考虑到年份、行业和地区的固定效应对估计结果可能产生的影响，使用面板双向固定效应模型和异方差稳健的标准误差，构建中间品进口、自主创新对功能升级和链条升级的计量模型：

$$\ln \text{noninc}_{it} = \beta_0 + \beta_1 \ln \text{medinput}_{it} + \beta_2 \ln \text{apply}_{it} + \beta_3 \ln \text{medinput}_{it} * \ln \text{apply}_{it} + \beta_4 CV_{it} + \upsilon_{\text{industry}} + \upsilon_{\text{province}} + \upsilon_{\text{year}} + \varepsilon_{it} \quad (6\text{-}1)$$

$$\text{totalrate}_{it} = \alpha_0 + \alpha_1 \ln \text{medinput}_{it} + \alpha_2 \ln \text{apply}_{it} + \alpha_3 \ln \text{medinput}_{it} * \ln \text{apply}_{it} + \alpha_4 X_{it} + \upsilon_{\text{industry}} + \upsilon_{\text{province}} + \upsilon_{\text{year}} + \varepsilon_{it} \quad (6\text{-}2)$$

式中，$\ln \text{noninc}_{it}$ 为企业 i 在 t 年的营业外收入，具体计算方法和结果详见第四章第二节；totalrate_{it} 表示企业 i 在 t 期的出口产品总转换率，出口产品转换率（totalrate）是指当年企业增加和减少的产品种类数量与上一年全部出口产品种类的比值，具体测度结果详见第四章第二节。

解释变量是中间品进口（ln medinput）、自主创新（ln apply）以及中间品进口与自主创新的交互项。

控制变量包括企业从业人数（ln employee）、企业规模（ln ysel）、企业劳动生产率（ln labor）、企业利润率（profitr）、政府补贴（ln subsidy）、管理水平（manage）、融资约束（fincon）等变量，对外直接投资（ofdi）为虚拟变量，$\upsilon_{\text{industry}}$、$\upsilon_{\text{province}}$ 和 υ_{year} 分别表示行业、所处省份、年份的固定效应，ε_{it} 表示随机误差项。控制变量的定义以及计算方法如表 6-1 所示，相关数据来源详见第五章第一节。

表 6-1 主要变量定义及计算方法

变量名	含义	计算方法
ln employee	企业从业人数	ln（年均就业人数）
ln ysel	企业规模	ln（企业销售额）
ln labor	劳动生产率	ln（工业总产值/年均平均就业人数）
profitr	企业利润率	营业利润/企业销售额
manage	企业管理水平	主营业务收入/平均资产总额
fincon	融资约束	利息支出/固定资产
ofdi	对外直接投资	采用虚拟变量来计量对外直接投资：0 无投资、1 有投资
ln subsidy	政府补贴	ln（政府补贴/企业销售额）

二、描述性统计分析

根据变量的含义与设定，对中国企业出口产品转换等相关变量的最大值、最小值、均值以及标准差等指标进行了测算，主要变量的描述性统计分析结果如表 6-2 和表 6-3 所示。

在进行回归分析之前根据变量的定义，对营业外收入以及出口产品转换率等系列相关变量进行了统计描述和相关性分析，显示了模型变量的统计特征。从表中可以看出，企业营业外收入的平均值为 4.57，最小值和最大值分别为 0.02 和 16.32，标准差为 2.350，这说明不同制造业企业间的营业外收入存在较大的差异性；类似的，制造业企业出口产品转换率也存在明显的异质性[1]。

---

[1] 林子尧，李新春. 公司创业投资与上市公司绩效：基于中国数据的实证研究[J]. 南方经济，2012（6）：3-14.

表 6-2 营业外收入及相关变量的描述性统计分析

变量	N	Mean	SD	min	max
ln noninc	724 957	4.570 1	2.350 2	0.020 02	16.324 4
ln medinput	724 957	2.170 3	4.940 3	0	23.483 1
ln apply	724 957	0.240 4	0.710 3	0	10.112 7
ln medinput*ln apply	724 957	0.960 3	5.950 2	0	156.504 3
ln employee	724 957	5.410 2	1.160 2	2.200 4	13.253 9
ln ysel	724 957	11	1.490 3	−0.140 4	22.070 5
ln labor	724 957	5.690 3	1.130 4	−6.430 1	16.263 9
profitr	724 957	0.080 0	64.521 4	−3.703 4	39.044 1
manage	724 943	1.800 3	3.890 3	0	13.822 6
fincon	701 248	0.120 4	6.590 2	−192.628 5	34.352 3
ofdi	724 957	0.010 0	0.110 3	0	1
ln subsidy	724 957	1.030 2	2.380 3	−1.190 4	14.482 7

表 6-3 出口产品转换及相关变量的描述性统计

变量	Obs	Mean	Std. Dev.	min	max
totadddropr	410 326	1.387 7	4.026 1	0.034 5	649
ln medinput	410 326	4.114 9	2.733 7	0	42.351 9
ln apply	410 326	0.256 8	0.740 3	0	8.756 8
ln medinput*ln apply	410 326	1.632 6	7.489 1	0	156.516 7
ln employee	410 326	5.400 9	1.145 3	2.197 2	12.315 9
ln ysel	410 326	10.895 1	1.403 4	2.878 1	22.074 9
ln labor	410 326	5.602 9	1.029 3	0.083 0	14.723 6
profitr	410 326	0.053 3	0.491 5	−0.860 2	29.788 5
manage	410 326	2.241 3	3.919 5	0	12.252 0
fincon	410 326	0.105 6	7.959 4	−192.559 2	45.382 9
ofdi	410 326	0.019 4	0.138 0	0	1
ln subsidy	410 326	0.759 1	1.985 6	0	14.399 8

第二节 中间品进口、自主创新对功能升级的实证分析

一、基准回归结果分析

在回归过程中采用企业层面的聚类稳健标准误进行相关分析。表6-4报告了上述模型的基准回归结果。第1列是对制造业整体层面的回归，探究中间品进口、自主创新对制造业企业功能升级的影响。回归结果显示：整体上，中间品进口（ln medinput）对营业外收入的影响在1%的水平上显著为正，即中间品进口与营业外收入之间存在显著正相关，进一步验证了第三章的 H_{A3}，即中间品进口显著正向提升了中国制造业功能升级；自主创新（ln apply）的估计系数为0.102 4并且在1%的水平上显著，即自主创新能力可以显著提升企业营业外收入，验证了第三章的研究 H_B，自主创新能力与制造业功能升级存在正向关系；两者交互项（ln medinput*ln apply）对企业营业外收入的估计系数小于0，且在1%的水平上显著，表明自主创新与中间品进口两者间可能存在挤出效应。而造成这一情形的原因可能在于，中国制造业企业中大部分为加工贸易企业，从事加工、组装等劳动密集型行业，通过中间品进口产生产业关联效应存在一定难度，尽管自主研发能力与企业营业外收入存在正相关关系，但中国存在与合作方技术差距过大的问题，对于国外的先进技术无法进行高效吸收和学习，进而导致中间品进口与自主研发对营业外收入的影响较难产生协同效应[①]。

[①] 杜江，吴瑞兵. 融资约束、政府补贴与企业全球价值链升级——基于出口技术复杂度的实证分析[J]. 河南师范大学学报（哲学社会科学版），2020，47（1）：64-70.

二、影响机制检验与分析

为了研究中间品进口对企业营业外收入的影响机制,依据上文提出的"中间品质量效应""知识溢出效应""中间品价格效应""中间品多元化效应"机制,分别采用中间品进口质量(ln medinput*medquality)、中间品进口与国际技术溢出(ln medinput*ln spillover)、中间品进口与价格(ln medinput*medvalperunit)、中间品种类(ln medinput*cishu)的交互项进行相关实证检验。其中,借鉴 Lichtenberg 和 Potterie(2001)、Wu(2017)的处理方法,对中间品进口的国际技术溢出指标进行测度,具体计算过程详见第五章。

表 6-4 第 2-5 列给出相关实证分析结果,其中,第 2 列报告了"中间品质量效应"的回归结果,结果表明高质量的中间品进口(ln medinput*medquality)能够促进企业营业外收入的提升;第 3 列报告了"知识溢出效应"的回归结果,中间品进口与国际技术溢出的交互项(ln medinput*ln imspill)的估计系数在 1%的水平上显著为正,即中间品进口能够带来技术溢出,从而提升了企业的营业外收入;第 4 列报告了"中间品价格效应"的回归结果,中间品进口与价格的交互项(ln medinput*medvalperunit)的估计系数在 1%的水平上显著为正;第 5 列报告了"中间品多元化效应"的回归结果,表明中间品进口通过"多元化效应"(ln medinput*medinpcishu)降低了企业边际成本,提高了企业的吸收和学习能力,从而实现了营业外收入的提升。此外,其他控制变量的结果如企业销售额(ln ysel)、对外直接投资(ofdi)、政府补贴(ln subsidy)等的估计结果与预期基本一致[①]。

综上所述,相关实证分析结果进一步验证了第三章第一节的相关理论分析。

[①] 曹曦子. 商誉减值对审计费用的影响研究[J]. 中国注册会计师,2019(10):61-65.

表 6-4　中间品进口、自主创新对制造业全球价值链功能升级的基准回归结果

变量	因变量：企业营业外收入				
	基准回归 Model	质量效应 Model	溢出效应 Model	价格效应	多元化效应
ln medinput	0.004 6***	0.004 6***	0.004 6***	0.004 6***	0.004 6***
	(0.001)	(0.001)	(0.001)	(0.001)	(0.001)
ln apply	0.102 4***	0.102 1***	0.102 3***	0.102 5***	0.102 3***
	(0.006)	(0.006)	(0.006)	(0.006)	(0.006)
ln employee	-1.137 8***	-1.137 7***	-1.137 8***	-1.137 8***	-1.137 7***
	(0.021)	(0.021)	(0.021)	(0.021)	(0.021)
ln ysel	1.213 9***	1.213 7***	1.213 9***	1.213 9***	1.213 9***
	(0.025)	(0.025)	(0.025)	(0.025)	(0.025)
ln labor	-1.018 0***	-1.017 9***	-1.018 0***	-1.018 0***	-1.018 0***
	(0.023)	(0.023)	(0.023)	(0.023)	(0.023)
ln medinput* ln apply	-0.003 4***	-0.006 4***	-0.001 3	-0.003 4***	-0.003 7***
	(0.001)	(0.001)	(0.002)	(0.001)	(0.001)
ln medinput* medquality		0.074 5***			
		(0.028)			
ln medinput* ln imspill			0.001 9		
			(0.002)		
ln medinput* medvalpeunit				0.000 5***	
				(0.000)	
ln medinput* medinpcishu					0.049 0**
					(0.024)
profitr	-0.000 4***	-0.000 4***	-0.000 4***	-0.000 4***	-0.000 4***
	(0.000)	(0.000)	(0.000)	(0.000)	(0.000)

续表

变量	因变量：企业营业外收入				
	基准回归 Model	质量效应 Model	溢出效应 Model	价格效应 Model	多元化效应 Model
manage	0.000 4 (0.001)	0.000 4 (0.001)	0.000 4 (0.001)	0.000 4 (0.001)	0.000 4 (0.001)
Fincon	0.000 6 (0.000)	0.000 6 (0.000)	0.000 6 (0.000)	0.000 6 (0.000)	0.000 6 (0.000)
ofdi	0.507 1*** (0.038)	0.506 2*** (0.038)	0.506 9*** (0.038)	0.507 1*** (0.038)	0.506 5*** (0.038)
ln subsidy	0.029 3*** (0.001)	0.029 3*** (0.001)	0.029 3*** (0.001)	0.029 3*** (0.001)	0.0293*** (0.001)
Constant	2.270 1*** (0.309)	2.271 1*** (0.309)	2.269 7*** (0.309)	2.270 2*** (0.309)	2.270 2*** (0.309)
固定效应（年份）	√	√	√	√	√
固定效应（行业）	√	√	√	√	√
固定效应（区域）	√	√	√	√	√
观测值个数	701 236	701 236	701 236	701 236	701 236
企业数量	258 177	258 177	258 177	258 177	258 177
Within_R^2	0.223 3	0.223 3	0.223 3	0.223 3	0.223 3
Between_R^2	0.129 3	0.129 5	0.129 4	0.129 4	0.129 3
Overall_R^2	0.176 9	0.177 1	0.176 9	0.176 9	0.176 8

注：*、**和***分别表示在 10%、5%和 1%的水平上显著；括号内的值为纠正了异方差后的标准误，"√"表示是，"×"表示否。

三、异质性检验

为了分析企业异质性条件下全样本回归的结论是否依旧成立，进一步从企业所有制类型、出口贸易方式、企业技术水平和出口目的国等异质性视角分析中间品进口对中国制造业功能升级的影响，并进一步将自主创新进行分类，考察自主创新对中国制造业功能升级的异质性影响。

1. 中间品进口的异质性

表6-5报告了中间品进口异质性对功能升级的影响，分为国有企业（state_own）、民营企业（private_own）和外资企业（foreign_own），体现出不同所有制性质的异质性。表6-5第1列的回归结果表明，中间品进口对不同所有制类型企业的营业外收入均有显著的促进作用，国有企业的促进作用强于民营企业和外资企业。

表6-5第2列的回归结果表明，中间品进口对不同出口贸易方式下企业的营业外收入均有显著的促进作用，但加工贸易企业（process_med）的中间品进口的提升效果大于一般贸易企业（general_med），其中可能的原因在于加工贸易企业从事简单组装任务，几乎不需要自主创新，因此其营业外收入对中间品进口的依赖度高于一般贸易企业。

表6-5第3列将出口目的国分为OECD国家、非OECD国家。中间品进口对出口目的国为OECD国家企业（oecd_med）的营业外收入的促进作用要强于非OECD国家（nonoecd_med）。

表6-5第4列的回归结果表明，中间品进口对制造业低（lowtech_med）、中（middle_med）、高（high_med）技术企业的营业外收入均有显著的促进作用，且促进作用依次增强。一方面，可能是高技术水平企业的吸收能力更强；另一方面，可能是中国出口高技术水平产品的企业对进口依赖程度较高，表明在这些领域内中国仍未掌握核心技术。

表6-5第5列将中间品进口分为共建"一带一路"国家（beltroad_med）和非共建"一带一路"国家（nonbeltroad_med），中间品进口对出口目的国为共建"一带一路"国家企业营业外收入的提升效果要优于非共建"一带一路"国家，实证结果支持了"一带一路"倡议的正确性和前瞻性。

综上所示，相关实证分析结果进一步验证了第三章第四节的相关理论假设（$H_{D1} \sim H_{D4}$）。

表 6-5 中间品进口异质性与中国制造业全球价值链功能升级的回归结果

变量	因变量：企业营业外收入				
	所有制	贸易类型	来源国	技术水平	"一带一路"
state_own	0.002*** (0.001)				
private_own	0.0043*** (0.003)				
foreign_own	0.0041** (0.002)				
general_med		0.0036*** (0.000)			
process_med		0.0048*** (0.001)			
oecd_med			0.0051*** (0.001)		
nonoecd_med			0.0035*** (0.001)		
lowtech_med				0.0042** (0.002)	
middle_med				0.0025** (0.001)	
high_med				0.0063*** (0.002)	
beltroad_med					0.0065*** (0.0014)
nonbeltroad_med					0.0026*** (0.00008)
ln medinput	0.0083 (0.006)	0.0097*** (0.001)		0.0072*** (0.002)	0.0058*** (0.001)
ln apply	0.1041*** (0.006)	0.1013*** (0.006)	0.1025*** (0.006)	0.1026*** (0.006)	0.1024*** (0.006)

续表

变量	因变量：企业营业外收入				
	所有制	贸易类型	来源国	技术水平	"一带一路"
ln medinput*ln apply	-0.002 9***	-0.003 7***	-0.003 4***	-0.003 4***	-0.003 5***
	(0.001)	(0.001)	(0.001)	(0.001)	(0.001)
ln employee	-1.137 8***	-1.137 3***	-1.137 5***	-1.137 8***	-1.137 7***
	(0.021)	(0.021)	(0.021)	(0.021)	(0.021)
ln ysel	1.213 9***	1.212 0***	1.213 7***	1.213 8***	1.213 9***
	(0.025)	(0.025)	(0.025)	(0.025)	(0.025)
ln labor	-1.018 1***	-1.016 8***	-1.017 8***	-1.018 0***	-1.018 0***
	(0.023)	(0.023)	(0.023)	(0.023)	(0.023)
profitr	-0.000 4***	-0.000 4***	-0.000 4***	-0.000 4***	-0.000 4***
	(0.000)	(0.000)	(0.000)	(0.000)	(0.000)
manage	0.000 4	0.000 4	0.000 4	0.000 4	0.000 4
	(0.001)	(0.001)	(0.001)	(0.001)	(0.001)
fincon	0.000 6	0.000 6	0.000 6	0.000 6	0.000 6
	(0.000)	(0.000)	(0.000)	(0.000)	(0.000)
ofdi	0.503 6***	0.507 4***	0.507 2***	0.507 2***	0.507 0***
	(0.038)	(0.038)	(0.038)	(0.038)	(0.038)
ln subsidy	0.029 3***	0.029 2***	0.029 3***	0.029 3***	0.029 3***
	(0.001)	(0.001)	(0.001)	(0.001)	(0.001)
Constant	2.273 0***	2.284 7***	2.270 8***	2.271 0***	2.269 8***
	(0.309)	(0.310)	(0.309)	(0.309)	(0.309)
固定效应（年份）	√	√	√	√	√
固定效应（行业）	√	√	√	√	√
固定效应（区域）	√	√	√	√	√
观测数量	701 236	701 236	701 236	701 236	701 236
R-squared	0.223 4	0.223 5	0.223 3	0.223 3	0.223 3
企业数量	258 177	258 177	258 177	258 177	258 177
Within_R^2	0.223 4	0.223 5	0.223 3	0.223 3	0.223 3
Between_R^2	0.129 7	0.128 2	0.129 4	0.129 5	0.129 3
Overall_R^2	0.177 3	0.175 6	0.176 9	0.177 0	0.176 9

注：*、**和***分别表示在 10%、5%和1%的水平上显著；括号内的值为纠正了异方差后的标准误，"√"表示是，"×"表示否。

2. 自主创新异质性

在进行上述异质性分析的基础上，还进一步考虑了自主创新的异质性因素，分别生成发明专利数量（ln_applyfm）、外观设计数量（ln_applywg）、实用新型外观设计数量（ln_applyxx）与中间品进口的交互项，做相关计量分析。其结果与上文基本一致，即中间品进口与自主创新能力的交互项的估计系数小于0，且在1%的水平上显著。该交互项对中国制造业营业外收入是制约作用，自主创新与中间品进口两者间依旧存在显著的挤出效应，进一步验证了第三章 H_B 的相关理论假设。

表6-6 自主创新异质性与中国制造业全球价值链功能升级的回归结果

变量	（1） 发明专利	（2） 外观设计	（3） 新型外观设计
ln medinput	0.004 8*** （0.001）	0.004 5*** （0.001）	0.004 6*** （0.001）
ln apply	0.105 4*** （0.006）	0.102 7*** （0.006）	0.102 5*** （0.006）
ln medinput*ln_applyfm	-0.013 9*** （0.001）		
ln medinput*ln_applywg		-0.005 8*** （0.001）	
ln medinput*ln_applyxx			-0.001 3 （0.001）
ln employee	-1.137 6*** （0.021）	-1.137 8*** （0.021）	-1.137 8*** （0.021）
ln ysel	1.213 2*** （0.025）	1.213 8*** （0.025）	1.213 9*** （0.025）
ln labor	-1.018 1*** （0.023）	-1.018 0*** （0.023）	-1.018 0*** （0.023）

续表

变量	（1） 发明专利	（2） 外观设计	（3） 新型外观设计
Profitr	-0.000 4*** (0.000)	-0.000 4*** (0.000)	-0.000 4*** (0.000)
manage	0.000 4 (0.001)	0.000 4 (0.001)	0.000 4 (0.001)
fincon	0.000 6 (0.000)	0.000 6 (0.000)	0.000 6 (0.000)
ofdi	0.490 4*** (0.038)	0.506 1*** (0.038)	0.506 7*** (0.038)
ln subsidy	0.029 2*** (0.001)	0.029 3*** (0.001)	0.029 3*** (0.001)
Constant	2.280 3*** (0.309)	2.269 9*** (0.309)	2.270 2*** (0.309)
固定效应（年份）	√	√	√
固定效应（行业）	√	√	√
固定效应（区域）	√	√	√
观测数量	701 236	701 236	701 236
R-squared	0.223 5	0.223 4	0.223 3
企业数量	258 177	258 177	258 177
Within_R^2	0.223 5	0.223 4	0.223 3
Between_R^2	0.129 7	0.130 0	0.129 3
Overall_R^2	0.177 4	0.177 4	0.176 9

注：*、**和***分别表示在10%、5%和1%的水平上显著；括号内的值为纠正了异方差后的标准误，"√"表示是，"×"表示否。

四、中介效应检验

选取自主创新作为中介变量，分析中间品进口通过自主创新对中国制造业全球价值链功能升级的影响。以下为构建的中介效应模型：

首先，验证中间品进口对企业营业外收入的影响。

$$\ln \text{noninc}_{it} = \alpha_0 + \alpha_1 \ln \text{medinput}_{it} + \sum \gamma_{1i} V_{it} + \delta_{1it} \quad (6\text{-}3)$$

其次，验证企业中间品进口对中介变量（自主创新）的影响。

$$\ln \text{apply}_{it} = \delta_0 + \delta_1 \ln \text{medinput}_{it} + \sum \gamma_{2i} V_{it} + \delta_{2it} \quad (6\text{-}4)$$

最后，验证存在中间品进口情况下中介变量（自主创新）对营业外收入的影响。

$$\ln \text{noninc}_{it} = \eta_0 + \eta_1 \ln \text{medinput}_{it} + \eta_2 \ln \text{apply}_{it} + \sum \gamma_{3i} V_{it} + \delta_{3it} \quad (6\text{-}5)$$

式中，t 代表年份；i 代表企业；V_{it} 代表控制变量；δ_{it} 代表随机扰动项，在进行回归时还控制了行业和地区固定效应。

中间品进口通过自主创新影响营业外收入的传导机制可以通过上文计量模型进行检验，具体回归结果详见表 6-7。表 6-7 的第 1 列检验了中间品进口对营业外收入的总体影响，实证结果表明中间品进口对营业外收入的影响在 1% 的水平上显著为正；表 6-7 的第 2 列为中间品进口对中介变量自主创新的影响，回归系数在 1% 的水平上为正，表明中间品进口对企业自主创新具有正向影响，验证了第三章的相关假设；表 6-7 的第 3 列中，中间品进口和自主创新的估计系数均显著为正，说明存在中介效应，进一步验证了第三章的研究假设 H_C。

表 6-7 中介效应检验结果

变量	ln noninc	ln apply	ln inmenomic
	营业外收入	自主创新	对营业外收入的中介效应
ln medinput	0.076 5*** （0.007）	0.372 6*** （0.032）	0.075 8*** （0.009）
ln apply			0.001 6*** （0.000）
ln subsidy	−0.000 3*** （0.000）	−0.000 3*** （0.000）	−0.000 3*** （0.000）
ofdi	0.022 0*** （0.004）	0.020 8*** （0.004）	0.022 3*** （0.004）

续表

变量	ln noninc 营业外收入	ln apply 自主创新	ln inmenomic 对营业外收入的中介效应
ln employee	0.000 5 (0.002)	0.000 6 (0.002)	0.000 6 (0.002)
ln ysel	0.005 6*** (0.002)	0.005 7*** (0.002)	0.005 8*** (0.002)
ln labor	0.002 1 (0.002)	0.002 2 (0.002)	0.002 4 (0.002)
profitr	0.000 1 (0.000)	0.000 1 (0.000)	0.000 1 (0.000)
age	−0.000 7*** (0.000)	−0.000 7*** (0.000)	−0.000 6*** (0.000)
manage	−0.000 3 (0.000)	−0.000 3 (0.000)	−0.000 3 (0.000)
fincon	0.000 2* (0.000)	0.000 2* (0.000)	0.000 2* (0.000)
Constant	8.833 2*** (0.040)	−2.071 6*** (0.210)	8.836 7*** (0.040)
行业	√	√	√
地区	√	√	√
年份	√	√	√
观测值	701 236	701 236	701 236
企业数量	258 177	258 177	258 177
Overall	0.878 2	0.073 8	0.878 3
Between	0.866 3	0.096 7	0.866 4
Within	0.934 2	0.042 6	0.934 2
Adj. R^2	0.934 2	0.042 8	0.934 2

注：*、**和***分别表示在 10%、5%和 1%的水平上显著；括号内的值为纠正了异方差后的标准误，"√"表示是，"×"表示否。

五、内生性检验

考虑到主要变量之间可能存在双向因果关系或其他内生性问题导致计量结果的偏误,借鉴已有文献采用的工具变量,使用进口汇率、中间品进口关税和知识产权保护指标作为企业中间品进口和企业自主创新的工具变量进行 2SLS 回归。其中,知识产权保护指标用樊纲市场化指数体系中的中介组织发育和法律得分近似代替。该得分越高,表明知识产权保护力度越大,有利于激励企业进行自主创新活动。为避免量纲差异造成结果偏误,我们将变量进行对数化处理。

表 6-8 表明前两列分别控制年份-行业、年份-行业-地区的两阶段最小二乘法的回归结果,后两列分别使用在存在异方差情况下估计更为有效的广义距估计(GMM)法和对弱工具变量更敏感的有限信息最大似然法(LIMI)进行回归。结果发现,中间品进口和自主创新的回归系数依然显著为正,表明中间品进口质量和自主创新有利于企业营业外收入的提升。虽然工具变量回归系数相比基准回归结果有所提高,但计量结果的符号并无变化,表明前文使用面板固定效应的估计结果基本稳健[①]。

表 6-8 内生性检验回归结果

变量	因变量:营业外收入			
	2SLS1	2SLS2	GMM	LIML
ln medinput	0.115 2*** (0.001)	0.107 8*** (0.001)	0.106 3*** (0.001)	0.112 5*** (0.002)
ln apply	0.061 4*** (0.007)	0.039 5*** (0.005)	0.028 9*** (0.005)	0.062 5*** (0.009)
ln medinput*ln apply	-0.005 7*** (0.009)	-0.008 6*** (0.023)	-0.005 8** (0.029)	-0.005 4*** (0.001)
ln employee	-1.132 5*** (0.021)	-1.132 1*** (0.020)	-1.124 3*** (0.018)	-1.152 7*** (0.018)

---

① 余凡,王楚. 人力资本投资:制度环境感知下的企业战略选择——基于 2015 年"中国企业-员工匹配调查"(CEES)的实证研究[J]. 宏观质量研究,2016,4(1):39-50.

续表

变量	因变量：营业外收入			
	2SLS1	2SLS2	GMM	LIML
ln ysel	0.022 8*** (0.002)	0.020 3*** (0.001)	0.022 8*** (0.001)	0.016 5*** (0.002)
ln labor	-0.009 9*** (0.002)	-0.013 2*** (0.002)	-0.014 8*** (0.002)	-0.010 4*** (0.002)
profitr	-0.039 6*** (0.004)	-0.030 1*** (0.003)	-0.026 4*** (0.003)	-0.038 9*** (0.004)
manage	0.020 0*** (0.001)	0.026 0*** (0.001)	0.025 3*** (0.001)	0.026 9*** (0.001)
fincon	0.023 7*** (0.001)	0.023 6*** (0.001)	0.023 2*** (0.001)	0.024 4*** (0.001)
ofdi	0.032 0*** (0.001)	0.039 8*** (0.001)	0.038 6*** (0.001)	0.031 9*** (0.001)
ln subsidy	0.002 0*** (0.000)	0.002 1 (0.000)	0.002 5*** (0.000)	0.002 9*** (0.000)
Constant	0.373 5*** (0.015)	0.358 6*** (0.014)	0.343 0*** (0.014)	0.387 9*** (0.017)
年份固定	√	√	√	√
产业固定	√	√	√	√
区域固定	×	√	√	√
观测值	701 236	701 236	701 236	701 236
企业数量	258 177	258 177	258 177	258 177
R-squared	0.200 1	0.237 4	0.250 7	0.200 9

注：*、**和***分别表示在 10%、5%和 1%的水平上显著；括号内的值为纠正了异方差后的标准误，"√"表示是，"×"表示否。

六、稳健性检验

为了进一步检验实证结果的稳健性,并全面考察中间品进口、自主创新对中国制造业功能升级的影响,采用分位数回归方法重新估计,并汇报了 0.1、0.25、0.5、0.75、0.90 分位数的回归结果,如表 6-9 所示,中间品进口对营业外收入有着显著正向的影响;制造业企业自主创新对营业外收入提升具有显著促进作用,分位数回归结果与基准回归结果并无显著差异,因此,进一步验证了这一结论的稳健性:中间品进口、自主创新有利于促进制造业企业功能升级。

表 6-9 稳健性检验结果

变量	因变量:营业外收入				
	p10	p25	p50	p75	p90
ln medinput	0.007 2***	0.009 1***	0.012 1***	0.013 7***	0.012 5***
	(0.001)	(0.001)	(0.001)	(0.001)	(0.001)
ln apply	0.170 9***	0.233 4***	0.238 9***	0.190 1***	0.137 9***
	(0.007)	(0.006)	(0.005)	(0.006)	(0.007)
ln medinput*ln apply	-0.015 2***	-0.011 4***	-0.008 2***	-0.009 5***	-0.009 0***
	(0.001)	(0.001)	(0.001)	(0.001)	(0.001)
ln employee	-0.317 2***	-0.524 4***	-0.735 7***	-0.843 9***	-0.861 7***
	(0.022)	(0.019)	(0.017)	(0.020)	(0.024)
ln ysel	0.798 5***	1.183 7***	1.467 0***	1.555 7***	1.534 4***
	(0.022)	(0.019)	(0.017)	(0.020)	(0.024)
ln labor	-0.435 6***	-0.682 0***	-0.901 1***	-0.995 2***	-1.003 9***
	(0.022)	(0.019)	(0.017)	(0.020)	(0.024)
profitr	0.000 2***	0.000 3***	0.000 2***	0.000 2***	0.000 2**
	(0.000)	(0.000)	(0.000)	(0.000)	(0.000)
manage	-0.035 5***	-0.044 4***	-0.041 3***	-0.028 7***	-0.015 0***
	(0.001)	(0.001)	(0.001)	(0.001)	(0.001)

续表

变量	因变量：营业外收入				
	p10	p25	p50	p75	p90
Fincon	0.000 1 (0.001)	-0.000 6 (0.000)	-0.000 2 (0.000)	0.000 4 (0.001)	0.004 2*** (0.001)
ofdi	0.597 4*** (0.036)	0.661 8*** (0.031)	0.614 6*** (0.028)	0.497 6*** (0.032)	0.448 4*** (0.040)
ln subsidy	0.098 4*** (0.002)	0.124 1*** (0.001)	0.116 0*** (0.001)	0.101 4*** (0.002)	0.080 6*** (0.002)
Constant	-3.078 6*** (0.049)	-3.713 4*** (0.042)	-3.142 6*** (0.038)	-1.750 3*** (0.043)	-0.168 4*** (0.053)
年份固定	√	√	√	√	√
产业固定	√	√	√	√	√
区域固定	√	√	√	√	√
观测值	701 236	701 236	701 236	701 236	701 236
企业数量	258 177	258 177	258 177	258 177	258 177

注：*、**和***分别表示在10%、5%和1%的水平上显著；括号内的值为纠正了异方差后的标准误，"√"表示是，"×"表示否。

第三节　中间品进口、自主创新对链条升级的实证研究

使用产品转换（Berbard，2011）和产品的"质量距离"指标（潘闽，2019）两个变量实证分析中间品进口、自主创新对制造业全球价值链链条升级的影响。与已有的文献相比，主要贡献如下：① 从微观角度将企业产品层面作为研究对象，对企业出口产品转换的行为进行分析，打开了企业内部产品层面"黑箱"背后的运行机制。② 考虑到企业异质性的问题，从企业的贸易方式、所有制形式、进口来源国和技术复杂度的角

度详细说明中间品进口、自主创新对企业内部产品转换行为的影响。通过上述分析揭示中间品进口、自主创新对中国制造业企业出口产品组合转换影响的作用机制及其提升效果以及自主创新在这一过程中是否起到了"中介效应"。

一、基准回归结果分析

用 Hausman 检验固定效应模型与随机效应模型，表 6-10 的结果表明应当选择拒绝随机效应的原假设，即对面板数据的回归模型应采用固定效应模型。固定效应模型的分析结果如表 6-10 所示。表 6-11 报告了中间品进口、自主创新对制造业企业全球价值链链条升级的影响进行具体分析[①]。

表 6-10 面板数据 Hausman 检验结果

检验结果	Chi-Sq Statistic	Prob.
Totalrate	285.31	0.0000

首先，分析中间品进口（ln medinput）对于制造业企业出口产品转换行为的影响，发现中间品进口与出口产品总转换率（totadddropr）呈正相关，估计系数为正但并不显著。实证结果表明，中间品进口的提高并没有促使企业实现产品间的资源再配置。经过引入其他控制变量，可以发现，与基准模型的计量结果相比，核心解释变量中间品进口的系数大小与显著性均无明显的变化。这说明中间品进口对制造业全球价值链链条升级并没有产生显著的促进作用，第三章的研究假设 H_{A4} 并没有得到验证。其中可能的原因是，链条升级属于内源式升级，主要依赖于企业自主创新。与外源式升级相比，内源式升级主要集中于产品研发与设计，处于高阶价值链环节，产品附加值高，企业处于全球价值链的主导地位。目前，中国大多数制造业企业仍处于全球价值链的中低端，难以仅凭中间品进口获得链条升级。

---

① 陈改梅. 产业结构、城镇化与环境污染关系的实证研究[D]. 大连：东北财经大学，2017.

其次，分析自主创新（ln apply）对于企业出口产品转换行为的影响。研究结果发现，自主创新能力增加 1%，出口产品转换率提升 5.20%，实现价值链中的链条升级，进一步验证了第三章的研究假设 H_B。从控制变量的估计结果来看，主要结论如下：第一，从业人数每增加 1%，出口产品总转换率显著减少 26.40%，出口企业雇佣过多的从业人数反而会增加企业的生产成本，不利于企业进行产品转换。第二，企业规模（企业工业总产值）越大，企业可能更有实力进行产品转换。回归结果表明，企业规模每增加 1%，企业的出口产品总转换率显著增长 14.95%。第三，企业劳动生产率每增加 1%，企业出口产品总转换率显著降低 14.02%。这与 Melitz（2003）的企业异质性模型得到的结论相反，生产率越高的企业并不会越容易进入出口市场并能扩大出口范围。第四，政府补贴对于出口产品总转换率、出口产品新增率的估计系数为正，且高度显著，表明政府补贴会降低企业的生产成本，促使企业进行多元化生产。第五，对外直接投资对于出口产品总转换率的估计系数小于 0，且在 1%的水平上显著。对外直接投资每增加 1%，出口产品总转换率会相应减少 14.90%，表明对外直接投资并没有对企业带来"技术进步效应"，促使企业进行出口产品转换，反而加剧了企业间的竞争，使企业放弃生产不具备出口竞争力的产品，集中资源生产核心产品。第六，企业利润率对企业出口转换行为的估计系数为正，但并没有通过显著性检验。

表 6-11　基准回归结果

变量	因变量：出口产品转换率	
	链条升级	链条升级
ln medinput	0.019 0	0.016 9
	（0.093）	（0.092）
ln apply	0.052 0***	0.047 9***
	（0.002）	（0.003）
ln medinput*ln apply	-0.000 2***	-0.001***
	（0.000）	（0.000）
ln employee		-0.264 0***
		（0.026）

续表

变量	因变量：出口产品转换率	
	链条升级	链条升级
ln ysel		0.149 5***
		(0.021)
ln labor		-0.140 2***
		(0.019)
profitr		0.000 6
		(0.011)
manage		-0.003 2
		(0.002)
fincon		-0.000 2
		(0.002)
ofdi		-0.149 0**
		(0.060)
age		-0.000 7***
		(0.000)
ln subsidy		0.009 7***
		(0.003)
Constant	1.544 9	2.044 0
	(4.604)	(4.603)
观测值	410 326	410 326
企业数量	114 897	114 897
区域固定	√	√
产业固定	√	√
年份固定	√	√
Within_R^2	0.000 4	0.000 9
Between_R^2	0.000 3	0.000 1
Overall_R^2	0.000 7	0.000 6

注：*、**和***分别表示在 10%、5%和 1%的水平上显著；括号内的值为纠正了异方差后的标准误，"√"表示是，"×"表示否。

二、中介效应检验

选取自主创新作为中介变量,分析中间品进口通过自主创新对中国制造业全球价值链链条升级的影响。

首先,验证中间品进口对制造业出口产品转换的影响。

$$\text{totadddropr}_{it} = \alpha_0 + \alpha_1 \ln \text{medinput}_{it} + \sum \gamma_{1i} V_{it} + \delta_{1it} \quad (6\text{-}6)$$

其次,验证企业中间品进口对中介变量(自主创新)的影响。

$$\ln \text{apply}_{it} = \delta_0 + \delta_1 \ln \text{medinput}_{it} + \sum \gamma_{2i} V_{it} + \delta_{2it} \quad (6\text{-}7)$$

最后,验证存在中间品进口情况下中介变量(自主创新)对制造业出口产品转换的影响。

$$\text{totadddropr}_{it} = \eta_0 + \eta_1 \ln \text{medinput}_{it} + \eta_2 \ln \text{apply}_{it} + \sum \gamma_{3i} V_{it} + \delta_{3it} \quad (6\text{-}8)$$

式中,t 代表年份;i 代表企业;V_{it} 代表控制变量;δ_{it} 代表随机扰动项,在进行回归时还控制了行业和地区固定效应。

中间品进口通过自主创新影响制造业出口产品转换的传导机制可以通过上文的计量模型进行检验,具体回归结果详见表 6-12。表 6-12 第 1 列检验了中间品进口对制造业出口产品转换的总体影响,实证结果表明中间品进口对制造业出口产品转换的影响并不显著;表 6-12 的第 2 列为中间品进口对中介变量自主创新的影响,回归系数并不显著;表 6-12 的第 3 列中,自主创新的估计系数的回归系数为正,而中间品进口的回归系数仍不显著,表明不存在中介效应。

表 6-12 中介效应检验结果

变量	totadddropr$_{it}$	ln apply$_{it}$	totadddropr$_{it}$
	出口产品转换率	自主创新	出口产品转换率
ln medinput	0.012 6	0.122 5	0.015 6
	(0.018)	(0.117)	(0.023)
ln apply			0.003 5***
			(0.002)

续表

变量	totadddropr$_{it}$ 出口产品转换率	ln apply$_{it}$ 自主创新	totadddropr$_{it}$ 出口产品转换率
ln subsidy	0.009 2*** (0.001)	0.007 3*** (0.001)	0.008 7*** (0.002)
ofdi	-0.149 0** (0.060)	-0.010 2*** (0.005)	-0.123 6*** (0.006)
ln employee	-0.160 5** (0.084)	0.000 5 (0.003)	-0.104 5** (0.031)
ln ysel	0.136 7*** (0.025)	0.002 7*** (0.001)	0.115 2*** (0.019)
ln labor	-0.073 5*** (0.021)	0.003 5 (0.004)	-0.071 6** (0.029)
profitr	0.001 2 (0.001)	0.002 1 (0.003)	0.001 1 (0.000)
age	-0.000 6*** (0.000)	-0.000 7*** (0.000)	-0.000 6*** (0.000)
manage	-0.002 1 (0.002)	-0.001 3 (0.001)	-0.002 3 (0.002)
fincon	-0.000 2* (0.000)	0.000 4* (0.000)	-0.000 2* (0.000)
Constant	1.635 4*** (0.031)	1.074 6*** (0.314)	1.636 8*** (0.057)
行业固定	√	√	√
地区固定	√	√	√
年份固定	√	√	√
观测值	410 326	410 326	410 326
企业数量	114 897	114 897	114 897
Between_R^2	0.000 1	0.000 9	0.000 1
Within_R^2	0.000 5	0.001 3	0.000 6
Overall_R^2	0.000 8	0.001 6	0.000 9

注：*、**和***分别表示在10%、5%和1%的水平上显著；括号内的值为纠正了异方差后的标准误，"√"表示是，"×"表示否。

三、内生性问题及其处理

上文已经通过理论和实证分析得出了自主创新能够促进企业出口产品转换的结论，但企业产品转换率的不断提高会增强制造业企业在产品市场上的竞争力，企业内在竞争力的增强反过来又会促进企业自身研发创新能力的提高。这就说明自主创新与产品转换率之间存在反向因果关系，因而上述计量模型中可能存在内生性。此外，一些因素在影响企业自主创新能力的同时，也会对企业出口产品转换率造成影响，因而遗漏变量也可能导致自主创新与出口产品质量间的内生性问题。DWH 检验结果表明，相关统计量的 P 值均小于 0.01。这表明该计量模型中存在内生性问题，需要采取有效的办法解决其内生性问题。工具变量法是解决内生性的有效办法，经过检验认为的工具变量选取是科学、合理有效的[1]。

表 6-13 报告了工具变量的 IV 估计结果，同时我们在回归过程中控制了年份、地区以及行业的固定效应。实证分析发现，无论是面板工具变量的估计结果还是最小二乘法的估计结果均表明，中间品进口与出口产品总转换率之间虽然呈现正相关，但回归系数却并不显著，而自主创新能力与出口产品总转换率存在显著正相关，且两者的交互项与出口产品转换率存在挤出效应[2]。

---

[1] 将内生变量即自主创新的滞后一期、二期视为工具变量进行实证检验，并分别进行识别不足检验（Kleibergen-Paaprk LM statistic）、弱工具变量检验（Kleibergen-Paap rk Wald F statistic）和过度识别检验（Hansen J statistic），验证了工具变量选取具有合理性。两阶段最小二乘法中 Kleibergen-Paaprk LM statistic 统计量和 Kleibergen-Paap rk Wald F statistic 统计量均拒绝"工具变量无法识别"以及"弱工具变量"的原假设，认为工具变量选取是科学的、合理的、有效的。

[2] 杜江, 吴瑞兵. 融资约束、政府补贴与企业全球价值链升级——基于出口技术复杂度的实证分析[J]. 河南师范大学学报（哲学社会科学版）, 2020, 47（1）: 64-70.

表 6-13　内生性检验回归结果

变量	因变量：出口产品转换率	
	totadddropr GMM	totadddropr 2SLS
ln medinput	0.019 2	0.014 3
	(0.091)	(0.092)
ln apply	0.034 1***	0.030 6***
	(0.001)	(0.002)
ln medinput*ln apply	−0.000 1***	−0.001***
	(0.000)	(0.000)
ln employee	0.067 5*	0.325 3***
	(0.040)	(0.034)
ln ysel	−0.080 2*	−0.432 9***
	(0.044)	(0.034)
ln labor	0.081 2**	0.457 9***
	(0.041)	(0.034)
profitr	0.003 0	0.009 7
	(0.012)	(0.006)
manage	−0.002 4	−0.002 7
	(0.003)	(0.002)
ofdi	−0.063 6	0.034 8
	(0.063)	(0.046)
age	−0.007 8***	−0.004 9***
	(0.002)	(0.001)
ln subsidy	−0.000 1	−0.001 2
	(0.003)	(0.004)
l. ln apply	0.025 6***	
	(0.004)	
Constant	0.909 4	2.488 0***
	(74 857.289)	(0.350)

续表

变量	因变量：出口产品转换率	
	totadddroprGMM	totadddropr2SLS
区域固定	√	√
产业固定	√	√
年份固定	√	√
观测值	295 429	295 429
AR（2）	0.650 4	
Sargan Text	0.005 6	
R-squared	0.001 3	
Kleibergen-Paap rk LM statistic		2 883.188 [0.000]
Kleibergen-Paap rk Wald F statistic		1 918.040 [0.000]
Centered R^2		0.005 2

注：*、**和***分别表示在 10%、5%和 1%的水平上显著；括号内的值为纠正了异方差后的标准误，"√"表示是，"×"表示否。

四、异质性检验

上文从整体层面考察了中间品进口、自主创新对企业的出口产品总转换率的平均影响效应，但并未从异质性视角考察两者的关系。接下来从贸易方式（一般贸易、加工贸易和混合加工）、所有制（国有企业、民营企业和外资企业）、是否为贸易中间商、技术复杂度（低技术、中技术、高技术）等异质性视角考察中间品进口对企业出口产品转换的影响。

1. 不同贸易方式的回归结果

为了分析中间品进口对企业出口产品转换的影响，按照不同贸易方式将出口企业分为一般贸易企业、加工贸易企业和混合加工企业 3 类。表 6-14 报告了不同贸易方式的回归结果。中间品进口会提升一般贸易的出口产品转换，中间品进口并没有提升加工贸易与或者混合贸易的出口产品转换，且一般贸易企业自主创新对出口产品转换的影响大于加工贸易和混合贸易。另外，两者交互项的回归结果仍然显著为负。

表 6-14 基于不同贸易方式的回归结果

变量	因变量：出口产品转换率 totadddropr		
	一般贸易	加工贸易	混合贸易
ln medinput	0.002 0***	-0.002 8	-0.002 2
	(0.004)	(0.025)	(0.015)
ln apply	0.062 1***	0.037 3***	0.047 1***
	(0.002)	(0.003)	(0.002)
ln medinput*ln apply	-0.000 2***	-0.001***	-0.001***
	(0.000)	(0.000)	(0.000)
ln employee	-0.256 8***	-0.153 8***	-0.271 6***
	(0.032)	(0.050)	(0.048)
ln ysel	0.178 3***	0.056 9	0.190 5***
	(0.025)	(0.043)	(0.038)
ln labor	-0.208 2***	-0.077 0*	-0.157 7***
	(0.023)	(0.043)	(0.036)
profitr	0.001 4	0.056 9	-0.002 2
	(0.010)	(0.055)	(0.062)
manage	-0.001 0	-0.002 5	-0.011 2*
	(0.002)	(0.003)	(0.006)
fincon	0.002 0	-0.001 6	-0.000 1
	(0.007)	(0.017)	(0.002)
ofdi	-0.063 7	-0.148 4	-0.239 5**
	(0.098)	(0.126)	(0.098)
age	-0.007 1	-0.008 6	-0.008 9
	(0.015)	(0.024)	(0.074)

续表

变量	因变量：出口产品转换率 totadddropr		
	一般贸易	加工贸易	混合贸易
ln subsidy	0.012 2***	-0.001 1	0.018 8***
	(0.004)	(0.005)	(0.005)
Constant	1.929 3	0.881 8	0.802 1
	(2.170)	(2.093)	(2.787)
行业固定	√	√	√
地区固定	√	√	√
年份固定	√	√	√
观测值数量	195 937	84 201	124 796
企业数量	70 007	49 570	45 098
Within_R^2	0.001 4	0.003 4	0.001 1
Between_R^2	0.000 2	0.000 2	0.000 4
Overall_R^2	0.000 5	0.000 0	0.000 9

注：括号内为回归估计的标准差。*、**、***分别表示在10%、5%、1%的水平上显著，"√"表示是，"×"表示否。

2. 不同所有制回归结果

从不同所有制视角考察中间品进口对企业出口产品转换的影响。在政治集权和经济分权的大背景下，官员绩效考核制度以 GDP 增长为主要指标，加之地方官员任期较短，地方政府将国有企业作为实现政绩诉求的主要工具，导致所有制偏向经常带来规制非完全执行。国有企业相对于民营企业和外资企业更容易受到政府的保护，在产品生产上能够得到政府的资金补贴和政策支持，不容易进行出口产品转换。表 6-15 的实证分析结果表明：中间品进口对国有企业的出口产品总转换率的估计系数小于 0，且估计系数并不显著，中间品进口显著正向促进外资企业总的出口产品转换率；所有企业的自主创新均显著正向促进总的出口产品转换，且外资企业与民营企业自主创新能力对出口产品转换率的影响显著高于国有企业。

表 6-15 基于不同所有制的回归结果

变量	因变量：出口产品转换率		
	国有企业	民营企业	外资企业
ln medinput	-0.005 5	0.0026	0.0063***
	(0.007)	(0.016)	(0.002)
ln apply	0.021 1***	0.0365***	0.0476***
	(0.002)	(0.002)	(0.003)
ln medinput*ln apply	-0.000 2***	-0.001***	-0.001***
	(0.000)	(0.000)	(0.000)
ln employee	-0.365 1***	-0.2999***	-0.2323***
	(0.058)	(0.052)	(0.018)
ln ysel	0.219 2***	0.1704***	0.1333***
	(0.048)	(0.043)	(0.014)
ln labor	-0.168 4***	-0.1476***	-0.1493***
	(0.044)	(0.039)	(0.013)
profitr	-0.010 9	0.0481	0.0009
	(0.040)	(0.104)	(0.005)
manage	-0.008 4	-0.0020	-0.0056***
	(0.007)	(0.003)	(0.002)
fincon	-0.000 0	-0.003 8	-0.006 8
	(0.001)	(0.010)	(0.008)
ofdi	-0.023 7	-0.171 9	-0.191 4***
	(0.083)	(0.125)	(0.047)
age	-0.006 9	-0.007 9	-0.008 6
	(0.014)	(0.032)	(0.075)
ln subsidy	0.013 1***	0.012 0*	0.008 7***
	(0.005)	(0.007)	(0.002)
Constant	1.111 4	2.231 5	3.210 9**
	(2.308)	(2.866)	(1.593)

续表

变量	因变量：出口产品转换率		
	国有企业	民营企业	外资企业
行业固定	√	√	√
地区固定	√	√	√
年份固定	√	√	√
观测值	30 240	172 901	207 137
企业数量	9 054	56 011	54 017
Within_R^2	0.004 1	0.000 9	0.002 9
Between_R^2	0.003 5	0.000 1	0.000 2
Overall_R^2	0.001 0	0.000 4	0.000 1

注：*、**和***分别表示在 10%、5%和 1%的水平上显著；括号内的值为纠正异方差后的标准误，"√"表示是，"×"表示否。

3. 不同技术水平回归结果

表 6-16 的实证分析结果表明：中间品进口对中技术企业的出口产品转换率的影响在 1%的水平上显著为正，而对低技术和高技术的影响均不显著；而自主创新对所有技术水平的出口产品转换率的影响均显著为正，技术水平越高的企业，自主创新对出口产品转换的影响越大，即高技术水平企业>中技术水平企业>低技术水平企业。另外，中间品进口与自主创新的交互项的系数对所有技术水平的出口产品转换率的影响均显著为负。

表 6-16　基于不同技术水平的回归结果

变量	因变量：出口产品转换率		
	低技术	中技术	高技术
ln medinput	0.002 0	0.002 3**	0.006 6
	(0.013)	(0.001)	(0.042)
ln apply	0.018 7***	0.023 4***	0.067 9***
	(0.002)	(0.001)	(0.002)
ln medinput*ln apply	−0.000 2***	−0.001***	−0.001***
	(0.000)	(0.000)	(0.000)

续表

变量	因变量：出口产品转换率		
	低技术	中技术	高技术
ln employee	-0.2701***	-0.2106***	-0.2252***
	(0.036)	(0.027)	(0.037)
ln ysel	0.1555***	0.1109***	0.1660***
	(0.029)	(0.022)	(0.030)
ln labor	-0.1558***	-0.1245***	-0.1196***
	(0.027)	(0.019)	(0.028)
profitr	0.0145	-0.0214	0.0081
	(0.060)	(0.034)	(0.025)
manage	-0.0041	-0.0013	-0.0050
	(0.003)	(0.002)	(0.005)
fincon	-0.0027	-0.0038	-0.0001
	(0.007)	(0.011)	(0.019)
ofdi	-0.0629	-0.2552***	-0.3542***
	(0.092)	(0.058)	(0.076)
age	-0.0068	-0.0078	-0.0087
	(0.015)	(0.033)	(0.079)
ln subsidy	0.0068	0.0169***	0.0169***
	(0.005)	(0.004)	(0.004)
Constant	1.7870	1.6406	1.3174
	(2.954)	(1.384)	(1.246)
行业固定	√	√	√
地区固定	√	√	√
年份固定	√	√	√
观测值	192325	110805	46646
企业数量	63051	42288	19243
Within_R^2	0.0008	0.0041	0.0053
Between_R^2	0.0001	0.0000	0.0000
Overall_R^2	0.0006	0.0001	0.0001

注：括号内为回归估计的标准差。*、**、***分别表示在10%、5%、1%的水平上显著，"√"表示是，"×"表示否。

五、稳健性检验

为了更加全面、系统地探究中间品进口、自主创新对出口产品转换率的影响,接下来基于"低质量"产品向更多"高质量"产品转换进行实证研究。其中,"更多"的含义为某类别产品的出口价值在企业整体出口产品价值所占比例的上升。出口产品质量指标采用第四章测算得到的结果。企业当期某产品质量距离的具体计算方法为,使用企业每年某HS-6位编码产品的残差减去同期全部企业同类产品中残差的均值,该指标代表该产品质量在全部企业中所处的位置。单个企业每年生产和出口的产品种类都并不单一,因而假设生产和出口多种产品的"质量距离"的大小都能够被企业发现和掌握,以此把握相对于其他企业来说自己的哪种产品质量具备竞争力和优势,哪种产品质量竞争力较低甚至处于劣势地位。换言之,企业应清楚地明白自己哪种产品是相对"低质量"的,哪种是相对"高质量"的。此时企业在利润最大化的驱动下,会选择扩大"高质量"产品的生产规模,减少甚至不生产"低质量"产品。综上所述,我们得到如下推论:企业会主动缩减"低质量"产品的生产数量,扩大"高质量"产品的生产规模。接下来我们将企业每年"质量距离"指标的50分位数作为依据对"低质量"产品和"高质量"产品进行区分。

$$
\begin{aligned}
hquality_{it} = & \alpha_0 + \alpha_1 \ln medinput_{it} + \alpha_2 \ln apply_{it} + \\
& \alpha_3 \ln medinput_{it} \times \ln apply_{it} + \alpha_4 X_{it} + \\
& v_{industry} + v_{province} + v_{year} + \varepsilon_{it}
\end{aligned}
\quad (6-9)
$$

式中,$hquality_{it}$ 代表以企业每年出口高质量产品的价值在全体出口产品价值中所占的比例。

表6-17报告了相关回归结果,其中第1列采用的实证方法为OLS即普通最小二乘法,第2列采用的实证方法为两阶段最小二乘法。回归结果表示,不管实证方法为OLS或者2SLS,中间品进口实际价值对数的估计系数始终为正但均不显著,这说明中间品进口对制造业全球价值链链条升级并没有显著的促进作用,而自主创新能力则在很大程度上有利于企业出口高质量产品占比的提升,控制变量估计系数的正负与大小也与前文的回归结果基本一致,故此处不再赘述。

表 6-17 中间品进口、自主创新影响企业出口高质量产品比重估计结果

变量	因变量：高质量产品价值占比	
	OLS	2SLS
ln medinput	0.011 8	0.014 2
	(0.012)	(0.022)
ln apply	0.042 0***	0.043 1***
	(0.002)	(0.003)
ln medinput*ln apply	-0.000 2***	-0.001***
	(0.000)	(0.000)
ln employee	-0.234 2***	-0.264 1***
	(0.021)	(0.026)
ln ysel	0.149 8***	0.148 7***
	(0.019)	(0.020)
ln labor	-0.135 3***	-0.137 8***
	(0.018)	(0.018)
profitr	0.000 6	0.000 5
	(0.014)	(0.015)
manage	-0.003 0	-0.003 1
	(0.002)	(0.003)
fincon	-0.000 2	-0.000 2
	(0.002)	(0.002)
ofdi	-0.145 7**	-0.145 6**
	(0.059)	(0.058)
age	-0.007 2	-0.007 6
	(0.026)	(0.029)
ln subsidy	0.009 3***	0.009 5***
	(0.007)	(0.008)
Constant	1.544 9	2.044 0
	(4.604)	(4.603)

续表

变量	因变量：高质量产品价值占比	
	OLS	2SLS
观测值	410 326	295 429
区域固定	√	√
产业固定	√	√
年份固定	√	√
Within_R^2	0.000 5	0.000 6
Between_R^2	0.000 4	0.000 2
Overall_R^2	0.000 7	0.000 6

注：括号内为回归估计的标准差。*、**、***分别表示10%、5%、1%的水平上显著，"√"表示是，"×"表示否。

综上所述，进一步使用企业每年某一HS6位编码产品的残差减去所有企业当年该产品中残差的均值得到企业当年该产品的"质量距离"，用来表示企业生产和出口的该产品的质量在所有企业中所处位置，实证分析结果进一步验证了稳健性。

使用企业营业外收入表征功能升级，使用出口产品转换表征链条升级，然后使用海关与工业企业数据匹配的数据库，采用固定效应模型对114 897家企业共410 326个样本实证检验自主创新、中间品进口对中国制造业企业功能升级与链条升级的影响，并进一步分析其影响的内在机制。实证结果显示的结论主要有以下几点：

第一，中间品进口对中国制造业全球价值链企业功能升级有显著的促进作用，这一回归结果在处理了内生性问题、解决了样本选择偏误问题的基础上依旧稳健。进一步采取不同因变量与自变量指标进行回归，其结果与基准结果依旧一致，验证了第三章的相关研究假设；中间品进口的增加并没有实现企业的链条升级，并且基于企业总体样本层面，发现中间品进口与链条升级虽然呈正相关，但估计系数并不显著。

第二，在回归过程中，还引入了一系列控制变量，其计量结果均显示自主创新对中国制造业全球价值链功能升级与链条升级存在显著促进作用，验证了第三章的相关研究假设。因此，中国制造业企业想要实现链条升级，仍需要通过自主创新实现价值链的链条升级。

第三，进一步按照企业特征将企业样本进行分类，并进行相关实证分析。其结果显示，尽管中间品进口能显著提升制造业全球价值链的功能升级，但其促进作用会因为企业所有制、贸易方式、出口目的国、技术复杂度等存在异质性；中间品进口会提升一般贸易方式的链条升级；而一般贸易企业自主创新对链条升级的影响大于加工贸易和混合贸易。相对于国有企业和民营企业而言，外资企业会更积极地因中间品进口增加而进行链条升级。

第四，中介效应的回归结果表明，中间品进口对企业自主创新具有显著的提升作用，验证了第三章的假设；企业自主创新与功能升级与链条升级存在显著的正向关系，验证了第三章的假设；企业中间品进口对功能升级与链条升级具有提升效果，在控制了企业自主创新后，中间品进口对功能升级与链条升级的提升效果减弱。

第七章

中间品进口对制造业行业 GVC 升级的实证分析

本章基于第四章制造业行业全球价值链上游度指数、下游度指数、位置指数等指标，利用 2000—2013 年中国制造业中间品进口数据及制造业创新的面板数据，实证分析了中间品进口、自主创新对制造业细分行业全球价值链参与程度和分工地位的影响。本章第一节主要依据 Faruq（2010）、刘斌等（2016）、曲如晓和臧睿（2019）的生产函数模型结合中国制造业行业全球价值链分工指数来构造实证研究模型；第二节是变量选取和数据说明；第三节进行了基础回归，验证中间品进口对行业价值链升级的影响；第四节考察了自主创新的中介效应；第五节进行了异质性分析；第六节进行了稳健性分析①。

---

① 李娜娜. 中国在全球价值链中的地位测度研究[D]. 合肥：安徽大学，2017.

第一节 模型设定

除了制度环境、外商直接投资以及技术创新水平等因素,还需要综合通过中间品进口、自主创新、制度环境等多个因素来分析其对制造业行业全球价值链分工地位的影响。参考 Faruq(2010)、刘斌等(2016)、曲如晓和臧睿(2019)的处理思路,进一步从行业层面检验中间品进口、自主创新对中国制造业行业价值链升级的影响。模型的具体形式如下:

$$\begin{aligned}\text{Plv\_GVC}_{it} = & \beta_0 + \beta_1 \ln \text{medinput}_{it} + \beta_2 \ln \text{apply}_{it} + \beta_3 \ln \text{medinput} \times \\ & \ln \text{apply} + \beta_4 \ln \text{fdi}_{it} + \beta_5 \ln \text{ofdi}_{it} + \beta_6 \ln \text{expint}_{it} + \\ & \beta_7 \ln \text{human}_{it} + \beta_8 \ln \text{subsidy}_{it} + \beta_9 \ln \text{kint}_{it} + \beta_{10} \ln \text{scal}_{it} + \\ & v_{\text{industry}} + v_{\text{year}} + \varepsilon_{it}\end{aligned} \quad (7\text{-}1)$$

$$\begin{aligned}\text{Ply\_GVC}_{it} = & \beta_0 + \beta_1 \ln \text{medinput}_{it} + \beta_2 \ln \text{apply}_{it} + \beta_3 \ln \text{medinput} \times \\ & \ln \text{apply} + \beta_4 \ln \text{fdi}_{it} + \beta_5 \ln \text{ofdi}_{it} + \beta_6 \ln \text{expint}_{it} + \\ & \beta_7 \ln \text{human}_{it} + \beta_8 \ln \text{subsidy}_{it} + \beta_9 \ln \text{kint}_{it} + \beta_{10} \ln \text{scal}_{it} + \\ & v_{\text{industry}} + v_{\text{year}} + \varepsilon_{it}\end{aligned} \quad (7\text{-}2)$$

$$\begin{aligned}\text{GVCPS}_{it} = & \beta_0 + \beta_1 \ln \text{medinput}_{it} + \beta_2 \ln \text{apply}_{it} + \beta_3 \ln \text{medinput} \times \\ & \ln \text{apply} + \beta_4 \ln \text{fdi}_{it} + \beta_5 \ln \text{ofdi}_{it} + \beta_6 \ln \text{expint}_{it} + \\ & \beta_7 \ln \text{human}_{it} + \beta_8 \ln \text{subsidy}_{it} + \beta_9 \ln \text{kint}_{it} + \beta_{10} \ln \text{scal}_{it} + \\ & v_{\text{industry}} + v_{\text{year}} + \varepsilon_{it}\end{aligned} \quad (7\text{-}3)$$

$$\begin{aligned}\text{NRCA}_{it} = & \beta_0 + \beta_1 \ln \text{medinput}_{it} + \beta_2 \ln \text{apply}_{it} + \beta_3 \ln \text{medinput} \times \\ & \ln \text{apply} + \beta_4 \ln \text{fdi}_{it} + \beta_5 \ln \text{ofdi}_{it} + \beta_6 \ln \text{expint}_{it} + \\ & \beta_7 \ln \text{human}_{it} + \beta_8 \ln \text{subsidy}_{it} + \beta_9 \ln \text{kint}_{it} + \beta_{10} \ln \text{scal}_{it} + \\ & v_{\text{industry}} + v_{\text{year}} + \varepsilon_{it}\end{aligned} \quad (7\text{-}4)$$

其中,公式 7-1 到 7-4 中,i 表示行业;t 表示年份;Plv_GVC_{it} 表示全球价值链上游度指数;Ply_GVC_{it} 表示全球价值链下游度指数;GVC PS_{it} 表示全球价值链分工地位;NRCA_{it} 表示新显性比较优势,用于测度一国制造业细分行业的出口竞争力。ln medinput$_{it}$ 表示中间品进口额的对数；ln apply$_{it}$ 表示技术创新水平的对数；ln fdi$_{it}$ 表示吸引外商投资金额的对数；ln ofdi$_{it}$ 表示对外直接投资金额的对数；ln expint$_{it}$ 表示出口密集度的对数；ln human$_{it}$ 表示人力资本存量的对数；ln subsidy$_{it}$ 表示政府补贴的对数；ln kint$_{it}$ 表示资本密集度的对数；ln scal$_{it}$ 表示制造业细分行业的规模的对数；$v_{industry}$ 表示行业效应；v_{year} 表示年份效应，ε_{it} 表示误差项（以上指标都是制造业细分行业的指标）[①]。

第二节 变量选取与数据说明

一、被解释变量

（1）PLv_GVC：制造业细分行业全球价值链上游度指数。

PLv_GVC 指标的数值越大，表明该部门越位于生产价值链的上游位置，因为此时该部门的初始投入品距离其他国家特定部门最终产品的长度越长，即说明该部门（行业）越处于全球价值链（GVC）上游。

（2）Ply_GVC$_{it}$：制造业细分行业全球价值链下游度指数。

PLy_GVC 指标的数值越大，表明该部门越位于生产价值链的下游位置，因为此时外国的初始投入品距离一国最终产品的长度越长。

（3）GVCPS$_{it}$：制造业细分行业全球价值链分工地位。

GVCPS$_{it}$ 揭示了一国（地区）某行业（部门）在 GVC 的分工地位，位置越高，表明越靠近全球价值链的上游。参考 Wang 等（2017）的处理方法，去掉传统贸易生产活动和纯国内生产活动的影响，更能够精确地反映一国（地区）某行业（部门）在 GVC 的分工地位。

---

① 吕晨星. 中美制造业全球价值链分工地位比较研究[D]. 蚌埠：安徽财经大学，2018.

（4）$NRCA_{it}$是新显性比较优势，用于测度一国制造业细分行业的出口竞争力。

比较优势指数（RCA）主要采用传统贸易统计方式计算得到，忽略了中间品贸易，进而产生重复计算问题，导致测度结果缺乏准确性。参考王直等（2013）的处理方法，使用前向联系的生产分解方法，准确测度中国制造业细分行业出口竞争力的新显性比较优势（NRCA）。其具体计算公式如下：

$$NRCA_i^s = \frac{\mathrm{dva\_}f_i^s / \sum_i^n \mathrm{dva\_}f_i^s}{\sum_s^G \mathrm{dva\_}f_i^s \sum_s^G \sum_i^n \mathrm{dva\_}f_i^s} \quad (7\text{-}5)$$

式中，$\mathrm{dva\_}f = \hat{V}(I - A^D)^{-1}E$，表示 s 国 i 部门出口的国内增加值。当 NRCA>1 时，表示该行业具备国际竞争比较优势；反之，表示存在国际竞争劣势。

二、解释变量及相关控制变量

1. 解释变量

一个解释变量是制造业细分行业的中间品进口额（ln medinput）。相关数据来源于 WIOD（2016）和 UNCOMTRADE，可以更加真实合理地刻画中国制造业细分行业中间品的投入情况。

另一个解释变量是制造业细分行业的技术创新（ln apply）。使用制造业细分行业大中型企业内部研发支出来表示技术创新能力，相关数据来源于各年度《中国科技统计年鉴》。

2. 控制变量

$\ln fdi_{it}$：制造业细分行业吸引外商投资金额的对数。

相对国内企业而言，外资企业的管理模式、技术水平、运营经验都更为先进，外商直接投资企业有机会学习和模仿国外先进的运营模式，吸收和改进其产品研发方式，促进自身人力资本水平的不断强化，从而实现该国制造业在全球价值链中分工地位的提升。另外，外商直接投资也会导致某些制造业全球价值链低端锁定。这主要由以下两个原因造成：一是制造业企业的发展模式可能被固定为代工生产，技术升级也会受到一定程度的限制；二是国际市场存在的大买家和跨国公司，可能对处于价值升级阶段的国家造成一定程度的控制和阻击，不利于该国在全球价值链中分工地位的提升。选取一国外商直接投资净流入金额的对数形式对外商直接投资指标进行测度[1]。

ln ofdi：制造业细分行业对外直接投资金额的对数。

对外直接投资企业能够通过"培训与流动效应"和"竞争效应"提升制造业科技水平、优化产业结构。具体来看，对外直接投资企业通过产业关联，增强本国同行业及其上下游相关行业间的竞争力，促进产业技术升级和结构优化。选取制造业细分行业对外直接投资存量测度中国制造业行业对外直接投资。

ln $expint_{it}$：制造业细分行业出口密集度的对数。

ln $expint_{it}$ 表示 i 行业在 t 年的出口密集度，该指标用行业出口交货值在工业销售总值中所占的比例来衡量。康志勇（2011）基于行业和企业层面的数据分析了出口对自主创新产生的影响。行业层面的实证结果表明，伴随着出口密集度的不断增强，行业的自主创新水平得到了显著提升。选取行业密集度指标来表示行业对国际市场的依赖程度和出口规模大小。

ln $human_{it}$：制造业细分行业人力资本存量的对数。

ln $human_{it}$ 表示 i 行业在 t 年的人力资本水平。行业是否具备高技能的熟练劳动力及其数量多少，对其生产活动尤其是产品国际竞争力具有重大影响，企业人力资本水平和出口产品质量呈正相关，即企业所具备的人力资本水平越高，其产品国际竞争力也就越高。人力资本指标内在地表现了该行业对先进技术的学习、吸收和改进能力，也代表了行业研发投入和科技水平。选取制造业行业研发人员人力资本存量的对数对人力资本进行衡量。

---

[1] 郎郸妮，刘宏曼. 生产性服务对农业全球价值链分工的贡献研究——基于出口增加值的行业细分视角[J]. 国际经贸探索，2019，35（9）：18-34.

ln subsidy$_{it}$：制造业细分行业政府补贴的对数。

选用科技活动筹集资金中政府资金的对数来表示制造业细分行业的政府补贴。

ln kint$_{it}$：制造业细分行业资本密集度的对数。

ln kint$_{it}$ 表示 i 行业在 t 年的资本密集度。该指标的具体测度方法为制造业各行业固定资产与该行业员工总数的比值。施炳展等（2013）利用中国制造业各行业数据进行比较，得出中国制造业企业出口的劳动密集型产品在总出口产品中所占比例较大的结论。随着企业资本密集度的提升，其偏离中国比较优势的程度越严重，进而不利于出口产品质量和全球价值链分工地位的提升。基于此，预期行业资本密集度与全球价值链分工地位呈负相关关系[①]。

ln scal$_{it}$：制造业细分行业规模的对数。

为了有效控制中国制造业各行业的经济发展水平差异，引进行业规模变量，该变量利用工业增加值进行衡量。上述数据来源于各年《中国工业统计年鉴》《中国科技统计年鉴》《中国统计年鉴》，并经过整理得到。

三、数据来源与指标说明

数据来源与指标说明如表 7-1 所示。

表 7-1 数据来源与指标说明

类别	名称	符号	来源
被解释变量	上游度	PLv_GVC	WIOD2016
	下游度	PLy_GVC	同上
	分工地位	GVCPS	同上
解释变量	新显示性优势	NRCA	比较优势指数计算
	中间品进口	ln medinput	Uncomtrade 数据库
	自主创新	ln apply	《中国科技统计年鉴》

---

① 曲如晓，臧睿. 自主创新、外国技术溢出与制造业出口产品质量升级[J]. 中国软科学，2019（5）：18-30.

续表

类别	名称	符号	来源
控制变量	制造业细分行业外商直接投资	ln fdi	中国对外直接投资统计公报
	制造业细分行业对外直接投资	ln ofdi	同上
	制造业细分行业出口技术密集度	ln expint	《中国工业统计年鉴》
	制造业细分行业人力资本存量	ln human	《中国科技统计年鉴》
	制造业细分行业政府补贴	ln subsidy	《中国工业统计年鉴》
	制造业细分行业规模	ln scale	同上
	制造业细分行业资本密集度	ln kint	同上
	年份虚拟变量	v_{year}	
	行业虚拟变量	$v_{industry}$	

使用2000—2014年中国制造业18个细分行业的数据，实证检验中间品进口、自主创新对中国制造业行业全球价值链升级的影响。相关变量的描述性统计分析结果详见表7-2。

表7-2 主要变量描述性统计分析

变量	N	均值	标准差	最小值	最大值
PLv_GVC	270	4.712	0.609	3.432	6.164
PLy_GVC	270	5.413	0.786	4.051	6.072
GVCPS	270	1.147	0.358	0.702	1.093
RCA	270	1.483	0.154	0.247	3.526
ln medinput	270	9.782	1.383	6.726	11.345
ln apply	270	4.451	1.546	0	6.909
ln ofdi	270	3.578	1.247	0.526	6.164
ln fdi	270	2.918	0.928	0.932	4.243
ln expint	270	5.451	3.219	0	16.524
ln human	270	1.569	2.345	0.253	4.367
ln subsidy	270	0.265	0.274	0.014	1.156
ln scale	270	3.316	0.293	2.246	3.875
ln kint	270	2.890	0.643	1.015	5.234

第三节 基准回归分析

本节使用 F 检验判断选择混合回归还是固定效应，使用 Hausman 检验判断选择使用固定效应还是随机效应模型，然后再对面板数据进行实证分析。表 7-3 报告的 F 统计量及其概率，以及 Hausman 检验的卡方统计量值及概率均表明应该选择面板固定效应模型实证分析中间品进口、自主创新对中国制造业行业价值链升级的影响。下面分别从行业上游度、行业下游度以及分工地位 3 个方面予以深入分析。

一、基于行业上游度的回归分析结果

表 7-3 的第 1 列报告了行业层面中间品进口、自主创新对制造业细分行业价值链上游度的回归结果。上述结果中，行业层面的中间品质量系数为正数，表明中间品进口对行业价值链上游度是正向促进作用。自主创新能力对价值链升级的影响与微观层面的回归结果一致，实证分析结果表明自主创新能力越强，对行业价值链上游度的正向影响也越大；在引入了中间品进口与自主创新能力的交互项之后，实证结果也与微观层面的结果一致，两者的交互项影响为负。中间品进口确实会对价值链上游度产生积极影响。企业通过引入中间品，有效促进了国内市场的竞争，使资源有效地转移至效率更高的企业，并且提高了行业整体的价值链分工地位。

在加入相关控制变量后，实证分析结果与不加入控制变量的结果基本一致。人力资本丰裕程度（ln human）、行业资本密集度（ln kint）以及对外直接投资（ln ofdi）等变量与制造业细分行业全球价值链上游度呈正向相关关系。总体而言，在提升制造业行业价值链上游度的途径中，加强国内研发，提高自主创新是关键。另外，在促进制造业价值链上游度提升过程中，人力资本均发挥了积极作用。

表 7-3 中间品进口、自主创新对行业价值链升级影响的回归

解释变量	被解释变量：全球价值链升级		
	行业上游度	行业下游度	分工地位
ln medinput	0.082 3***	-0.047 1***	0.092 5***
	(0.001 1)	(0.001 8)	(0.002 6)
ln apply	0.267 8**	-0.362 1***	0.435 1***
	(0.041 2)	(0.031 9)	(0.030 8)
ln medinput*ln apply	-0.086 5***	-0.011 4	-0.094 3***
	(0.023 6)	(0.037 2)	(0.019 3)
ln ofdi	0.158 1***	0.275 4**	0.098 3***
	(0.024 5)	(0.129 8)	(0.024 1)
ln fdi	-0.265 3**	-0.157 8***	-0.458 1***
	(0.122 0)	(0.037 1)	(0.165 2)
ln expint	0.064 3***	0.052 1***	0.076 2***
	(0.027 3)	(0.019 4)	(0.027 4)
ln human	0.215 8***	0.196 5***	0.269 4***
	(0.008 1)	(0.019 2)	(0.017 3)
ln subsidy	-0.355 6**	0.475 9	-0.406 2***
	(0.146 3)	(0.652 0)	(0.146 7)
ln scale	0.056 4***	0.069 2***	0.067 9***
	(0.018 6)	(0.014 2)	(0.014 5)
ln kint	0.151 8***	-0.186 2	0.195 7***
	(0.043 6)	(0.493 1)	(0.024 7)
Constant	2.911 5***	1.884 7***	3.521 9***
	(0.368 9)	(0.459 3)	(0.864 6)
行业固定	√	√	√
年份固定	√	√	√
F 检验	9.56 [0.000]	26.93 [0.000]	18.07 [0.000]
Hausman（chi2）	96.74 [0.000]	259.78 [0.000]	158.76 [0.000]
N	270	270	270
R^2	0.445 7	0.542 9	0.498 7

注：*、**和***分别表示通过 10%、5%和 1%的显著性水平检验；括号内的值为标准差；[]内的值为统计值的伴随概率；F 为统计量值以及伴随概率；Hausman（chi2）表示使固定效应 Hausman 检验结果，"√"表示是，"×"表示否。

二、基于行业下游度的回归分析结果

表 7-3 的第 2 列报告了行业层面中间品进口、自主创新对制造业细分行业价值链下游度的回归结果。回归结果表明，中间品进口对制造业行业下游度起到了阻碍作用，自主创新对制造业行业下游度的影响也显著为负，在引入了中间品进口与自主创新能力的交互项后，实证结果虽然与上游度一致，但并不显著。

进一步引入了其他控制变量及年份、行业控制变量以后，实证分析结果与理论预期一致。其他控制变量方面，对外直接投资与制造业行业全球价值链下游度正向相关，表明对外直接投资存量促进了制造业全球价值链下游度的提升；外商直接投资与下游度呈显著负相关，说明外商直接投资存量对制造业全球价值链下游度的提升存在抑制作用。这说明大量吸引外商直接投资虽然在一定程度上会促进制造业的发展，但同时也会抑制中国制造业的产业升级，容易陷入全球价值链的"低端锁定"风险。制造业细分行业的规模回归系数显著为正，意味着行业规模越大，越有可能提升制造业全球价值链下游度。行业出口密集度的估计系数大于 0，对下游度在 1% 的统计水平上显著，表明制造业行业的出口密集度越高，对制造业行业价值链下游度的促进效果越明显。

三、基于行业分工地位的回归分析结果

表 7-3 的第 3 列报告了行业层面中间品进口、自主创新对制造业细分行业价值链分工地位的回归结果。上述结果中，行业层面的中间品质量系数大于 0，表明中间品进口对行业价值链分工地位有正向促进作用；自主创新能力对价值链升级的影响与微观层面和上游度的回归结果一致，结果表明自主创新能力越强，对行业价值链分工地位的正向影响也越大；在引入了中间品进口与自主创新能力的交互项后，实证结果也与微观层面和上游度的结果一致，两者的交互项影响为负，表明中间品进口确实会对制造业行业价值链分工地位产生积极影响。

相关控制变量方面，对外直接投资存量（ln ofdi）对制造业行业全球价值链分工地位的影响是正向促进作用，其中可能的原因是：首先，通过对外直接投资获得逆向技术溢出效应，进而提升企业的技术含量，提高了行业的出口附加值与价值链的分工地位；其次，对外直接投资通过边际产业转移效应和市场内部化效应降低了国际贸易交易的成本，影响制造业企业的出口模式，加快国内落后产业的转移，进而提升制造业全球价值链分工地位。其他控制变量的回归结果与预期基本一致[①]。

第四节 中介效应检验

中间品进口对推动价值链升级具有两种影响效应：直接影响效应和间接影响效应。在直接影响效应方面，中间品进口主要通过影响出口产品质量、产品生产效率以及出口技术复杂度等指标加以实现。出口产品质量越高，生产效率越好；出口技术复杂度越高，产品的全球竞争力越强；在产品价值链上的增加值越高，越能提升企业价值链水平。在间接影响效应方面，中间品进口主要通过影响企业以及一国的自主创新能力加以实现。因此，利用中介效应模型来分析中间品进口通过影响自主创新能力进而影响一国制造业全球价值链升级。如前文所述，全球价值链的分工地位可以用来测度一国某产业在全球价值链中的相对位置。因此，在进行中介效应检验时，用全球价值链分工地位表示被解释变量，回归公式如下：

首先，分析中间品进口对制造业行业价值链分工地位的影响。

$$\text{GVC PS}_{it} = \beta_0 + \beta_1 \ln \text{medinput}_{it} + \beta_2 \ln \text{fdi}_{it} + \beta_3 \ln \text{ofdi}_{it} + \\ \beta_4 \ln \text{expint}_{it} + \beta_5 \ln \text{human}_{it} + \beta_6 \ln \text{subsidy}_{it} + \\ \beta_7 \ln \text{kint}_{it} + \beta_8 \ln \text{scal}_{it} + v_{\text{industry}} + v_{\text{year}} + \varepsilon_{it} \quad (7\text{-}6)$$

---

① 黄繁华，姜悦，黄嘉雯. 服务业对全球价值链分工影响和异质性研究[J]. 世界经济与政治论坛，2019（5）：77-96.

其次，验证行业中间品进口对中介变量（自主创新）的影响。

$$\begin{aligned}\ln apply_{it} = & \beta_0 + \beta_1 \ln medinput_{it} + \beta_2 \ln fdi_{it} + \beta_3 \ln ofdi_{it} + \\ & \beta_4 \ln expint_{it} + \beta_5 \ln human_{it} + \beta_6 \ln subsidy_{it} + \\ & \beta_7 \ln kint_{it} + \beta_8 \ln scal_{it} + v_{industry} + v_{year} + \varepsilon_{it}\end{aligned} \quad (7\text{-}7)$$

最后，验证存在中间品进口情况下中介变量（自主创新）对行业价值链分工地位的影响。

$$\begin{aligned}GVC\ PS_{it} = & \beta_0 + \beta_1 \ln medinput_{it} + \beta_2 \ln apply_{it} + \beta_3 \ln fdi_{it} + \\ & \beta_4 \ln ofdi_{it} + \beta_5 \ln expint_{it} + \beta_6 \ln human_{it} + \\ & \beta_7 \ln subsidy_{it} + \beta_8 \ln kint_{it} + \beta_9 \ln scal_{it} + \\ & v_{industry} + v_{year} + \varepsilon_{it}\end{aligned} \quad (7\text{-}8)$$

式中，t 代表年份，i 代表行业，其他控制变量的含义详见本章第二节，ε_{it} 代表随机扰动项，在进行回归时还控制了行业和固定效应（年份）。

中间品进口通过自主创新影响出口质量的传导机制可以通过上文的计量模型进行检验，具体回归结果详见表 7-4。表 7-4 的第 1 列检验了中间品进口对行业价值链分工地位的总体影响，实证表明中间品进口对行业价值链分工地位的影响在 1% 的水平上显著为正；表 7-4 的第 2 列为中间品进口对中介变量自主创新的影响，回归系数在 1% 的水平上为正，表明中间品进口对企业自主创新具有正向影响；表 7-4 的第 3 列中，中间品进口和自主创新的估计系数均显著为正，说明存在中介效应，进一步验证了相关中介效应假设。

表 7-4 中介效应回归

解释变量	被解释变量		
	价值链分工地位	自主创新	对价值链分工地位的中介效应
ln medinput	0.081 9***	0.145 9***	0.086 7***
	(0.002 3)	(0.017 6)	(0.005 8)
ln apply			0.326 9***
			(0.041 3)
ln ofdi	0.081 7***	0.205 1***	0.087 6***
	(0.019 8)	(0.027 5)	(0.030 9)

续表

解释变量	被解释变量		
	价值链分工地位	自主创新	对价值链分工地位的中介效应
ln fdi	-0.297 5** (0.107 2)	-0.149 1*** (0.038 0)	-0.423 8*** (0.115 0)
ln expint	0.061 8*** (0.017 4)	0.089 7*** (0.020 9)	0.069 3*** (0.016 7)
ln human	0.205 7*** (0.010 9)	0.376 2*** (0.092 8)	0.257 3*** (0.014 9)
ln subsidy	-0.341 8** (0.114 3)	-0.189 7 (0.351 8)	-0.398 2*** (0.138 1)
ln scale	0.051 8*** (0.011 9)	0.097 5*** (0.027 8)	0.064 8*** (0.020 6)
ln kint	0.149 5*** (0.031 8)	0.202 7** (0.109 3)	0.185 6*** (0.034 8)
Constant	2.824 3*** (0.297 6)	2.942 6*** (0.876 5)	3.243 8*** (0.756 1)
行业/年份固定	√	√	√
N	270	270	270
R^2	0.421 6	0.687 2	0.475 3

注：*、**和***分别表示在10%、5%和1%的水平上显著；括号内的值为纠正了异方差后的标准误，"√"表示是，"×"表示否。

第五节 异质性检验

一、基于不同要素密集度的实证分析结果

在研究中间品进口、自主创新对制造业不同行业价值链地位的影响

时，需要考虑制造业细分行业的不同影响。借鉴刘庆林等（2010）的方法，将制造业行业分为技术密集型、资本密集型和劳动密集型，然后实证分析中间品进口、自主创新对制造业细分行业全球价值链的影响（见表7-5）。

表7-5 按不同要素密集度制造业细分行业价值链分工地位的回归

变量	被解释变量：行业价值链分工地位		
	劳动密集型	资本密集型	技术密集型
ln medinput	0.082 9***	-0.071 3*	0.102 5***
	（0.003 5）	（0.041 7）	（0.010 6）
ln apply	0.243 6***	0.106 9***	0.287 9***
	（0.027 1）	（0.060 1）	（0.041 0）
ln medinput*ln apply	-0.083 3***	-0.054 3***	-0.086 5***
	（0.025 6）	（0.013 5）	（0.022 7）
ln ofdi	0.236 8***	0.255 0***	-0.017 1
	（0.039 8）	（0.034 1）	（0.056 1）
ln fdi	-0.436 2**	0.150 0	-0.467 4**
	（0.185 0）	（0.191 3）	（0.229 8）
ln expint	0.093 8***	0.103 8*	0.135 9**
	（0.033 5）	（0.052 5）	（0.062 5）
ln human	-0.139 6	-0.458 2	-1.319 0
	（0.470 7）	（0.573 0）	（1.196 5）
ln subsidy	-0.594 2***	0.443 8	0.280 8
	（0.165 6）	（0.276 0）	（0.368 5）
ln scale	0.050 9***	0.095 8***	0.063 8***
	（0.010 8）	（0.018 6）	（0.019 7）
ln kint	0.175 8***	0.202 7**	0.184 1***
	（0.018 6）	（0.093 4）	（0.059 1）
Constant	4.834 5***	3.306 8***	6.247 6***
	（0.416 8）	（0.722 2）	（0.903 7）
行业	√	√	√
年份	√	√	√
N	135	75	60
R^2	0.706 6	0.691 6	0.366 1

注：*、**和***分别表示在10%、5%和1%的水平上显著；括号内的值为纠正了异方差后的标准误，"√"表示是，"×"表示否。

表 7-5 中报告了不同行业要素密集度企业的回归结果。资本密集型企业的中间品进口系数显著为负，表明中间品进口抑制资本密集型行业价值链升级。从表中还可以看出，促进了技术密集型企业和劳动密集型的价值链升级，这可能与企业自身研发创新能力和组织结构有关；自主创新能力无论对劳动密集型、资本密集型，还是技术密集型的价值链升级的影响均显著为正。另外，中间品进口与自主创新的交互项的影响系数在 3 种类型细分行业企业中均显著小于 0，意味着两者存在挤出效应。

二、基于不同技术复杂度的实证分析结果

由于中间品进口的商品技术结构存在较大差异，参考 Lall（2000）、魏浩（2017）及罗勇（2017）年的方法，将 2000—2014 年中国制造业 18 个细分行业的中间品进口按照技术水平的不同分为低级技术工业中间品、中级技术工业中间品和高级技术工业中间品，进一步考察不同技术复杂度对制造业全球价值链分工地位的影响（回归结果见表 7-6）。

表 7-6 报告了低级技术工业中间品、中级技术工业中间品和高级技术工业中间品对该行业制造业全球价值链升级的影响。总体来看，中间品进口有助于提升中国制造业全球价值链分工地位，这与和本章微观层面的结果一致，相对于高级技术工业中间品，低级技术工业中间品和中级技术工业中间品对制造业行业价值链升级的影响更为显著。本书认为，由于高技术工业中间品本身就存在较大的技术复杂性，中国制造业企业由于自身的研发技术水平较低，对复杂度较高的中间品的学习消化能力有限，中间品进口产生技术溢出效应对高端制造业企业创新的帮助相对较少。同时，由于高技术工业中引入国内市场后产生了负向的挤压效应，因为高技术行业领域的中间品进口产生的价值链升级效应不那么明显。除了中间品对企业创新产生的影响之外，还发现行业自主创新能力越强，对价值链升级的影响也越大。对于低技术行业来说，自主创新能力对价值链升级的影响要小于高级行业。其原因在于低技术行业本身对人力资本要素的需求并不旺盛且其生产的产品本身的技术含量就不高，无须大

量的研发人员与人才培育。另外，中间品进口与自主创新的交互项对行业价值链分工地位表现出明显的负向影响[①]。

表 7-6 基于不同技术复杂度的制造业细分行业价值链分工地位的回归

变量	被解释变量：行业价值链分工地位		
	低技术	中技术	高技术
ln medinput	0.092 7*** (0.026 0)	0.081 6* (0.042 7)	0.057 1*** (0.013 5)
ln apply	0.233 1*** (0.024 3)	0.167 4*** (0.056 7)	0.294 5*** (0.045 3)
ln medinput*ln apply	－0.076 5*** (0.024 3)	－0.064 8*** (0.021 3)	－0.083 4*** (0.001 5)
ln ofdi	－0.079 7 (0.058 0)	0.230 5*** (0.052 8)	0.177 2*** (0.034)
ln fdi	1.056 6*** (0.266 4)	－0.071 4 (0.275 1)	－0.211 9 (0.153)
ln expint	0.110 1** (0.045 6)	0.012 6 (0.101 1)	0.032 5 (0.046)
ln human	－0.050 3 (1.175 9)	－0.372 5 (0.712 0)	－0.141 1 (0.602)
ln subsidy	0.424 3 (0.912 9)	0.096 6 (0.294 4)	0.257 6 (0.206)
ln scale	0.047 8*** (0.012 4)	0.089 6*** (0.017 3)	0.075 8*** (0.018 9)
ln kint	0.167 1*** (0.017 4)	0.192 7** (0.082 4)	0.179 5*** (0.075 8)
Constant	8.797 1*** (1.092 1)	3.491 1** (1.062 1)	4.699 5*** (0.543 2)
行业	√	√	√
年份	√	√	√
N	45	120	105
R^2	0.776 9	0.561 8	0.743 2

注：*、**和***分别表示在10%、5%和1%的水平上显著；括号内的值为纠正了异方差后的标准误，"√"表示是，"×"表示否。

[①] 黄永明，潘安琪. 美国再工业化对中国制造业全球价值链分工地位的影响[J]. 区域经济评论，2018(4)：61-68.

第六节 稳健性检验

一、基于新显性比较优势的稳健性检验

由于使用 OLS 估计可能会因为内生性问题导致结果产生偏差,因此我们使用 GMM 的方法来解决内生性问题。这种方法允许随机误差项存在序列相关和异方差。对于中间品进口和制造业价值链分工地位存在内生性问题,采用解释变量的一阶滞后项作为工具变量。另外,对工具变量运用 J 统计量进行 Sargan 检验。表 7-7 报告了 Sargan 检验的 P 值,其结果表明在 10% 的显著性水平上不能拒绝"模型过度约束正确"原假设。这一结论表明工具变量和误差项不相关,不存在过度识别工具变量,模型设定通过。此外,为保证 GMM 估计结果的有效性,检验了扰动项有无自相关[①]。

从表 7-7 第 1 列全样本回归结果看,当选择新显性比较优势为被解释变量时,模型的估计结果与基准估计一致。另外,为了避免中间品进口与制造业价值链升级可能存在的内生性问题,选用中间品进口与自主创新的一阶滞后项做工具变量进行回归分析,回归结果具有稳健性。这表明,中间品进口、自主创新对制造业全球价值链地位升级的影响显著为正,且两者交互项的影响为负。因此,中间品进口、自主创新对制造业全球价值链地位升级影响的实证结果稳健且可靠。

表 7-7 稳健性检验:GMM 回归

变量	(1)	(2)	(3)
ln medinput	0.083 6***	0.072 5***	0.062 2***
	(0.001 8)	(0.003 4)	(0.002 6)
ln apply	0.253 4***	0.267 8***	0.247 1***
	(0.041 2)	(0.052 1)	(0.023 1)

[①] 贾奇,周逸江,赵文奇. 经济计量学理论与实践引论[M]. 北京:中国统计出版社,1993.

续表

变量	（1）	（2）	（3）
ln medinput*ln apply	−0.086 5***	−0.092 6***	−0.070 5*
	（0.022 1）	（0.027 8）	（0.053 4）
ln ofdi	0.049 2***	0.144 2**	0.132 1*
	（0.000 2）	（0.070 1）	（0.070 0）
ln fdi	0.499***	0.516***	0.450***
	（0.001 2）	（0.112 4）	（0.025 1）
ln export	0.026 8	0.030 1	0.030 5
	（0.012 4）	（0.042 8）	（0.050 4）
ln human	0.085 3	0.116	0.173
	（0.32）	（0.45）	（0.66）
ln subsidy	0.207**	0.160	0.159
	（0.095 4）	（0.115 4）	（0.452 3）
l. ln medinput		0.073 6***	0.075 1***
		（0.012 5）	（0.002 6）
l. ln apply			0.273 2***
			（0.002 5）
_cons	−0.553 0**	−0.732***	−0.877***
	（−0.223 4）	（−0.303 2）	（−0.006 5）
行业	√	√	√
年份	√	√	√
Observation	204	187	187
AR（1）	0.12	0.45	0.87
AR（2）	0.65	0.67	0.43
sargan	0.901 0	0.905 8	0.834 1
R-squared	0.371	0.397	0.401

注：***、**和*表示在1%、5%和10%显著性水平上显著；（ ）中的数值为标准差，"√"表示是，"×"表示否。

二、基于制造业企业消化吸收偏好的稳健性研究

如前文所述,中间品进口可以产生技术溢出效应,引用《中国科技统计年鉴》的数据,以制造业细分行业的消化吸收经费与技术引进经费的比值为参考,将比值大于0.4的行业视为消化偏好强的行业[①],从而考察中间品进口、自主创新对制造业行业价值链升级的影响。

表7-8报告了实验组和对照组的回归结果。研究发现,中间品进口对制造业行业价值链升级的作用是通过技术溢出效应实现的。这与前文的实证分析结果基本一致。对于那些消化吸收偏好较强的行业而言,可以通过中间品进口来消化吸新技术,进而提升制造业全球价值链分工地位,而对于那些引进偏好更强的制造业行业而言,中间品进口对行业价值分工地位的提升作用并不明显。因此,本书认为相对于质量效应和多元化效应,通过中间品进口获得的技术溢出效应对制造业行业价值链升级的提升作用更为明显,尤其是对于那些消费偏好较强的制造业行业而言,这种提升效果更为明显。

表7-8 基于行业消化吸收偏好的回归结果

解释变量	被解释变量:全球价值链分工地位	
	实验组	对照组
ln medinput	0.114 7***	0.061 4
	(0.002 3)	(0.087 9)
ln apply	0.478 5***	0.121 7*
	(0.042 1)	(0.068 3)
ln medinput*ln apply	-0.144 27***	-0.085 1***
	(0.017 6)	(0.008 7)
ln ofdi	0.112 9***	0.075 8***
	(0.035 7)	(0.024 1)

---

① 消化偏好较强的行业包括食品饮料与烟草(C05),纺织服装与皮革(C06),木材软木草编织品(C07),纸和纸制品(C08),化学品和化学制品(C11),焦炭与炼油(C10),药品、药学用品及医物药材(C12),橡胶和塑料制品业(C13),金属制品(C16),机械与设备制造(C19),汽车制造业(C20),铁路、船舶、航空航天及其他制造业(C21)等12个行业。

续表

解释变量	被解释变量：全球价值链分工地位	
	实验组	对照组
ln fdi	-0.469 7***	-0.385 7**
	(0.145 8)	(0.165 2)
ln expint	0.089 5***	0.070 1***
	(0.021 7)	(0.014 7)
ln human	0.368 5***	0.265 1***
	(0.014 2)	(0.010 4)
ln subsidy	-0.475 3***	-0.301 7***
	(0.132 5)	(0.112 7)
ln scale	0.082 8***	0.057 3**
	(0.024 7)	(0.025 1)
ln kint	0.254 7***	0.175 4***
	(0.042 3)	(0.031 2)
Constant	6.579 8***	3.047 8***
	(0.924 7)	(0.569 1)
F 检验	204.19	118.26
	[0.000]	[0.000]
N	180	90
R^2	0.957 8	0.685 3

本章从行业层面实证分析了中间品进口、自主创新对中国制造业全球价值链升级的影响。通过对 WIOD（2016）数据库提供的 2000—2014 年中国制造业细分行业上游度、行业下游度、行业分工地位以及新显性比较优势指数的测算结果，实证分析了中间品进口、自主创新对制造业全球价值链升级的影响，并根据制造业不同的技术水平和要素类型异质性进行检验；针对模型潜在的内生性问题运用新显性比较优势指数（NRCA）和消化吸收偏好分析了稳健性；利用中介效应模型检验了中间

品进口通过自主创新对行业价值链升级的影响[①]。主要结论如下：

第一，行业层面的中间品进口系数为正，表明中间品进口对行业价值链升级有正向促进作用。自主创新能力对价值链升级的影响与微观层面的回归结果一致，实证分析结果表明自主创新能力越强，对行业价值链升级的正向影响越大；引入了中间品进口与自主创新能力的交互项，且交互项影响为负。制造业各行业通过中间品进口、自主创新获取更多先进技术和管理营销经验，促进中国制造业全球价值链升级。

第二，基于要素投入的行业异质性，资本密集型企业的中间品进口系数显著为负，表明中间品进口抑制资本密集型行业价值链升级。而对技术密集型企业和劳动密集型的价值链升级有正向促进作用，自主创新能力可以显著正向提升价值链分工地位。自主创新能力对劳动密集型、资本密集型，还是技术密集型的价值链升级的影响均显著为正。

第三，基于研发技术的行业异质性，中间品进口有助于提升中国制造业全球价值链，相对于高级技术工业中间品，低级技术工业中间品和中级技术工业中间品对制造业行业价值链升级的影响更为显著；同时还发现行业自主创新能力越强，对价值链升级多的影响也就越大，对于低技术行业来说，自主创新能力对价值链升级的影响要小于高级行业。

第四，以自主创新为中介变量的中介效应模型回归结果表明：行业进口中间品对自主创新具有显著的提升作用；行业自主创新与价值链升级存在显著的正向关系；企业中间品进口对制造业升级具有提升效果，但在加入企业自主创新后，这种效果减小，而企业自主创新的系数并没有改变。因此，通过中介效应验证了中间品进口通过自主创新进而影响行业价值链升级。

---

① 李超，张诚. 中国对外直接投资与制造业全球价值链升级[J]. 经济问题探索，2017（11）：114-126.

第八章

结论与展望

第一节 主要结论

本书运用匹配的微观企业数据对中国工业企业的全要素生产率、产品质量、产品出口技术复杂度、营业外收入以及出口产品转换率等技术指标进行测算，分别用来衡量中国制造业企业的工艺、产品、功能以及链条升级。在阐明中间品进口、自主创新影响价值链升级作用机制的基础上，从企业与行业层面实证分析了自主创新、中间品进口与中国制造业全球价值链升级的关系[①]。主要结论如下：

第一，理论机制方面，在全球价值链治理背景下，中国制造业要实现全球价值链升级，需要从外源和内源两条路径出发，实现全球价值链的流程、产品、功能和链条升级，从而实现全球价值链的整体跃迁。流程升级和产品升级属于价值链的横向扩张阶段，功能升级属于价值链的纵向渗透阶段，链条升级属于价值链的跃迁式升级。在此过程中，外源升级路径主要受中间品进口、引进先进技术、对外直接投资等活动的影响，内源升级路径主要受企业自主创新能力、吸收能力的影响。外源升级路径的中间品进口通过模仿示范效应、竞争效应、质量效应、技术溢出效应促进产业创新能力从而引发企业价值链升级，同时其也会通过挤压效应、依赖效应和替代效应抑制自主创新，并分析了不同性质企业的创新能力对中间品进口产生的不同反应；并且认为中间品进口除通过自主创新影响价值链升级之外，其本身的成本效应、种类效应以及质量效应会形成比较优势，直接助力价值链升级。

第二，企业层面，① 中间品进口有助于中国制造业实现工艺和产品升级，但是作为全球价值链分工载体的中间品进口对链条升级的促进作用不明显。② 自主创新能力显著促进了企业的工艺、产品、功能以及链条升级，从而有利于提升企业在全球价值链的地位。③ 进一步从贸易方

[①] 王杰，段瑞珍，孙学敏. 对外直接投资与中国企业的全球价值链升级[J]. 西安交通大学学报（社会科学版），2019，39（2）：43-50.

式（一般贸易、加工贸易和混合加工）、所有制（国有企业、民营企业和外资企业）、不同进口来源国（发达国家、发展中国家）、技术复杂度（低、中、高技术）等异质性视角考察中间品进口对企业全球价值链升级的影响。④ 中介效应的回归结果表明，以自主创新为中介变量，模型回归结果显示企业进行中间品进口对自主创新具有显著的提升作用，验证了第三章的相关假设，即企业自主创新与工艺、产品、功能及链条升级存在显著的正向关系，企业中间品进口对工艺、产品和功能升级具有提升效果，但无法实现链条升级，控制了企业自主创新后，中间品进口对工艺升级、产品升级、功能升级的提升效果减弱。⑤ 实证分析结果发现中间品进口与自主创新的交互项对企业价值链升级的影响显著为负，意味着自主创新与中间品进口存在挤出效应[①]。

第三，行业层面的中间品质量系数为正数，表明中间品进口对中国制造行业价值链升级有正向促进作用。自主创新能力对价值链升级的影响与微观层面的回归结果一致，实证分析结果表明自主创新能力越强，对行业价值链升级的正向影响越大；引入了中间品进口与自主创新能力的交互项，且交互项影响为负。制造业各行业通过中间品进口、自主创新获取更多先进技术和管理营销经验，促进中国制造业全球价值链升级。基于要素投入的行业异质性，资本密集型企业中间品进口系数显著为负，表明中间品进口抑制资本密集型行业价值链升级。而对技术和劳动密集型的价值链升级表现出正向促进作用，自主创新能力可以显著提升中国制造企业全球价值链分工地位。自主创新能力对劳动密集型、资本密集型和技术密集型的价值链的升级的影响均显著为正。基于研发技术的行业异质性，中间品进口有助于中国制造业全球价值链分工地位的提升，相对于高级技术工业中间品，低级技术工业中间品和中级技术工业中间品对中国制造业行业价值链升级的影响更为显著。本书还发现，行业自主创新能力越强，对价值链升级多的影响也越大，对于低技术行业来说，自主创新能力对价值链升级的影响要小于高级行业。

---

① 王杰，段瑞珍，孙学敏. 对外直接投资与中国企业的全球价值链升级[J]. 西安交通大学学报（社会科学版），2019，39（2）：43-50.

第二节 政策建议

结合中国企业层面的实证结果、行业层面的实证结果与中国制造业全球价值链升级的现实情况，本书从企业层、行业和政府3个层面提出如下政策建议。

一、企业层面的政策建议

第一，中国制造业企业应重视进口高质量中间品，并强化自身研发创新能力。企业生产成本的降低是提升其市场竞争力的根本方法，而无论是从短期还是长期的角度分析，中间品投入在生产过程中都属于可变成本。企业需要通过进口更高质量的产品和增强研发投入提高创新能力，不断提高所获中间品的性价比。从进口视角来看，企业在中间品进口的过程中，要从以往的重视数量向重视质量的标准倾斜，提高企业中间品进口的质量。高质量中间品在代替国内投入品进行生产的过程中，自然而然地获得技术溢出效应，从而实现企业内在生产率不断提升的目的。从自身研发视角来看，企业研发投入的增强和创新水平的提高一方面可以降低企业对外部市场的依赖，逐渐降低生产成本；另一方面可以增强企业的市场竞争力，实现国内外产品市场的不断扩张。此外，根据具体实证结果可以发现，制造业企业内在研发创新水平的提升能够更有效地发挥中间品进口的技术溢出效应。此类企业可在相对较短的时间内提升其技术水平，进而实现其生产效率、产品竞争力以及价值链分工地位的提升。

第二，企业在中间品进口的选择上应考虑其自身技术能力以及资金实力。通常来说，中间品的实用性越高，其附加值越高，其内含的技术水平越高，所售价格越高，导致企业中间品进口的成本提高。值得注意的是，对于进口企业来说，高价中间品进口并不意味着一定适合该企业。企业应考虑其自身实际技术能力以及内在所需的技术水平，选择适合自身的中间品进口，避免盲目进口档次、质量和附加值过高的中间品。其内在机理是企业进口高质量中间品,而其中间品内含的技术水平相对于该企业过于先进,其无法与企业实际的生产效率和技术水平相适应。此外,中间品所包含的技术水平越先进,其相应与国内企业间的技术能力差异越大,越会影响该企业吸收其内含的过于先进的技术,反而不利于企业通过学习效应进而实现生产要素和产品质量的提升。反观比较适合企业技术水平的中间品进口,其内在包含的技术能力与企业实际技术水平以及所需技术能力比较接近,能够促进该企业对该中间品的学习、消化以及改进。

第三,激励企业提升研发投入,提高国内企业自身研发创新水平。总体而言,进口高质量中间品有利于企业在全球价值链所处位置的攀升,但这种促进作用在不同类型的企业间存在显著差异。拥有高生产率的企业更能充分发挥高质量中间品的作用,实现中国制造业企业全球价值链分工地位的提升。但该类企业会对高质量中间品进口产生一定程度的依赖,进一步对中国本土企业自身的研发创新能力形成替代效应,不利于企业市场竞争力的提升。所以在激励企业选择高质量、高技术、高附加值中间品进口的同时,也要注重鼓励企业提升研发投入,提高国内企业自身研发创新水平。关于贸易模式,政府可以利用出口退税等一系列政策鼓励企业优先选择一般贸易模式,更有效地消化和学习高质量中间品内在所包含的技术,进而不断提升中国制造业企业在全球价值链中的地位。

二、行业层面的政策建议

第一,在国际市场上,竞争力相对较高的产业应采取鼓励企业对中间投入品进行自主研发或者联合国内其他制造业企业进行研发。中间品进口是全球价值链分工的载体,其有利于企业进行产品升级和工艺升级,进而实现在全球价值链中分工地位从低端向高端的转变,但其对链条升级的促进作用并不显著。上述结论一方面对中国改革开放和加入世界贸易组织后实施的促进互利共赢、鼓励进口的政策进行了充分的肯定,说明中间品进口在促进中国进出口企业发展、提升出口产品质量、不断提升全球价值链分工地位等方面均发挥了重要作用。结合中国所处阶段,针对相对弱势的产业继续采取扩大进口的措施有一定的必要性，实行适当措施不断拓宽企业进口渠道以及逐步降低进口成本，尤其是帮助企业拓宽中国本土企业从发达国家进口产品的路径。另一方面价值链分工体系的基本实现方式是中间品进口。中间品进口对中国制造业企业全球价值链地位提升的促进作用具有一定的局限性，其促进作用及促进途径相对较为初级，对高层次的价值链升级并无法产生促进作用。该局限性意味着中间品进口对提升中国企业价值链分工地位存在边际递减效应，该情形下，企业对进口产生过度依赖，就无法在以后全新背景下对中国制造业进行更深层面的发展，在国外市场上产品竞争力的提升也就无法实现。鉴于此，我们应鼓励具备一定产品竞争力和具有竞争优势的企业对中间投入品进行自主创新研发。

第二，不断优化中国制造业中间产品进口结构。如前文所述，中间品的进口促进了中国制造业企业对发达国家出口最终产品规模的不断扩大，高质量中间品进口带来了技术溢出效应，从而促进了中国研发创新水平和先进新技术学习能力的逐步提升。值得注意的是，企业在扩大中间品进口的过程中，我们不能只局限于进口规模的扩大，应注意不可盲目性迫切扩大进口；同时应关注中国制造业中间品进口结构的优化，对于中间品进口的选择上，要同时注重进口品质量和进口来源。根据第七章的实证分析，中国制造业企业应该根据行业技术水平不同进口不同标准的中间品。

三、政府层面的政策建议

第一，政府需要扩大对公平市场竞争的保护力度，出台相关政策与措施。本书的实证结果表明，中间品进口促进市场竞争，进而提升企业生产率和出口产品质量。通常来说，在公平市场竞争环境下，具有竞争优势的企业获得产品订单和银行借款的可能性更高。因而，相对而言，公平的市场竞争环境对更高效企业的生产率提高、出口产品质量提升以及研发创新能力进步等各方面的促进作用都更为显著。现阶段，资源错配问题仍然存在于中国一些行业，如相对民营企业和外资企业而言，尽管某些国有企业效率较低，却获得了更多的资金支持。鉴于上述情况，营造公平市场竞争的环境具有一定的必要性，以帮助不同类型的企业能够在同一条件下进行竞争。

第二，加大中国制造业的研发投入，提升对中间品进口技术溢出的消化和学习能力，进而提高中国制造业自身的技术水平。近年来，中国已在研发投入上逐步加大力度，以不断提高制造业的技术能力，但不得不承认，这与发达国家间仍旧存在较大差距。因此，中国应继续提高制造业企业的自主创新，在此过程中逐步加大国内研发投入的力度，更好地提高国内企业对中间品内含先进技术的吸收、改进能力。观察目前中国的科技创新体系，发现科研投入和科研人员所处地位依旧较低，政府及其管理下的科研机构处于主体地位，造成该局面的原因是研发支出具有公共物品特性。企业在进行研发创新时面临较多资金投入和较高风险，为降低企业创新风险，中国政府可以通过完善相关法律法规、为中小企业提供贷款、加强知识产权保护等措施来鼓励企业进行自主研发，提高企业在国家科技创新体系中所处的地位。

第三，通过逆向外包途径积极主动构建全球价值链。中国作为世界上最大的发展中国家，通过逆向外包，进口国外内含先进技术和高级生产要素的中间品，在积极主动针对价值链高端切入的同时，更要积极主动地对全球价值链进行构建。中国实行逆向外包政策的原因在于，通过区位因素、需求状况、文化、经济结构等把握竞争优势，以降低生产成本。事实上，逆向分包已经成为一种全新的分工方式。当前的逆向外包已经不再是以前的含义即发展中国家向发达国家雇佣高级的生产要素的发包活动，而是具备了新的含义，即发展中国家主动从价值链高端切入参与全球分工甚至积极主动构建自己主导的价值链的战略活动。发展中国家所具备的迫切需求创新资源、需要进行优化转型、追求低成本和规模经济、接近需求市场等特性将发展外包逆转。

因而，随着时代的发展，逆向外包已经发展成为发展中国家参与全球价值链的一种战略需求。发展中国家可以通过逆向外包的路径，进而获得发达国家的高级生产要素，获得较多的锻炼机会，进一步促进本国产业结构优化和价值链所处地位的转变，甚至可以占据全球价值链的主导权。传统意义上的外包是指，发达国家将非核心的业务转移至发展中国家，而将集中于核心业务，并将该类业务进行封锁，通过相关的知识产权保护来有效延长产品生命周期。而逆向外包，则是指发展中国家将核心业务或者部分核心业务转移至发达国家。此时发展中国家作为发包方，可以直接利用发达国家的先进生产要素，获得价值链的主动权，主动构建全球价值链。比如，美国为了保持本国技术处于领先地位，保护本国企业的知识产权，对中国部分出口产品征收高额关税，而中国在价值链分工地位中尚处于中低端，并不具备优势，因而处于被动状态。为了提升全球价值链分工地位及提高出口产品质量，中国企业可以通过逆向发包的方式，利用发达国家先进生产要素，进口高质量中间品，占据构建价值链的主动权和主导权。

除上述方式之外，中国还可以依托"一带一路"倡议重构全球价值链。"一带一路"倡议的目的是致力维护全球自由贸易体系和开放型世界经济。通过参考以往发达国家构架价值链的方式和思路框架，构建丝绸之路和21世纪海上丝绸之路，实现中国从单一东向开放到全方位开放的转变，构建"一带一路"的全球价值链。各国资源禀赋不同，经济互补性较强，且中国已积极利用双边合作机制，加强产业合作和资金合作，积极主动对"一带一路"的价值链进行构建。

第三节 未来展望

由于多种条件的限制，本书存在一些不足，下述几方面亟须完善：

第一，受工业企业数据库和海关数据库的限制，微观层面研究所使用的数据仅包含2000—2013年，2014—2019年的数据由于缺少无法使用。而在最近的5~8年中，中国经济社会不断发展，发生了较大变化，企业层面的实证结果是否依旧适合处于经济新常态的中国，需要进行更深入的分析和研究。

第二,低端锁定问题。已有研究从全要素生产率视角考察了低端锁定,低端锁定通过两个指标来判定,即如果嵌入制造业全球价值链降低了全要素生产率或非出口企业的生产率高于出口企业,则我们判定此时低端锁定发生。中间品进口是机制链分工的基本实现方式及载体,在一定程度上能够表示全球价值链的嵌入程度。采用PSM-DID方法进行实证研究发现,中间品进口显著提升了企业全要素生产率。也就是说,相对于企业中间品进口前,中间品进口后企业全要素生产率明显提高。上述实证结果表明中国并未发生低端锁定。值得注意的是,以全要素生产率作为标准来判定中国是否发生低端锁定是否具备合理性?是否应从多个视角进行全面系统的判断?实证结果只表明中间品进口对于产品升级和工艺升级具有显著的促进作用,却并不能促进链条升级。鉴于此,是否能够从价值链升级的相关视角对中国是否发生低端锁定进行判定?其原因可能在于,相对于功能和链条升级而言,工艺和产品升级更为初级,其实现难度也极低,是否能够以实现功能和链条升级作为依据来判定中国未发生低端锁定?要想解决此类问题,就需要更加充分的数据和更加严谨的研究来验证发展中国家中间品究竟促进了价值链升级中的哪种类型的升级[①]。

第三,在进行实证研究时未进行门限值检验。上文在微观层面、行业层面两个视角的实证研究过程中采取了交互项和分组检验的方法,而该类方法具有一定的不足,如分组检验标准的确定缺乏精确性,因而导致变量的影响边界可能无法测量。Hansen面板门槛回归模型正是解决上述问题的有效方法,该模型能够依据原始数据本身的特征进而确定不同的门槛值,再分别针对各个门槛值进行回归检验。中国行业不同,其所处的地理位置、发展环境、经济状况等方面均存在较大程度的差异。那些超越门槛的行业由于自身具备较好的经济基础和优秀的"技术消化吸

---

① 苏炜. 区际产业转移动力机制的理论与实证研究:以江苏为例[D]. 苏州:江苏大学. 2010.

收能力"能够对高质量中间品进口中内含的先进技术进行消化、学习、模仿和改进,进一步实现企业生产效率和研发创新水平的不断提升;而其余未能顺利跨越门槛的行业,缺乏对高质量中间品进口中内含的先进技术进行消化吸收的能力。因此,可以将静态面板门槛回归模型和动态面板门槛回归模型相结合,更为深入地研究中间品进口、自主创新与中国制造业全球价值链升级及其内在影响机制,从而更好地实现中国制造业价值链升级。

参考文献

[1] ADALET M. Multi-product exporters and product turnover behavior of New Zealand exporters [J]. New Zealand Treasury Working Paper, 2009, 9(1).

[2] AGHION P, ANTRÀS P, HELPMAN E. Negotiating free trade[J]. Journal of International Economics, 2007, 73(1).

[3] AGRAS J, CHAPMAN D. A dynamic approach to the environmental kuznets curve hypothesis[J]. Ecological Economics, 1999, 28(2).

[4] ALI-YRKKÖ J, ROUVINEN P. Slicing up global value chains: a micro view[J]. Journal of Industry, Competition and Trade, 2015, 15(1).

[5] AMBEC S, BARLA. A theoretical foundation of the porter hypothesis[J]. Journal of International Economics, 2002, 75(3).

[6] AMITI M, FREUND C. An anatomy of China's trade growth[J]. Working Paper Presented at the Trade Conference, IMF, 2007.

[7] AMITI M, KONINGS J. Trade liberalization, intermediate inputs, and productivity: evidence from Indonesia[J]. American Economic Review, 2007, 97(5).

[8] ANTRÀS P, CHOR D. Organizing the global value chain[J]. Econometrica, 2013, 81(6).

[9] ANTRÀS P, HELPMAN E. Global sourcing[J]. Journal of Political Economy, 2004, 112(3).

[10] ANTRÀS P. Firms, contracts, and trade structure[J]. The Quarterly Journal of Economics, 2003, 118(4).

[11] ARKOLAKIS C, MUENDLER M. The extensive margin of exporting Products: a firm-level analysis[J]. NBER Working Paper, No. 16641, 2010.

[12] AUGIER P, CADOT O, DOVIS M. Imports and TFP at the firm level: the role of absorptive capacity[J]. Canadian Journal of Economics, 2013, 46 (3).

[13] BAS M, STRAUSS-KAHN V. Does importing more inputs raise exports? firm level evidence from France[J]. Review of World Economics, 2014, 150 (2).

[14] BAS M, STRAUSS-KAHN V. Input-trade liberalization, export prices and quality upgrading[J]. Journal of International Economics, 2015, 95 (2).

[15] BELLONE F, MUSSO P, NESTA L, et al.. Financial constraints and Firm Export Behavior[J]. The World Economy, 2010, 33 (3).

[16] BERNARD A B, JENSEN J B, SCHOTT P K. Importers, exporters and multinationals: a portrait of firms in the U. S. that trade goods[J]. Social Science Electronic Publishing, 2009.

[17] BERNARD A B, EATON J, JENSEN J B, et al.. Plants and productivity in international trade[J]. American Economic Review, 2003, 93 (4).

[18] BERNARD A B, REDDING S J, SCHOTT P K. Multiproduct firms and the trade liberalization [J]. Quarterly Journal of Economics, 2011, 126 (3).

[19] BERNARD A B, S J REDDING, AND P K SCHOTT. Multiple-Product firms and product switching [J]. American Economic Review, 2010, 100 (1).

[20] Blaum J, Lelarge C, Peters M. The gains from input trade in firm-based models of importing[J]. NBER working paper. 2015, 21504.

[21] BØLER E A, MOXNES A, ULLTVEITMOE K H. Technological change, trade in intermediates and the joint impact on productivity[J]. Cepr Discussion Papers, 2012.

[22] BØLER E A, MOXNES A, ULLTVEIT-MOE K H. R&D, international sourcing, and the joint impact on firm performance[J]. American Economic Review, 2015, 105 (12).

[23] BRANDT L, BIESEBROECK J V, ZHANG Y. Creative accounting or creative destruction? firm-level productivity growth in Chinese manufacturing[J]. Journal of Development Economics, 2012, 97(2).

[24] CHEN N, JUVENAL L. Quality, trade, and exchange rate pass-through[J]. Journal of International Economics, 2016 (100).

[25] COE D T, HELPMAN E. International R&D spillovers[J]. European Economic Review, 1995, 39(5).

[26] COLE A, ROBERT J R ELLIOTT. Environmental regulations influence trade patterns? testing old and new trade theories [J]. The World Economy, 2003, 26(8).

[27] COLLARD-WEXLER A, LOECKER J D. Reallocation and technology: evidence from the U. S. steel industry[J]. American Economic Review, 2015, 105(1).

[28] DASGUPTA S, MODY A, ROY S, WHEELER D. Environmental regulations and industrial mobility: an industry-level study for Japan[J]. Ecological Economics, 2010, 69(10).

[29] DEAN T J. BROWN R L. Pollution regulation as a barrier to new firm entry: initial evidence and implications for future research [J]. Academy of Management Journal, 1995, 38(1).

[30] DIETZENBACHER E, GUILHOTO, JOAQUIM JOSÉ MARTINS, IMORI D. The role of Brazilian regions in the global value chain[J]. MPRA Paper, 2013.

[31] DIJK M P V, TRIENEKENS J. Global value chains: linking Local producers from developing countries to international markets[M]. Amsterdam: Amsterdam University Press, 2012.

[32] DING S, GURIGLIA A, KNIGHT J. Investment and financing constraints in China: does working capital management make a difference? [J]. Journal of Banking &Finance, 2013, 37(5).

[33] ETHIER W J. National and international returns to scale in the modern theory of international trade[J]. American Economic Review, 1982, 72(3).

[34] FAN H, LI Y A, YEAPLE S R. On the relationship between quality and productivity: evidence from China's accession to the WTO[J]. Journal of International Economics, 2017, 2（1）.

[35] FAN H, LI Y A, YEAPLE S R. Trade liberalization, quality, and export prices[J]. Nber Working Papers, 2015.

[36] FAN G, X L WANG, H P ZHU. Marketization index for China's provinces[M]. Beijing: Economic Science Press, 2016.

[37] FEENSTRA R C, ROMALIS J. Editor's choice:, international prices and endogenous quality[J]. Quarterly Journal of Economics, 2014（2）.

[38] FENG L, LI Z, SWENSON D L. The connection between imported intermediate inputs and exports: evidence from Chinese firms [J]. Journal of International Economics, 2016, 101.

[39] GEREFFI G, HUMPHREY J, STURGEON T. The governance of global value chains[J]. Review of International Political Economy, 2005, 12（1）.

[40] GEREFFI G, KORZENIEWICZ M. Commodity chains and global capitalism[M]. London: Praeger, 1994.

[41] GEREFFI G. International Trade and industrial upgrading in the apparel commodity chain[J]. Journal of International economics, 1999, 48（1）.

[42] GEREFFI G. The organization of buyer-driven global commodity chains: how U. S. retailers shape overseas production networks[M]. London: Commodity Chains and Global Capitalism, 1994.

[43] GOLDBERG P K, KHANDELWAL A K, TOPALOVA P, et al.. Imported intermediate inputs and domestic product growth: evidence from India[J]. Quarterly Journal of Economics, 2010, 125（4）.

[44] GOLDBERG P K, VERBOVEN F. The evolution of price dispersion in the european car market[J]. The Review of Economic Studies, 2001, 68（4）.

[45] GOLDBERG P, KHANDELWAL A, PAVCNIK N, et al.. Trade liberalization and new imported inputs[J]. American Economic Review, 2009, 99（2）.

[46] GRAY W, B SHABEGIAN. Pollution abatement cost, regulation and plant level productivity [J]. NBER Working Paper, 1995.

[47] GREENSTONE, M, LIST J A. The effects of environmental regulation on the competition of U. S. Manufacturing[R]. NBER Working Paper, 2012.

[48] GRILICHES Z. The search for R&D spillovers[J]. Supplement, 1992,94.

[49] GROSSMAN G M, HELPMAN E. Trade, knowledge spillovers, and growth[J]. European Economic Review, 1990, 35（2-3）.

[50] GROSSMAN G, KUREGER A. Environmental impacts of a North American free trade agreement[J]. NBER working Paper, 1991, 3914.

[51] HALLAK J C, SCHOTT P K. Estimating cross-country differences in product quality[J]. The Quarterly Journal of Economics, 2011, 126（1）.

[52] HALPERN L, KOREN M, SZEIDL A, et al.. Imported inputs and productivity[J]. The American Economic Review, 2015, 105（12）.

[53] HAUSMANN R, HWANG J, RODRIK D. What you export matters[J]. Journal of Economic Growth, 2007, 5（12）.

[54] HELMERS C, TROFIMENKO N. Export subsidies in a heterogeneous firms framework[J]. Kiel Working Paper 2009,1476.

[55] HELPMAN E. A Simple theory of international trade with multinational corporations[J]. Journal of Political Economy, 1984, 92（3）.

[56] HOLMES T J, SCHMITZ J Z. Competition and productivity: a Review of evidence[J]. Annual Review of Economics, 2010, 2（439）.

[57] HOPENHAYN H A. Entry, exit, and firm dynamics in long run equilibrium econometrica[J]. Journal of the Econometric Society, 1992, 60（5）.

[58] HUMMELS D L, ISHII J, YI K M. The nature and growth of vertical specialization in world trade[J]. Social Science Electronic Publishing, 2001, 54（1）.

[59] HUMPHREY J, SCHMITZ H. How does insertion in global value chains affect upgrading in industrial clusters?[J]. Regional Studies, 2002, 36（9）.

[60] IVARSSON I, CLAES GÖRAN ALVSTAM. Upgrading in global value-chains: a case study of technology-learning among IKEA-suppliers in China and Southeast Asia[J]. Journal of Economic Geography, 2010, 11（4）.

[61] JAFFE A B, K PALMER. Environmental regulation and innovation: a panel data study [J]. Review of Economics and Statistics, 1997, 79（4）: 610-619.

[62] JOHNSON R C, NOGUERA G. Accounting for intermediates: production sharing and trade in value added[J]. Journal of International Economics, 2012, 86（2）: 224-236.

[63] JOHNSON R C, NOGUERA G. Proximity and production fragmentation[J]. American Economic Review, 2012, 102（3）: 407-411.

[64] KALT J P. The impact of domestic Environmental regulatory policies on US international competitiveness [J]. Technical Report, 1985（1）: 1-15.

[65] KAPLINSKY R, MORRIS M. A Handbook for value chain research[J]. Institute of Development Studies, 2002.

[66] KASAHARA H, RODRIGUE J. Does the use of imported intermediates increase productivity? plant-level evidence[J]. Journal of Development Economics, 2008, 87（1）.

[67] KELLER W. Are international R&D spillovers trade-related? analyzing spillovers among randomly matched trade partners[J]. European Economic Review, 1998, 42(8).

[68] KELLER W. International technology diffusion[J]. NBER Working Paper, 2001, 8573.

[69] KHANDELWAL A K, SCHOTT P K, WEI S J. Trade liberalization and embedded institutional reform: evidence from Chinese exporters[J]. American Economic Review, 2013, 103(6).

[70] KOGUT B. Designing global strategies: comparative and competitive value-added chains[J]. Sloan Management Review, 1985(26).

[71] KOOPMAN R, POWERS W, WANG Z, WEI S J. Give credit where credit is due: tracing value added in global production chains[J]. NBER Working Paper, 2010, 16426.

[72] KOOPMAN R, WANG Z, WEI S J. Estimating domestic content in exports when processing trade is pervasive[J]. Journal of Development Economics, 2012, 99(1).

[73] KOOPMAN R, WANG Z, WEI S J. Tracing value-added and double counting in gross exports[J]. American Economic Review, 2014, 104(2).

[74] KRUGMAN P. Increasing returns, monopolistic competition, and international trade[J]. Journal of International Economics, 1979, 9(4).

[75] KRUGMAN P. The narrow moving band, the Dutch disease, and the competitive consequence of Mrs. Thatcher: notes on trade in the presence of dynamic scale economies [J]. Journal of Development Economics, 1987, 27(2).

[76] KRUGMAN P R. Strategic trade policy and the new international economics[M]. Cambridge, MA: MIT Press, 1986.

[77] LALL S. The technological structure and performance of developing country manufactured exports, 1985-1998[J]. Oxford Development Studies, 2000(28).

[78] LEVCHENKO A. Institutional quality and international trade [J]. The Review of Economic Studies, 2007, 74（3）.

[79] LICHTENBERG F R, POTTERIE B P. Does foreign direct investment transfer technology across borders? [J]. The Review of Economics and Statistics, 2001, 83（3）.

[80] LIPSCOMB M. The effect of environmental enforcement on product choice and competition: theory and evidence from India[J]. Working Paper of Center for Economic Analysis Department of Economics of University of Colorado at Boulder, 2008.

[81] LIU Q, QIU L D. Intermediate input imports and innovations: evidence from Chinese firms' patent filings[J]. Journal of International Economics, 2016（103）.

[82] LOECKER J D, GOLDBERG P K. Firm performance in a global market[J]. Annual Review of Economics, 2014, 6（1）.

[83] LOECKER J D. Do exports generate higher productivity? evidence from Slovenia[J]. Journal of International Economics, 2007, 73（1）.

[84] LOS B TIMMER M P, DE VRIES G J. Tracing value-added and double counting in gross exports: commentr?[J]. American Economic Review, 2016, 106（7）.

[85] LUCAS R, WHEELER D, HETTIGE H. Economic development, environmental regulation and the international migration of toxic industrial pollution: 1960—1988[J]. World Bank Discussion Paper, 1992,159.

[86] LUDEMA R D, YU Z. Tariff pass-through, firm heterogeneity and product quality[J]. Journal of International Economics, 2016（103）.

[87] LUNDVALL B. The learning economy and the economics of hope[M]. London: Anthem Press, 2016.

[88] MANOVA K, ZHANG Z. Export prices across firms and destinations[J]. Quarterly Journal of Economics, 2012, 127（1）.

[89] MANSFIELD E. Industrial research and technological innovation: an econometric analysis[M]. New York: Norton, 1968.

[90] MASSO J, VAHTER P. The role of product level entry and exit in export and productivity growth: evidence from estonia[J]. University of Tartu Faculty of Economics and Business Administration Working Paper, 2012.

[91] MAYER T, MELITZ M J, OTTAVIANO G I P. Market size, competition, and the product mix of exporters[J]. American Economic Review, American Economic Association, 2014, 104(2).

[92] MELITZ M J, OTTAVIANO G I P. Market size, trade, and productivity[J]. Review of Economic Studies, 2008, 75(1).

[93] MELITZ M J. The impact of trade on intra-industry reallocations and aggregate industry productivity[J]. Econometrica, 2003, 71(6).

[94] MENDOZA R U. Trade-induced learning and industrial catch-up[J]. Economic Journal, 2010, 120(546).

[95] MONTGOMERY C A M E PORTER, et al.. Strategy: seeking and securing competitive advantage[M]. Boston, MA: Harvard Business School Press, 1991.

[96] NADVI K, LUND-THOMSEN P, XUE H, KHARA N. Playing against China: global value chains and labour standards in the international sports goods industry[J]. Global Networks, 2011, 11(3).

[97] NELSON R. National innovation systems a comparative analysis[M]. Oxford: Oxford University Press, 1993.

[98] NUNN N. Relationship-specificity, incomplete contracts, and the pattern of trade[J]. Quarterly Journal of Economics, 2007, 122(2).

[99] NUNN N, TREFLER D. Domestic Institutions as a source of comparative advantage[J]. NBER Working Paper, 2013, 18851.

[100] OKAFOR L E, BHATTACHARYA M, BLOCH H. Imported Intermediates, absorptive capacity and productivity: evidence from Ghanaian manufacturing firms[J]. World economy, 2017, 40(2).

[101] PERLA J, TONETTI C, WAUGH M E. Equilibrium technology diffusion, trade, and growth[J]. NBER workingpaper, 2015, 20881.

[102] PIVETEAU P, SMAGGHUE G. A new method for quality estimation using trade data: an application to French firms[J]. Working Paper, 2013.

[103] POPP D. International innovation and diffusion of air pollution control technologies: the effects of NO_X and SO_2 regulation in the US, Japan, and Germany[J]. Journal of Environmental Economics & Management, 2006, 51(1).

[104] PORTER M E. Competitive advantage: creating and sustaining superior performance[M]. New York: The Free Press, 1985.

[105] PORTER M E. The competitive advantage of nations[M]. London: MacMillan, 1990.

[106] PORTER MICHAEL, VAN DER LINDE C. Toward a new conception of the environment competitiveness relationship[J]. Journal of Economic Perspectives, 1995, 9(4).

[107] PRETE D D, RUNGI A. Organizing the global value chain: a firm-level test[J]. IMT Lucca EIC Working Paper, 2015, 4.

[108] RAMANARAYANAN A. Imported inputs, irreversibility, and international trade dynamics[J]. Journal of International Economics, 2017(104).

[109] RASIAH R, KONG X X, VINANCHIARACHI J. Moving up in the global value chain in button manufacturing in China[J]. Asia Pacific Business Review, 2011, 17(2).

[110] ROBISON, D. Industrial pollution abatement: the impact on balance of Trade[J]. Canadian Journal of Economics, 1988, 21(1).

[111] ROMER P M. Endogenous technological change[J]. Journal of Political Economy, 1990, 98(5-2).

[112] SANYAL K K, JONES R W. The theory of trade in middle products[J]. American Economic Review, 1982, 72(1): 16-31.

[113] SCHMOOKLER J. Invention and economic growth[M]. Cambridge MA: Harvard University Press, 1966.

[114] SCHOTT P K. Across-product versus within-product specialization in international trade[J]. Quarterly Journal of Economics, 2004, 119(2).

[115] SHEPHERD B, STONE S. Imported intermediates, innovation, and product scope: firm-level evidence from developing countries[J]. MPRA Paper, 2012.

[116] Solow R M. Technical change and the aggregate production Function[J]. Review of Economics and Statistics, 1957, 39(3).

[117] TAYLOR L. Unmasking the pollution haven effect[J]. NBER Working Paper, 2008.

[118] TIMMER M P, ERUMBAN A A, LOS B, et al.. Slicing up global values chains[J]. The Journal of Economic Perspectives, 2014, 28(2).

[119] TIMMER M P, LOS B, STEHRER R, et al.. Fragmentation, incomes and jobs: an analysis of European competitiveness[J]. Economic policy, 2013, 28(76).

[120] UTTERBACK J M. Innovation in industry and the diffusion of technology[J]. Science, 1974, 183(4125).

[121] WAGNER J. Exports and productivity: a survey of the evidence from firm-level data[J]. The World Economy, 2007, 30(1).

[122] WALTER I, UGELOW J. Environmental policies in developing countries[J]. Ambio, 1979(8).

[123] WU Y, SONG Y, DENG G. Institutional environment, OFDI, and TFP growth: evidence from China[J]. Emerging Markets Finance & Trade, 2017, 53(3).

[124] XU B. The sophistication of exports: is China special?[J]. China Economic Review, 2010, 21(3).

[125] YOUNG A. Learning by doing and the dynamic effects of international trade[J]. The Quarterly Journal of Economics, 1991, 106(2).

[126] YOUNG A. Learning by doing and the dynamic effects of international trade[M]. New York: National Bureau of Economic Research, 1991.

[127] YU M, LI J. Imported intermediate inputs, firm productivity and product complexity[J]. Japanese Economic Review, 2014, 65(2).

[128] YU M. Processing trade, tariff reductions and firm productivity: evidence from Chinese firms[J]. China Economic Quarterly, 2015, 125(585).

[129] ZHANG F, GALLAGHER K S. Innovation and technology transfer through global value chains: evidence from China's PV industry[J]. Energy Policy, 2016, 94.

[130] 蔡婉婷. 出口产品质量的空间差异及其变迁[J]. 财贸研究, 2016, 27(3).

[131] 蔡伟宏, 李惠娟. 生产性服务出口技术复杂度与自主创新——基于跨国面板数据的实证分析[J]. 经济问题探索, 2016(7).

[132] 曹聪, 李宁, 孙玉涛. 中国中长期科技规划与自主创新战略（2006—2012）[J]. 科学学研究, 2018, 36(12).

[133] 曹慧平, 陈清萍. 环境要素约束下 H-O 模型的理论与实证检验[J]. 国际贸易问题, 2011(11).

[134] 曹亮, 王书飞, 徐万枝. 中间品进口能提高企业全要素生产率吗——基于倾向评分匹配的经验分析[J]. 宏观经济研究, 2012(8).

[135] 曹亮, 直银苹, 徐阳. 中国中间品贸易自由化与企业出口产品范围[J]. 广西财经学院学报, 2019, 32(5).

[136] 曹曦子. 商誉减值对审计费用的影响研究[J]. 中国注册会计师, 2019(10).

[137] 曾繁华, 侯晓东, 吴阳芬. "双创四众"驱动制造业转型升级机理及创新模式研究[J]. 科技进步与对策, 2016, 33(23).

[138] 曾繁华, 杨馥华, 侯晓东. 创新驱动制造业转型升级演化路径研究——基于全球价值链治理视角[J]. 贵州社会科学, 2016(11).

[139] 陈东阳,张宏. 中国制造业参与全球价值链分工状态及其动态演进——基于前后向产业关联的视角[J]. 东岳论丛,2018（6）.

[140] 陈改梅. 产业结构、城镇化与环境污染关系的实证研究[D]. 大连：东北财经大学,2017.

[141] 陈霁. 环境保护中政府社会性管制的经济分析：以汽车尾气治理为个案[J]. 中国行政管理,2002（10）.

[142] 陈军. 企业社会责任视角下的产业集群治理研究[D]. 金华：浙江师范大学,2009.

[143] 陈钧浩. 外资型贸易模式的国民收益要素流入的结构效应和收入效应[M]. 北京：中国财政经济出版社,2018.

[144] 陈丽娴,沈鸿. 生产性服务贸易网络特征与制造业全球价值链升级[J]. 财经问题研究,2018（4）.

[145] 陈梅,周申. 进口中间产品质量与企业生产率——基于广义倾向得分匹配的经验分析[J]. 经济经纬,2017（4）.

[146] 陈维涛,严伟涛,庄尚文. 进口贸易自由化、企业创新与全要素生产率[J]. 世界经济研究,2018（8）.

[147] 陈晓珊. 中日两国在全球价值链上分工地位的演进特征及差异比较——基于行业上游度测算的视角[J]. 当代财经,2017（7）.

[148] 陈勇兵,陈宇媚,周世民. 贸易成本、企业出口动态与出口增长的二元边际——基于中国出口企业微观数据：2000—2005[J]. 经济学（季刊）,2012,11（4）.

[149] 陈勇兵,李东阳. 多产品出口企业的研究进展[J]. 中南财经政法大学学报,2015（4）.

[150] 程大中. 中国参与全球价值链分工的程度及演变趋势——基于跨国投入-产出分析[J]. 经济研究,2015（9）.

[151] 程惠芳,刘睿倪. 全球价值链视角下中美参与国际分工分析[J]. 华东经济管理,2018（1）.

[152] 程文,张建华. 收入水平、收入差距与自主创新——兼论"中等收入陷阱"的形成与跨越[J]. 经济研究,2018（4）.

[153] 戴翔，李洲．全球价值链下中国制造业国际竞争力再评估——基于 Koopman 分工地位指数的研究[J]．上海经济研究，2017（8）．

[154] 戴翔，张二震．要素分工与国际贸易理论新发展[M]．北京：人民出版社，2017．

[155] 邓国营，宋跃刚，吴耀国．中间品进口、制度环境与出口产品质量升级[J]．南方经济，2018，347（8）．

[156] 丁一兵，张弘媛．中美贸易摩擦对中国制造业全球价值链地位的影响[J]．当代经济研究，2019（1）．

[157] 丁勇．提升中国参与全球价值链分工地位探讨[J]．现代财经（天津财经大学学报），2010（8）．

[158] 杜传忠，杜新建．第四次工业革命背景下全球价值链重构对我国的影响及对策[J]．经济纵横，2017（4）．

[159] 杜大伟,若泽．吉勒尔梅．莱斯,王直．全球价值链发展报告（2017）——全球价值链对经济发展的影响：测度与分析[M]．北京：社会科学文献出版社，2018．

[160] 杜江，吴瑞兵．融资约束、政府补贴与企业全球价值链升级——基于出口技术复杂度的实证分析[J]．河南师范大学学报（哲学社会科学版），2020，47（1）．

[161] 杜威剑，李梦洁．环境规制与多产品企业出口行为[J]．国际贸易问题，2017（11）．

[162] 樊纲，王小鲁，马光荣．中国市场化进程对经济增长的贡献[J]．经济研究，2011（9）．

[163] 傅京燕，李丽莎．环境规制、要素禀赋与产业国际竞争力的实证研究——基于中国制造业的面板数据[J]．管理世界，2010（10）．

[164] 耿晔强，白力芳．人力资本结构高级化、研发强度与制造业全球价值链升级[J]．世界经济研究，2019（8）．

[165] 耿晔强，郑超群．中间品贸易自由化、进口多样性与企业创新[J]．产业经济研究，2018（2）．

[166] 韩超，桑瑞聪．环境规制约束下的企业产品转换与产品质量提升[J]．中国工业经济，2018（2）．

[167] 韩剑,冯帆,姜晓运.互联网发展与全球价值链嵌入——基于GVC指数的跨国经验研究[J].南开经济研究,2018,202（4）.

[168] 韩亚峰,付芸嘉.自主研发、中间品进口与制造业出口技术复杂度[J].经济经纬,2018,35（6）.

[169] 郝凤霞,黄含.投入服务化对制造业全球价值链参与程度及分工地位的影响[J].产经评论,2019,10（6）.

[170] 洪银兴.参与全球经济治理：攀升全球价值链中高端[J].南京大学学报（哲学·人文科学·社会科学）,2017（4）.

[171] 胡兵,乔晶.对外贸易、全要素生产率与中国经济增长——基于LA-VAR模型的实证分析[J].财经问题研究,2006（5）.

[172] 胡国恒,闫雪培.中国制造业出口工资溢价的异质性分析——来自企业微观数据的实证研究[J].河南师范大学学报（哲学社会科学版）,2020,47（3）.

[173] 胡国恒.制度红利、能力构建与产业升级中"低端锁定"的破解[J].河南师范大学学报（哲学社会科学版）,2013,40（1）.

[174] 胡振雄.基于交易费用视角的我国传统制造业集群发展机理研究[D].北京：中共中央党校,2018.

[175] 黄灿,林桂军.全球价值链分工地位的影响因素研究：基于发展中国家的视角[J].国际商务（对外经济贸易大学学报）,2017（2）.

[176] 黄繁华,姜悦,黄嘉雯.服务业对全球价值链分工影响和异质性研究[J].世界经济与政治论坛,2019（5）.

[177] 黄小兵,黄静波.环境规制对企业生产率及其出口行为的影响[J].广东财经大学学报.2015（1）.

[178] 黄新飞,高伊凡,柴晟霖.中间投入品进口与企业生产率：短期效应与长期影响[J].国际贸易问题,2018（5）.

[179] 黄永明,潘安琪.美国再工业化对中国制造业全球价值链分工地位的影响[J].区域经济评论,2018（4）.

[180] 贾奇,周逸江,赵文奇.经济计量学理论与实践引论[M].北京：中国统计出版社,1993.

[181] 蒋含明.中国制造业全球价值链利益分配机制研究:契约不完全视角[J].经济学动态,2019(2).

[182] 蒋为.环境规制是否影响了中国制造业企业研发创新——基于微观数据的实证研究[J].财经研究,2015(2).

[183] 康志勇.政府补贴与中国本土企业出口行为研究[J].世界经济研究,2014(12).

[184] 康志勇.中间品进口与中国企业出口行为研究:"扩展边际"抑或"集约边际"[J].国际贸易问题,2015(9).

[185] 赖伟娟,钟姿华.中国与欧、美、日制造业全球价值链分工地位的比较研究[J].世界经济研究,2017(1).

[186] 郎郸妮,刘宏曼.生产性服务对农业全球价值链分工的贡献研究——基于出口增加值的行业细分视角[J].国际经贸探索,2019,35(9).

[187] 李斌,赵新华.经济结构、技术进步、国际贸易与环境污染——基于中国工业行业数据的分析[J].山西大学学报,2011(5).

[188] 李波,杨先明.贸易便利化与企业生产率:基于产业集聚的视角[J].世界经济,2018(3).

[189] 李超,张诚.中国对外直接投资与制造业全球价值链升级[J].经济问题探索,2017(11).

[190] 李春艳.东北地区依靠技术创新推动产业升级问题研究[M].北京:人民出版社,2018.

[191] 李方静.中间产品进口与企业出口质量[J].世界经济研究,2016(10).

[192] 李跟强,潘文卿.国内价值链如何嵌入全球价值链:增加值的视角[J].管理世界,2016(7).

[193] 李宏,陈圳.中国优势制造业全球价值链竞争力分析[J].审计与经济研究,2018(2).

[194] 李坤望,蒋为,宋立刚.中国出口产品品质变动之谜:基于市场进入的微观解释[J].中国社会科学,2014(3).

[195] 李坤望,王永进.契约执行效率与地区出口绩效差异——基于行业特征的经验分析[J].经济学(季刊),2010,9(3).

[196] 李磊,王小洁,孙浦阳.外资进入、竞争与性别就业差异[J].财经研究,2016,42(11).

[197] 李磊,王小霞.全球价值链升级与"中国制造2025"[J].贵州大学学报(社会科学版),2016(9):24-29.

[198] 李娜娜.中国在全球价值链中的地位测度研究[D].合肥:安徽大学,2017.

[199] 李平,郭娟娟.全球价值链背景下中间品进口对企业全要素生产率的影响[J].上海财经大学学报(哲学社会科学版),2017(3).

[200] 李若辉,关惠元.设计创新驱动下制造型企业转型升级机理研究[J].科技进步与对策,2019,36(3).

[201] 李淑云,慕绣如.中间品进口与企业生产率——基于进口产品异质性的新检验[J].国际经贸探索,2017(11).

[202] 李小平,卢现祥,陶小琴.环境规制强度是否影响了中国工业行业的贸易比较优势[J].世界经济,2012(4).

[203] 李新宁.创新价值链构建的战略路径与发展逻辑[J].技术经济与管理研究,2018(1).

[204] 李秀芳,施炳展.中间品进口多元化与中国企业出口产品质量[J].国际贸易问题,2016(3).

[205] 李焱,吕品,黄庆波.中国汽车产业在全球价值链中的地位——基于Koopman的地位指数和Fally的长度指数分析[J].国际贸易问题,2018(4).

[206] 李卓.工业化中期中国经济发展战略探讨[M].北京:科学出版社,2019.

[207] 林伯强,蒋竺均.中国二氧化碳的环境库兹涅茨曲线预测及影响分析[J].管理世界,2009(4).

[208] 林薛栋,魏浩,李飚.进口贸易自由化与中国的企业创新——来自中国制造业企业的证据[J].国际贸易问题,2017(2).

[209] 林正静,左连村.中间品进口质量与企业生产率:基于中国制造业企业的研究[J].南方经济,2018,350(11).

[210] 林正静.中间品贸易自由化与中国制造业企业出口产品质量升级[J].国际经贸探索,2019,35(2).

[211] 林子尧,李新春.公司创业投资与上市公司绩效:基于中国数据的实证研究[J].南方经济,2012(6).

[212] 凌丹,张小云.技术创新与全球价值链升级[J].中国科技论坛,2018(10).

[213] 凌丹,朱方兰,胡惟璇.OFDI对中国产业比较优势动态升级的影响——全球价值链分工视角[J].科技进步与对策,2017(11).

[214] 刘海洋,林令涛,高璐.中间品进口与出口产品质量升级:来自微观企业的证据[J].国际贸易问题,2017(2).

[215] 刘宏曼,郎郸妮.对我国制造业全球价值链分工地位的政治经济学分析[J].毛泽东邓小平理论研究,2018(1).

[216] 刘洪铎,曹瑜强.中美两国在全球价值链上的分工地位比较研究——基于行业上游度测算视角[J].上海经济研究,2016(12).

[217] 刘会政,朱光.全球价值链嵌入对中国装备制造业出口技术复杂度的影响——基于中间品进口异质性的研究[J].国际贸易问题,2019(8).

[218] 刘慧,陈晓华,吴应宇.融资约束、出口与本土制造业出口技术复杂度升级——基于微观企业层面的机理与实证[J].山西财经大学学报,2014(3).

[219] 刘磊.全球价值链嵌入与我国制造业技术含量提升[J].科学学研究,2019(10).

[220] 刘庆林,黄震鳞.中间品贸易自由化对我国就业结构影响及其应对策略[J].山东社会科学,2020(1).

[221] 刘伟全.中国OFDI逆向技术溢出与国内技术进步研究-基于全球价值链的视角[M].北京:经济科学出版社,2011.

[222] 刘晓宁.贸易自由化、异质性企业出口决策与出口产品质量升级研究[M].济南:山东人民出版社,2015.

[223] 刘晅之,李晓娟.中间品进口对制造业创新的影响研究[J].科学决策,2018,257(12).

[224] 刘兆国.全球价值链视角下中日制造业双边贸易增加值分解分析[J].现代日本经济,2019(4).

[225] 刘志彪.从全球价值链转向全球创新链:新常态下中国产业发展新动力[J].学术月刊,2015(2).

[226] 柳春,王新霞.地区腐败与股权控制:来自民营上市公司的证据[J].统计与信息论坛,2019,34(2).

[227] 卢进勇,蓝庆新,王辉耀.中国跨国公司发展报告2017[M].北京:对外经济贸易大学出版社,2017.

[228] 鲁晓东,连玉君.中国工业企业全要素生产率估计:1999—2007[J].经济学(季刊),2012,11(2).

[229] 鲁晓东.出口转型升级:政府补贴是一项有效的政策吗?[J].国际经贸探索,2015(10).

[230] 陆旸.环境规制影响了污染密集型商品的贸易比较优势吗[J].经济研究,2009(4).

[231] 路春城,吕慧.政府补贴、融资约束与制造业研发投入[J].经济与管理评论,2019(4).

[232] 罗军.生产性服务进口与制造业全球价值链升级模式——影响机制与调节效应[J].国际贸易问题,2019(8).

[233] 罗长远,季心宇.融资约束下的企业出口和研发:"鱼"与"熊掌"不可得兼?[J].金融研究,2015(9).

[234] 吕晨星.中美制造业全球价值链分工地位比较研究[D].蚌埠:安徽财经大学,2018.

[235] 马海燕.全球价值链理论研究述评[J].华中农业大学学报(社会科学版),2007(5).

[236] 马述忠,任婉婉,吴国杰.一国农产品贸易网络特征及其对全球价值链分工的影响——基于社会网络分析视角[J].管理世界,2016(3).

[237] 马述忠, 吴国杰. 中间品进口、贸易类型与企业出口产品质量——基于中国企业微观数据的研究[J]. 数量经济技术经济研究, 2016（11）.

[238] 毛其淋, 许家云. 中间品贸易自由化、制度环境与生产率演化[J]. 世界经济, 2015（9）.

[239] 毛其淋, 方森辉. 创新驱动与中国制造业企业出口技术复杂度[J]. 世界经济与政治论坛, 2018（2）.

[240] 倪红福. 全球价值链测度理论及应用研究新进展[J]. 中南财经政法大学学报, 2018（3）.

[241] 聂辉华, 江艇, 杨汝岱. 中国工业企业数据库的使用现状和潜在问题[J]. 世界经济, 2012（5）.

[242] 欧阳嘉原, 许美菊, 何均琳. 中国制造业全球价值链参与地位解析——基于 KPWW 方法测算[J]. 福建农林大学学报（哲学社会科学版）, 2019, 22（4）.

[243] 潘秋晨. 全球价值链嵌入对中国装备制造业转型升级的影响研究[J]. 世界经济研究, 2019（9）.

[244] 彭冬冬, 杜运苏. 中间品贸易自由化、融资约束与贸易方式转型[J]. 国际贸易问题, 2016（12）.

[245] 彭水军, 包群. 经济增长与环境污染——环境库兹涅茨曲线假说的中国检验[J]. 财经问题研究, 2006（8）.

[246] 钱学峰, 王胜, 陈勇兵. 中国多产品出口企业及其产品范围：事实与解释[J]. 管理世界, 2013（1）.

[247] 钱学锋, 李赛赛. 进口的工资溢出：边际分解与作用渠道[J]. 中南财经政法大学学报, 2013（3）.

[248] 曲如晓, 臧睿. 自主创新、外国技术溢出与制造业出口产品质量升级[J]. 中国软科学, 2019（5）.

[249] 曲泽静, 张慧君. 新常态下价值链升级的创新驱动系统研究[J]. 技术经济与管理研究, 2016（1）.

[250] 容金霞, 顾浩. 全球价值链分工地位影响因素分析——基于各国贸易附加值比较的视角[J]. 国际经济合作, 2016（5）.

[251] 邵朝对,苏丹妮. 全球价值链生产率效应的空间溢出[J]. 中国工业经济,2017(4).

[252] 沈国兵,张勋. 行业生产网络下中间品进口对中国企业创新的影响[J]. 广东社会科学,2018(3).

[253] 盛斌,苏丹妮,邵朝对. 中国全球价值链嵌入的空间路径选择——事实与影响因素[J]. 世界经济文汇,2018(1).

[254] 施炳展,逯建,王有鑫. 补贴对中国企业出口模式的影响:数量还是价格?[J]. 经济学(季刊),2013(4).

[255] 石小霞,刘东. 中间品贸易自由化、技能结构与出口产品质量升级[J]. 世界经济研究,2019(6).

[256] 舒伟. 简论产业竞争力[J]. 当代经济,2009(16).

[257] 宋会颖. 临港产业集群创新系统研究[D]. 唐山:华北理工大学,2017.

[258] 苏炜. 区际产业转移动力机制的理论与实证研究:以江苏为例[D]. 苏州:江苏大学. 2010.

[259] 孙慧莹. 中国装备制造业参与全球价值链分工的低端锁定问题研究[D]. 大连:大连海事大学,2018.

[260] 孙少勤,邱璐. 全球价值链视角下中国装备制造业国际竞争力的测度及其影响因素研究[J]. 东南大学学报:哲学社会科学版,2018(1).

[261] 谭人友,葛顺奇,刘晨. 全球价值链重构与国际竞争格局——基于40个经济体35个行业面板数据的检验[J]. 世界经济研究,2016(5).

[262] 田毕飞,陈紫若. 创业与全球价值链分工地位:效应与机理[J]. 中国工业经济,2017(6).

[263] 田巍,余淼杰. 企业出口强度与中间品进口贸易自由化:来自中国企业的实证研究[J]. 管理世界,2013(1).

[264] 田巍,余淼杰. 中间品贸易自由化和企业研发:基于中国数据的经验分析[J]. 世界经济,2014(6).

[265] 屠年松,薛丹青. 中国—中南半岛经济走廊国家全球价值链升级研究[J]. 经济问题,2018(2).

[266] 屠年松, 薛丹青. 贸易自由化与中国制造业的全球价值链攀升——基于中国30个省份面板数据的实证研究[J]. 经济经纬, 2019（6）.

[267] 汪建新, 贾圆圆, 黄鹏. 国际生产分割、中间投入品进口和出口产品质量[J]. 财经研究, 2015, 41（4）.

[268] 王杰, 段瑞珍, 孙学敏. 对外直接投资与中国企业的全球价值链升级[J]. 西安交通大学学报（社会科学版）, 2019, 39（2）.

[269] 王杰, 刘斌. 环境规制与中国企业出口表现[J]. 世界经济文汇, 2016（2）.

[270] 王磊. 产业演化、生产率与资源错配[M]. 北京：经济科学出版社, 2017.

[271] 王涛, 赵晶, 姜伟. 中国制造业在全球价值链分工中的地位研究[J]. 科技管理研究, 2017（19）.

[272] 王孝莹. 中国制造业全球价值链地位提升策略研究[J]. 河南社会科学, 2018（3）.

[273] 王雅琦, 张文魁, 洪圣杰. 出口产品质量与中间品供给[J]. 管理世界, 2018（8）.

[274] 王英, 陈佳茜. 中国装备制造业及细分行业的全球价值链地位测度[J]. 产经评论, 2018, 9（1）.

[275] 王振国, 张亚斌, 单敬, 黄跃. 中国嵌入全球价值链位置及变动研究[J]. 数量经济技术经济研究, 2019（10）.

[276] 魏浩, 李翀, 赵春明. 中间品进口的来源地结构与中国企业生产率[J]. 世界经济, 2017（6）.

[277] 魏浩, 林薛栋. 进口产品质量与中国企业创新[J]. 统计研究, 2017（06）.

[278] 魏浩. 中间品进口与北京市企业的全要素生产率——基于工业企业微观大数据的实证分析[J]. 北京社会科学, 2017（1）.

[279] 魏如青, 郑乐凯, 程大中. 中国参与全球价值链研究——基于生产分解模型[J]. 上海经济研究, 2018（4）.

[280] 温怀玉, 霍伟东. 中国制造业全球价值链分工国际比较与提升[J]. 河南社会科学, 2018（1）.

[281] 吴艳芳,王明益.我国出口产品质量升级:基于中间品价格扭曲的视角[J].南开经济研究,2018(1).

[282] 吴云霞,马野驰.制造业投入服务化对价值链升级的影响——基于参与度和分工地位的双重视角[J].商业研究,2020(2).

[283] 肖雪,刘洪愧.日本参与全球价值链的成败经验:程度上升与地位下降[J].中央财经大学学报,2018(4).

[284] 肖宇,夏杰长,倪红福.中国制造业全球价值链攀升路径[J].数量经济技术经济研究,2019(11).

[285] 谢靖,廖涵.技术创新视角下环境规制对出口质量升级——基于制造业动态面板数据的实证分析[J].中国软科学,2017(8).

[286] 辛娜,袁红林.全球价值链嵌入与全球高端制造业网络地位:基于增加值贸易视角[J].改革,2019(3).

[287] 熊力治.中间品进口与中国本土制造企业生产率——基于中国企业微观数据的实证研究[J].宏观经济研究,2013(3).

[288] 徐敏燕,左和平.集聚效应下环境规制与产业竞争力关系研究——基于"波特假说"的再检验[J].中国工业经济,2013(3).

[289] 徐明君,黎峰.基于生产效率视角的全球价值链分工:理论解释及实证检验[J].世界经济与政治论坛,2015(11).

[290] 徐易华.新型城镇化对经济增长的影响研究[D].南昌:南昌大学,2016.

[291] 许家云,毛其淋,胡鞍钢.中间品进口与企业出口产品质量升级:基于中国证据的研究[J].世界经济,2017,40(3).

[292] 许家云,佟家栋,毛其淋.人民币汇率、产品质量与企业出口行为——中国制造业企业层面的实证研究[J].金融研究,2015(3).

[293] 许家云.中间品进口贸易与中国制造业企业竞争力[M].北京:经济科学出版社,2018.

[294] 闫云凤.全球价值链的嵌入机制与演进路径研究——基于中美生产链长度的比较[J].经济学家,2018,2(2).

[295] 杨晶晶,胡佳刚,周定根.中间品贸易自由化如何影响企业研发投入:来自我国微观企业层面的证据[J].湖南大学学报(社会科学版),2018,32(4).

[296] 杨仁发,刘勤玮.生产性服务投入与制造业全球价值链地位:影响机制与实证检验[J].世界经济研究,2019(4).

[297] 叶初升.中国发展经济学年度发展报告2016—2017[M].武汉:武汉大学出版社,2018.

[298] 易靖韬,傅佳莎,蒙双.多产品出口企业、产品转换与资源配置[J].财贸经济,2017(10).

[299] 殷晓鹏,仪珊珊,王哲.中国多产品企业的出口产品转换行为研究[J].南开经济研究,2018(3).

[300] 尹伟华.中美服务业参与全球价值链分工程度与地位分析:基于最新世界投入产出数据库[J].世界经济研究,2017(9).

[301] 尹彦罡,李晓华.中国制造业全球价值链地位研究[J].财经问题研究,2015(11).

[302] 于诚.服务业开放对中国制造业技术进步的影响机制研究[M].北京:经济科学出版社,2017.

[303] 余东华,田双.嵌入全球价值链对中国制造业转型升级的影响机理[J].改革,2019(3).

[304] 余凡,王楚.人力资本投资:制度环境感知下的企业战略选择——基于2015年"中国企业-员工匹配调查"(CEES)的实证研究[J].宏观质量研究,2016,4(1).

[305] 余淼杰,李乐融.贸易自由化与中间品进口质量升级——来自中国海关产品层面的证据[J].经济学(季刊),2016(2).

[306] 余淼杰,张睿.中国制造业出口质量的准确衡量:挑战与解决方法[J].经济学:季刊,2017(1).

[307] 余淼杰.中国的贸易自由化与制造业企业生产率[J].经济研究,2010(12).

[308] 袁小慧,范金,徐小换.长三角地区制造业嵌入全球价值链的中间消耗研究[J].管理评论,2018(5).

[309] 张成,陆旸,郭路,于同申.环境规制强度与生产技术进步[J].经济研究,2011（2）.

[310] 张宏,王建.中国对外直接投资与全球价值链升级[M].北京：中国人民大学出版社,2013.

[311] 张辉.全球价值链理论与我国产业发展研究[J].中国工业经济,2004（5）.

[312] 张江雪,蔡宁,毛建素,杨陈.自主创新、技术引进与中国工业绿色增长——基于行业异质性的实证研究[J].科学学研究,2015（2）.

[313] 张杰,郑文平,陈志远.进口与企业生产率——中国的经验证据[J].经济学（季刊）,2015,14（3）.

[314] 张杰,郑文平,翟福昕.中国出口产品质量得到提升了么?[J].经济研究,2014（10）.

[315] 张杰.金融抑制、融资约束与出口产品质量[J].金融研究,2015（6）.

[316] 张杰.进口对中国制造业企业专利活动的抑制效应研究[J].中国工业经济,2015（7）.

[317] 张少军.产业转移与区域协调发展：全球价值链视角下的对策研究[M].北京：经济科学出版社,2016.

[318] 张岩贵,陈晓燕.全球价值链与中国制造[J].世界经济研究,2009（10）.

[319] 张彦.中美日制造业在全球价值链体系的国际竞争力变迁与博弈研究——基于中间品和增加值的视角[J].经济问题探索,2019（5）.

[320] 张洋.政府补贴提高了中国制造业企业出口产品质量吗[J].国际贸易问题,2017（4）.

[321] 张翊,陈雯,骆时雨.中间品进口对中国制造业全要素生产率的影响[J].世界经济,2015（9）.

[322] 张朕,周京奎,蔡礼辉.中日印制造业全球价值链分工与地位的比较研究[J].经济问题探索,2019（8）.

[323] 张志强.环境管制、价格传递与中国制造业企业污染费负担——基于重点监控企业排污费的证据[J].产业经济研究,2018（4）.

[324] 章秀琴,张敏新. 环境规制对我国环境敏感性产业出口竞争力影响的实证分析[J]. 国际贸易问题,2012（5）.

[325] 赵中秋. 关于全球价值链的研究进展与评论[J]. 经济研究导刊,2014（2）.

[326] 郑亚莉,王毅,郭晶. 中间品进口质量对企业生产率的影响：不同层面的实证[J]. 国际贸易问题,2017（6）.

[327] 郑玉,王高凤,姜青克. 服务价值嵌入对中国制造业全球价值链分工地位的影响研究[J]. 国际商务（对外经济贸易大学学报）,2017（6）.

[328] 中国社会科学院工业经济研究所工业经济形势分析课题组. 中国工业经济运行夏季报告 2018[M]. 北京：中国社会科学出版社,2018.

[329] 钟建军. 中间品进口质量与中国制造业企业全要素生产率[J]. 中南财经政法大学学报,2016（3）.

[330] 周亚虹,贺小丹,沈瑶. 中国工业企业自主创新的影响因素和产出绩效研究[J]. 经济研究,2012（5）.

[331] 诸竹君,黄先海,余骁. 中间品进口质量、自主创新与企业出口国内增加值率[J]. 中国工业经济,2018（8）.

[332] 诸竹君,黄先海,王煌. 交通基础设施改善促进了企业创新吗？——基于高铁开通的准自然实验[J]. 金融研究,2019（11）.